美国太空军与美国太空政策的未来

政策和法律意义

The United States Space Force and the Future
of American Space Policy:
Legal and Policy Implications

［美］ 杰里米·格鲁纳特 著

陈凌晖 尹俊清 郭 敏 李维国 译

孔得建 王新祺 张光慧 杨与杰 校对

法律出版社
LAW PRESS·CHINA
北京

The original English version of this work is titled "The United States Space Force and the Future of American Space Policy: Legal and Policy Implications",
by Jeremy Grunert (Brill, 2022), ISBN 978-90-04-52312-8. © BRILL, all rights reserved.
This simplified Chinese translation was published by arrangement with BRILL.

本书简体中文版由荷兰博睿学术出版社授权法律出版社有限公司独家出版发行。版权所有,违者必究。

著作权合同登记号
图字:01-2024-0761

译者序

原著作者杰里米·格鲁纳特(Jeremy Grunert)是美国军法官学院的一名少校军官，本书是作者在美国军法官学院支持下，于密西西比大学法学院航空航天法中心求学期间完成的硕士论文。全书从美国太空军的视角，探讨了太空军事化对国际空间法律制度的影响，梳理了美国太空安全政策的发展历史，剖析了美国对国际空间法的诠释进程，并对"后冷战时代"美国太空安全政策走向进行了研判。虽作者声明该书并不代表美国军队和政府的官方立场，但对于了解美国太空安全政策演变走向、美国太空军组织架构与职能任务发展等具有较高参考价值。

受相关学识所限，译者虽已尽全力，但仍恐有词不达意、语不尽言之处，还请各位读者、专家不吝指正。

2024 年 7 月

缩略词

ABM	反弹道导弹
ADIZ	防空识别区
AFDD	空军条令文件(美军)
AFM	空军手册(美军)
ARDC	空军研究与发展司令部(美军)
ASAT	反卫星(反卫星导弹、反卫星武器)
C4ISR	指挥、控制、通信、计算机、情报、监视和侦察
CIA	美国中央情报局
COPUOS	联合国和平利用外层空间委员会
COVID-19	2019冠状病毒病疫情(截至2021年12月仍在继续)
DOD	美国国防部
GPS	全球定位系统
ICBM	洲际弹道导弹
IGY	国际地球物理年
JP	联合出版物(美军)
NASA	美国国家航空航天局
NDAA	《国防授权法案》
NOAA	美国国家海洋和大气管理局
NRO	美国国家侦察局
NSC	美国国家安全委员会

续表

NSCA	美国国家安全委员会行动
NSDD	《国家安全决策指令》
NSDM	《国家安全决策备忘录》
NSP	《国家太空政策》
NSSS	《国家安全太空战略》
PAROS	防止外空军备竞赛
PD	总统指令
PRM	总统审查备忘录
SAC	战略空军司令部（美军）
SDI	战略防御倡议
SPD	《太空政策指令》
SPOC	太空作战司令部（美国太空军）
SSC	太空系统司令部（美国太空军）
STARTCOM	太空训练和战备司令部（美国太空军）
UNOOSA	联合国外层空间事务厅
USAF	美国空军
USNORTHCOM	美国北方司令部（美军）
USSF	美国太空军
USSPACECOM	美国太空司令部（美军）
USSR	苏维埃社会主义共和国联盟
USSTRATCOM	美国战略司令部（美军）

目 录

第一章　前　言 / 001

第二章　外层空间法与"和平目的"概念 / 012

　　一、引言 / 012

　　二、外层空间法律：法律和条约制度 / 013

　　三、《外空条约》中的"和平目的" / 022

　　四、有关美国太空政策的结论 / 042

第三章　美国太空安全政策：从艾森豪威尔总统到拜登总统的美国太空政策及军方参与 / 045

　　一、引言 / 045

　　二、早期：军事导弹的发展及"斯普特尼克 1 号"人造卫星 / 047

　　三、美国官方外层空间政策和法律 / 052

　　四、结语 / 123

第四章　美国太空军：组织、使命和法律影响 / 126

　　一、引言 / 126

　　二、《第 4 号太空政策指令》和 2020 年《国防授权法案》：下令创建太空军 / 127

　　三、将理论变为现实：美国太空军的组建工作 / 137

四、永远在上方：美国太空部队的条令 / 147

五、结语和法律影响 / 156

第五章　太空政策与"安全困境"：美国是否注定遭遇太空冲突 / 162

一、引言 / 162

二、国际关系理论中的安全困境 / 163

三、美国太空安全政策与国际社会 / 166

四、结语：美国太空军与"安全困境" / 224

第六章　结论：后太空军时代的美国太空政策和法律发展趋势 / 228

一、引言 / 228

二、国际空间法与美国太空军 / 229

三、美国太空安全政策的未来 / 230

附录 A　关于各国探索和利用包括月球和其他天体在内外层空间活动的原则条约 / 233

附录 B　《第 4 号太空政策指令：建立美国太空军》的文本
（唐纳德·J. 特朗普总统，2019 年 2 月 19 日）/ 239

附录 C　研究太空军组织架构或太空军种分支创建的成果列表
（1994～2018 年）/ 244

附录 D　2020 年《国防授权法》中与创建美国太空军有关的内容 / 246

参考文献 / 255

索　引 / 288

第一章 前　言

2018年6月18日,时任美国总统唐纳德·约翰·特朗普(Donald J. Trump)在签署有关太空交通管理问题的太空政策指令时宣布计划组建一支太空部队——美国太空军,这一声明令出席活动的观众惊讶不已。"美国在地球之外的命运,不仅是一个关于国家认同的问题,也是一个有关国家安全的问题……因此,我在此指示国防部和五角大楼立即开始必要的进程,建立一支作为武装部队第六分支的太空部队。"[1]在该声明发布8个月后,特朗普总统签署了《第4号太空政策指令》,该指令重申了太空军对美国国家安全的重要性,并指示国防部长起草并提交"一份关于在美国空军内部成立一支新武装部队的立法提案"[2]。之后,关于

---

[1] "Remarks by President Trump at a Meeting with the National Space Council and Signing of Space Policy Directive – 3," Trump White House Archives, June 18, 2018, https://trumpwhitehouse.archives.gov/briefings-statements/remarks-president-trump-meeting-national-space-council-signing-space-policy-directive – 3/.

[2] Donald J. Trump, "Space Policy Directive—4," White House, Office of the Press Secretary, February 19, 2019, https://media.defense.gov/2019/Mar/01/2002095015/ – 1/ – 1/1/SPACE-POLICY-DIRECTIVE – 4 – FINAL.PDF.

成立太空军的立法提案被按时提交,并作为2020财年《国防授权法案》的一部分被国会通过。2019年12月20日,特朗普总统签署《国防授权法》,[1]正式创建太空军。

特朗普总统宣布成立太空军后,引发了各种不同的回应,其中有嘲笑甚至贬损的声音(主要来自深夜脱口秀和喜剧界),[2]也不乏一些赞成的呼声。实际上,一些军事人员和研究人员在几十年前就已经开始呼吁创立太空军队。还有人认为,成立太空军是一个危险的行为,它揭露了美国推进外层空间军事化的企图,这种破坏稳定的政策决定最终会导致其他国家竞相加强自身外层空间的军事实力。在此声明之后,美国出现了政治混乱,关于特朗普政府各方面的报道层出不穷,其中涉及人员更替、总统推文以及总统弹劾和参议院审判,与此同时,某些重要问题在一定程度上被忽略了,如美国为什么需要创建太空军?太空军将执行哪些任务?太空军应该执行哪些任务?

在特朗普执政末期和拜登执政初期,就任太空司令部第一任司令的约翰·雷蒙德(John Raymond)将军(自2019年12月20日起任职)和负责太空军组织、训练和装备事宜的上级军事部门美国空军部正式创建太空军,自此上面这些问题的答案开始一一浮出水面。目前,太空军已经有自己的军队制服(更为特殊的太空军制服正在设计中),军队设立了多个作战基地(从美国空军转移至太空军控制之下),设计了自己的格言和徽标,太空军成员也有了

---

[1] Sandra Erwin, "Trump signs defense bill establishing US Space Force: What comes next," *Space News*, December 20, 2019, https://spacenews.com/trump-signs-defense-bill-establishing-u-s-space-force-what-comes-next/.

[2] 例如,美国《喜剧秀》节目主持人和喜剧演员斯蒂芬·科拜尔(Stephen Colbert)在一场节目的开场独白中将"太空军"描述为特朗普总统从"巴斯光年开心乐园餐玩具"中获得的"最大胆的灵感"。这部分视频后来被发布到YouTube上并配以"超越无限愚蠢"的标题。Stephen Colbert, "Mike Pence Tries to Make Space Force Sound Less Dumb," *The Late Show with Stephen Colbert*, YouTube.com, Aug. 9, 2018, https://www.youtube.com/watch? v = 7ipwho-kxkI. 同样,在NBC电视台喜剧《办公室》中扮演男主角迈克尔·斯科特(Michael Scott)——一个笨拙的老板——的史蒂夫·卡瑞尔(Steve Carrell)为顶尖流媒体播放平台Netflix制作了一部职场喜剧——《太空部队》,讲述了一群被指派成立第6军种的人物的故事。Sandra Gonzalez, *Sorry, Trump. Netflix is creating its own "Space Force,"* CNN.com, Jan. 17, 2019, https://www.cnn.com/2019/01/16/entertainment/space-force-netflix/index.html.

专属称号——"守护者"。关于太空军的作战范围、具体任务,尤其是未来的发展方向,还有很多重要问题需要一一回答。第四章将进一步讨论太空军的发展及其组织、任务和条令等情况。

除此之外,特朗普政府还采取了其他太空政策举措,[1]特别是拜登执政后仍继续推行这些举措,[2]这些都明确揭露了一个事实:美国扩大国家和太空军事组织的行动,实质上是对过去40多年颁布的国家太空政策的延续,在这些年颁布的政策中,美国对太空的关注度越来越高。20世纪80年代,美国成立了专门从事太空事务的军事组织[3]——美国空军太空司令部和美国太空司令部,后者是以太空为焦点的作战指挥部,其规模更大,包含的兵种更多,它在2001年9月11日发生恐怖袭击事件后被撤销,2019年由特朗普总统重新启用。随着这些军事组织持续开展相关活动,加上美军不断发展太空技术,1991年海湾战争成为美国太空军事活动的一个重要"分水岭"。在伊拉克时任总统萨达姆·侯赛因(Saddam Hussein)宣布入侵邻国科威特不到一年后,美军广泛发挥卫星通信、GPS卫星导航、多光谱遥感图像和卫星气象监测等手段的作用,同时拒绝向伊拉克提供这些卫星和遥感信息,对以美国为首的联军以小伤亡成果迅速打败伊拉克军队和成功解放科威特起到了关键作用。[4] 美国空军参谋长梅里尔·麦克皮克(Merrill A. McPeak)将军表示,海

---

[1] 具体的举措包括美国重建国家太空委员会(这是由美国副总统主持的一个行政部门委员会,旨在为总统提供关于外层空间政策和战略的建议)以及重新成立美国太空司令部,将其作为地理作战司令部。See President Donald J. Trump, "Executive Orders: Presidential Executive Order on Reviving the National Space Council," June 30, 2017, https://trumpwhitehouse.archives.gov/presidential-actions/presidential-executive-order-reviving-national-space-council/; Jim Garamone, "Pentagon Rolls Out Space Command," US Dept. of Defense, Aug. 29, 2019, https://www.defense.gov/Explore/News/Article/Article/1948420/pentagon-rolls-out-space-command/.

[2] Christian Davenport, "The Biden administration has set out to dismantle Trump's legacy, except in one area: Space," *Washington Post*, Mar. 2, 2021, https://www.washingtonpost.com/technology/2021/03/02/biden-space-artemis-moon-trump/.

[3] 关于这些组织的更多信息,请参见第三章。

[4] See Steven Lambakis, "Space Control in Desert Storm and Beyond," *Orbis*, vol. 39, no. 3 (Summer 1995), 421–422.

湾战争是人类历史上的"第一场太空战争"[1]，它向美国及其对手展示了天基系统能在陆地战争中起到兵力倍增的巨大效果。

自20世纪50年代以来，太空军主要是美国空军负责的范畴。[2] 然而，天基技术在"沙漠风暴"行动中的成功应用标志着美国开始建立一个独立的太空军事部门。例如，2000年5月，一位空军上校发表的关于创建一支独立太空军的论文指出："自1991年2月28日海湾战争结束以来，关于是否应该成立一个与海陆空军队地位平等的独立空军部队的争论，已经变得越来越重要，它对增强美国国防实力具有不可或缺的重要价值。"[3]事实上，随着美国民用和军事领域对天基系统的依赖程度逐渐增加，太空技术的不断进步，以及越来越多民间力量因为军事成本降低和专业技术增强纷纷参与太空行动，美国空军的传统作战方式和条令与外层空间潜在用途和条令之间的差距也越来越大。随着空军航空作战和太空作战之间的差异逐渐增大，一些人开始将建立太空军的倡议与几十年前支持建立独立空军部队的倡议进行

---

[1] Steven J. Bruger, "Not Ready for the First Space War: What About the Second?," *Naval War College Review*, vol. 48, no. 1 (Winter 1995), 73 [citing Craig Covault, "Desert Storm Reinforces Military Space Direction," *Aviation Week & Space Technology*, no. 4 (Apr. 8, 1991)]. 也有一些其他关于外层空间在"沙漠风暴"行动中重要性的著名描述，例如，科幻作家亚瑟·克拉克（Arthur C. Clarke）将"沙漠风暴"行动描述为"第一场卫星战争"; John Burgess, "Satellites' Gaze Provides New Look at War," *Washington Post*, Feb. 19, 1991, https://www.washingtonpost.com/archive/politics/1991/02/19/satellites-gaze-provides-new-look-at-war/768b19e4-a1da-4f40-8267-28a5dda48726/; 以及美国空军指挥与参谋学院军事战略教授和著名的空间战略理论家埃弗里特·C.多尔曼（Everett C. Dolman）将海湾战争描述为"太空支援大派对"，Everett C. Dolman, *Astropolitik* (London: Frank Cass, 202), 150。

[2] 参见第三章。

[3] Michael C. Whittington, *A Separate Space Force: An 80-Year-Old Argument*, Air War College, Maxwell Paper No. 20 (2000), 1, https://apps.dtic.mil/dtic/tr/fulltext/u2/a378853.pdf, last visited Aug. 19, 2021.

比较。[1] 在特朗普总统于2018年6月18日宣布计划创建一支新的太空军或太空部队[2]之前,就已经有大量军事学者甚至高级军官考虑这个问题并提议建立一支独立的太空军事部门。[3] 2017年年中,美国众议院在通过2018财年《国防授权法案》时也曾考虑组建一支"太空部队"(该提案后来被从最终法案中删除)。[4] 因此,与主流观点相反的事实是,组建太空军并不是一个狂热无知的总统因头脑发热提出的一项浮夸的计划,而是关于太空军事力量的激烈争论持续近30年的结果。

作为一个独立军种,太空军的成立可能解决了美军太空安全和防御责任

---

[1] See generally id. Michael C. Whittington, *A Separate Space Force: An 80-Year-Old Argument*, Air War College, Maxwell Paper No. 20(2000),1, https://apps.dtic.mil/dtic/tr/fulltext/u2/a378853.pdf, last visited Aug. 19, 2021. 惠廷顿(Whittington)认为,比利·米切尔(Billy Mitchell)等早期空军活动家曾致力于推动建立一支独立于美国陆军航空兵团的空军部队,"这与如今外层空间界推崇创建太空军的倡议十分相似。太空作战人员认为,在领导力不分伯仲的情况下,除非战争的第四个维度摆脱'空军'指挥的控制,否则它永远无法释放全部潜力"。Michael C. Whittington, *A Separate Space Force: An 80-Year-Old Argument*, Air War College, Maxwell Paper No. 20(2000),1, https://apps.dtic.mil/dtic/tr/fulltext/u2/a378853.pdf, last visited Aug. 19, 2021, at 15. See also John D. Cinnamon, *US Department of the Space Force: A Necessary Evolution*, Joint Forces Staff College, National Defense University, May 15, 2012.(在国家安全系统中创建一个新的太空军事部门就好比是从陆军部队衍生出空军一样,和1947年发生的那些争论的相同点在于如今有关成立太空军以及未来组织的争论所依据的论点和之前完全一样。)

[2] "军队"和"部队"的差异主要体现在组织结构上。就美军的组织结构而言,"部队"一般指更大规模组织的分支,而非有自身军事部门的独立军种,例如,美国海军陆战队是隶属海军部的军种之一。"军队"指设立了军事部门的独立军种,如美国空军隶属空军部。但在2019年太空军建立后,非要区分二者似乎在很大程度显得没有必要,第四章中会提到太空军本身就是作为一支"部队"运作的。

[3] See generally Franz J. Gayl, "Time for a Military Space Service", *Proceedings* 130: 7(July 2004); Peter C. Norsky, *The United States Space Force: Not If, But When*, A Thesis Presented to the Faculty of the School of Advanced Air & Space Studies, Air University, June 2016, available at https://apps.dtic.mil/dtic/tr/fulltext/u2/1030447.pdf, last visited (Aug. 19, 2021); Cinnamon, supra note 12; Whittington, supra note 11. 在21世纪初,倡导建立太空部队的最高级别军官是时任国家安全太空处主任的詹姆斯·B. 阿莫尔(James B. Armor)少将,他曾在2007年和2008年多次敦促创建太空部队。See James B. Armor, Jr., "The Air Force's Other Blind Spot", *The Space Review*, Sept. 15, 2008, https://www.thespacereview.com/article/1213/1; Jeremy Singer, "Armor Urges Creation of Space Corps Within the US Air Force", *Space News*, Nov. 16, 2007, https://spacenews.com/armor-urges-creation-space-corps-within-us-air-force/.

[4] See H. R. 2810, 115th Cong., 1st Sess., §1601, July 6, 2017, available at https://www.congress.gov/115/bills/hr2810/BILLS-115hr2810rh.pdf.

由谁（或者更确切地说，由哪个组织）承担的问题，但关于太空军职责范围——太空军将执行哪些任务以及（同样重要的是）应该执行哪些任务——的问题依然没有得到解决。虽然我们可以从空军的太空行动中猜出答案，但这些问题并非无关紧要。虽然外层空间是一个广阔的作战领域，但一个国家的太空行动可能对地球和外层空间造成巨大影响。随着各国政府和商业机构逐步扩大对近地空间的开发，加上具有潜在危害的太空垃圾大幅增加，用美国国防部的话来说，地球轨道成了一个"拥挤、对抗和竞争趋势日益加重"[1]的太空环境。美国越来越重视增强太空力量，包括成立太空军的行动，都反映了它希望在太空领域建立竞争优势（或者，一些对国际形势盲目的美国官员认为，美国的这些举措是为了"确保其在太空中的主导地位"[2]）。

要了解太空军的作战任务和职责范围，非常重要的一点是了解美国的太空政策及其对外层空间法的主张。美国是全球最先发展太空军事力量的两个国家之一，它在制定国际外层空间法的过程中发挥了重要作用。国际外层空间法包括具有约束力的条约制度以及不具有约束力的"原则"、"准则"以及规范国家在外层空间行动的其他制度。长期以来，美国始终遵守国际空间法的规定以及艾森豪威尔（Eisenhower）政府在"太空时代"初期作出的关于"外层空间应该用于和平目的"的政策承诺，不过美国对和平目的进行了广泛定义，其中包括将外层空间用于与国家安全和情报有关的用途。但是，由于美国在过去40年越来越重视将外层空间用于军事用途，加上最近太空军的成立，美国有了一个完整的军事部门负责太空作战事宜，关于美国过去、现在和未来的太空行动会对外层空间的军事化和不稳定性造成什么影响的问题再次凸显。

有人认为，美国在这方面的努力——甚至可以说，从太空时代早期就已

---

[1] US Dept. of Defense & Office of the Director of National Intelligence, "National Security Space Strategy—Unclassified Summary," January 2011, 1 (hereinafter, "2011 National Security Space Strategy").

[2] C. Todd Lopez, "Shanahan: Space Force to Preserve Margin of Dominance, $19 Trillion Economy," US Dept. of Defense, Mar. 20, 2019, https://www.defense.gov/Explore/News/Article/Article/1790830/shanahan-space-force-to-preserve-margin-of-dominance-19-trillion-economy/.

经开始——最终只会落得自掘坟墓的后果。这一观点认为,在苏联发射地球人造卫星"斯普特尼克1号"之后,美国担心自己在技术上落后,一直尝试通过维持自身在外层空间的优势来消除国际竞争对手在太空领域给自己带来的威胁,这种行为反而加剧了美国声称希望避免的外层空间竞争态势。用文学作品来类比,美国就像翁贝托·埃科(Umberto Eco)小说《傅科摆》中的主角一样。在一家比较浮夸的神秘主义书籍出版社里,有几个编辑技痒难耐,本着玩笑心理,决定编造一份关于一个巨大阴谋的稿件。他们的"计划"趣味丛生,书中巧妙地嘲讽了那些自诩不凡的人物,但这些人物大多是臆造的角色……直到后来,与臆造阴谋相关的关键人物和几位编辑真的遭受了一个神秘组织的威胁,因为这个组织认为他们虚构的"计划"就是现实。小说中的叙述者卡索邦(Casaubon)感叹道:

> 我们臆造了一个不存在的计划,他们不仅相信这个计划是真实的,甚至认为自己已经被卷入这个计划多年,或者更确切地说,他们将自己所熟知的一些凌乱的神话片段代入计划的不同细节中,这些细节通过类比、伪装和猜想构成了一个逻辑通畅且无法辩驳的故事网络。
>
> 但如果你创造一个计划再由他人执行,这个计划就像是一开始就已经存在。从这个意义上说,这个计划确实是真实的。
>
> ……
>
> 这一点同样适用于日常生活。就以股市崩盘为例。股市崩盘的原因是所有人都判断失误,而这些失误叠加在一起引起了恐慌。后来,但凡是情绪不够镇静的人都会开始怀疑:到底谁是这场阴谋的幕后黑手?谁从中获得了好处?他必须找到攻击的对象,那个始作俑者,否则就是承认这一切都是自己的错误。[1]

---

〔1〕 UMBERTO ECO, FOUCAULT'S PENDULUM 603 (1988).

通过描述卡索邦的经历和虚构的计划，埃科总结了三点。第一是信念对于创造现实的重要作用。在某种程度上，个人或国家的看法和信念并不是简单地反映了现实；相反，这些看法和信念塑造了现实本身，即通过主观地认定现实的存在，将这个全新、从未存在的客观现实创造了出来。第二是行动与回应之间的关系。基于信念采取行动后，会创造一个新的客观现实，甚至导致无法预见的灾难。第三，如果灾难真的发生，现实的创造者会寻找替罪羊……他们几乎不会认为自己才是始作俑者。

学习国际关系理论的学生应该很熟悉这种状况；其实它从本质上描述了"安全困境"的概念。安全困境理论指一个国家（这里称作国家1）对外部威胁[1]的看法会导致其采取措施保护国家安全利益。这些措施可能包括开发武器、增强军备、增加军事开支、强制征兵或开展其他军事活动。它们并不会凭空发生，当邻国和国际竞争对手发现国家1采取这些措施后，其中的一个或多个国家会感受到来自国家1的威胁。接着，这些国家也会采取相应的行动来保护国家安全（同样，它们也只是认为需要保护，并非出于真实的需求），这些行动再次被国家1关注到……它们会强化国家1关于存在原始外部威胁的看法，导致国家1或其他国家继续采取循环的措施和反制措施，最终可能会引发战争。然而，安全困境的讽刺之处在于触发这些措施和反制措施的"威胁"本身必然会出现：它们起初只存在于参与者的想象之中，最终会因为参与者采取行动而成为现实。

安全困境理论是否适用于国家在外层空间的活动？正如一些学者和太空政策研究者所提出的，美国过去和现在的太空活动是否会加剧这种困境？或者说，我们对美国加剧外层空间不稳定性的指控本身是否就毫无根据且是被误导的结果？毕竟不论是在陆地、空中、海上还是海底空间，至今没有任何一个物理领域能避免发生人类冲突。那么，如果美国（或任何国家）不为将来很大可能出现的外层空间冲突做好准备或者不采取行动保护自己的外层空

---

[1] 虽然这些外部威胁可能是真实或想象的，但安全困境理论通常假设这种威胁在很大程度上是想象的（至少是"困境"的触发因素），与卡索邦和他的朋友虚构的"计划"非常相似。

间资产，难道就不是一种愚蠢甚至危险的做法吗？

本书试图通过成立太空军这一事件来探讨这些问题。首先，第二章探讨了当前的国际外层空间法律制度，尤其是《关于各国探索和利用包括月球和其他天体在内外层空间活动的原则条约》（以下简称《外空条约》）。《外空条约》是第一部被普遍接受的外层空间法律条约，它为后续所有的国际外层空间法律和外层空间活动搭建了框架，它也是美国解释外层空间"合法"行为的主要文件依据。第二章还探讨了外层空间法律制度中的一个关键概念，即国际法要求各国对外层空间的利用完全出于"和平"的目的。当然，法律学者对"和平"的解释产生了分歧，第二章最终给出的结论支持外层空间权威法律专家郑斌的观点，即外层空间法律制度的这一核心观念——和平目的——其实源于对《外空条约》的错误解释，后者对绝大多数外空活动没有提出这一要求。但是，美国似乎已经基本接受了"和平利用"的概念，因此试图通过援引"和平用途"来解释其在外层空间的活动。第二章分析了美国自太空时代开始出台的各种太空政策及其对"和平用途"的解释，这说明美国的解释为其在太空进行广泛的军事行动提供了合理理由，即使美国对《外空条约》的解释可能是错误的。

第三章将视角从国际转向国内，深入探讨了20世纪40年代至今美国太空安全政策的发展历史。这一章首先讨论了二战结束后美国卫星计划理论的萌芽，具体描述了美国早期弹道导弹技术的发展以及苏联1957年发射第一颗人造卫星——"斯普特尼克1号"带来的影响。虽然当时美国忙于研发自己的地球轨道卫星，艾森豪威尔政府也颁布了有关卫星发展的国家政策，但"斯普特尼克1号"的发射正式拉开了太空时代的序幕，迫使艾森豪威尔总统制定了更加具体的国家太空政策。第三章探讨了艾森豪威尔制定的美国太空政策，以及继艾森豪威尔之后每一任美国总统颁布的太空安全政策和国家太空政策，最后介绍了特朗普成立美国太空军的重要举动以及拜登政府早期颁布的太空政策。这一章介绍了美国不同总统时期的政府对国际空间法重要规定的解释和处理，重点讨论了美国颁布的有关"和平利用"外层空间的政策。此外，这一章还研究了美国在不同总统任期内通过的国内相关法律法规,以探讨它们与美国太空安全政策及国际空间法之间的关系。

第四章对美国太空军进行了更深入的研究。继第三章对美国总体宏观政策的分析之后,第四章详细讨论了太空军的发展情况,包括组织架构、新基地的位置、在美国国家安全和军事框架中发挥的作用,以及它的军事行动对国际空间法和美国政策立场的影响。

第二章和第三章研究了与美国太空安全和美国太空政策相关的安全问题,第四章更详细地探讨了美国太空军的情况。第五章将视角转向了数十年来萦绕在美国太空安全政策周围的一个危险因素,在冷战后的多极世界中,随着越来越多的国家开始增强外层空间发射和作战能力,这个危险因素可能会发挥更重要的作用。它就是前文提到的国际关系"安全困境"理论,指一个国家保护自身安全的举动被其他国家曲解成对其构成威胁,或者更糟糕的是,被其他国家视为具有侵略性。这会引发原始国家对其臆想的对手(如今可能已经成为实际对手)产生一系列循环往复的误解、指责和怀疑,最后可能以冲突收场。自冷战时期以来,外空军备竞赛构成的威胁一直令人担忧,毫无疑问,这种因行动和反制行动引发的事态升级对美国制定外层空间政策有重要的影响。事实上,"军备竞赛"本身是苏联发射人造卫星"斯普特尼克1号"以及美国继苏联发射之后大肆开展外层空间项目所带来的结果,说明了一个国家对于别国行动的认知及反应有多么重大的影响(尤其是它认为别国会对自己构成威胁)。美国当前在外层空间领域的霸主地位是其应对苏联太空计划的直接结果。但是,考虑到"斯普特尼克1号"的情况,美国目前在外层空间开展的行动,尤其对于太空军事力量的重视,是否会引发相同的后果?也就是说,与美国实力相当的竞争对手是否也会像美国一样采取同样的反制措施?美国在过去的很长一段时间一直重视发展外层空间军事和安全力量,太空军的成立实际上暗示了它未来的发展方向。如果像中国这样拥有强大实力和先进技术的国家对美国的行动作出反应,那美国是否会引发一些新的威胁并破坏国际稳定?讽刺的是,美国成立太空军和竭力增强太空安全能力的举动就是为了避免这种威胁和不稳定。

最后,本书在第六章简要探讨了美国太空政策的未来以及美国对国家外层空间法的诠释,以作为本书的总结。作者还特别提到,由于拜登政府和美国国防部近期推崇制定有关负责任外空行为的国际准则,美国可能会增强外空军事力量,也会愿意调整国家政策,制定一套更具体的新的外层空间法律制度。第六章将探讨美国在这个方面的具体措施,同时针对美国(尤其是美国太空军)如何在确保遵守国际外层空间法规定和减少"安全困境"可能威胁的同时实施太空军事、情报和安全计划提出一些建议。

第二章 外层空间法与"和平目的"概念

一、引言

为了了解美国太空军成立的法律背景,我们必须了解构成外层空间法律基础的相关条约制度、联合国决议、国际规则以及"软法"。其中,最重要的是美国缔结的四项国际条约:《外空条约》[1]《关于营救航天员、送回航天员及送回射入外空之物体之协定》(以下简称《营救协定》)[2]、《外空物体所造成损害之国际责任公约》(以下简称《责任公约》)[3]以及《关于登记射入外层空间物体的公约》(以下简称《登记公约》)。[4]

---

[1] Treaty on Principles Governing the Activities of States in the Exploration and Use of Outer Space, Including the Moon and Other Celestial Bodies, Jan. 27, 1967, 18 U. S. T. 2410, 610 U. N. T. S. 205 [hereinafter "Outer Space Treaty"].

[2] Agreement on the Rescue of Astronauts, the Return of Astronauts and the Return of Objects Launched into Outer Space, Apr. 22, 1968, 19 U. S. T. 7570, 672 U. N. T. S. 119 [hereinafter Rescue and Return Agreement].

[3] Convention on International Liability for Damage Caused by Space Objects, Mar. 29, 1972, 24 U. S. T. 2389, 961 U. N. T. S. 187 [hereinafter Liability Convention].

[4] Convention on Registration of Objects Launched into Outer Space, Jan. 14, 1975, 28 U. S. T. 695, 1023 U. N. T. S. 15 [hereinafter Registration Convention].

本章第二部分将讨论外层空间法律的发展历程，以及这些法律中适用于或可能适用于太空军和美国太空军事行动的重要规定。在外层空间法中，主要涉及太空军事行动的部分包括《外空条约》中关于禁止利用某些武器系统和天体的规定，其中最重要的是自人类航天工程开启后就一直被公认的一项原则，即外层空间应用于"和平目的"。本章第三部分将讨论美国对《外空条约》中"和平目的"和"和平利用"的解释，同时总结了这些表述最可能的含义。

二、外层空间法律：法律和条约制度

（一）和平利用外层空间委员会与《各国探索和利用外层空间活动的法律原则宣言》

虽然在能够进入地球轨道的火箭被发明之前，就已经存在关于"法律在地球大气层以外领域是否适用"的理论探讨，但在1957年10月苏联成功发射第一颗人造卫星"斯普特尼克1号"之前，这些讨论大多局限于学术层面。除迫使美国和苏联展开"太空竞赛"[1]（这场"太空竞赛"最终导致美国发展出强大的国防和外层空间军事能力，也是美国建立太空司令部和太空军的起源）外，苏联成功发射"斯普特尼克1号"也驱使国际社会开始筹备建立一套外层空间法律制度。[2] 在"斯普特尼克1号"发射后不到一年，美国驻联合国代表亨利·卡伯特·洛奇（Henry Cabot Lodge）提议创建"外层空间领域国际合作方案"，其中包括成立特设委员会："其职责是……研究并建议联合国大会需要哪些措施来推动人类在和平利用外层空间领域的进步并确保外层空间活动必须为全人类谋福利。"[3]

---

[1] See James Clay Moltz, *The Politics of Space Security: Strategic Restraint and the Pursuit of National Interests*, 3rd ed. (Stanford, CA: Stanford University Press, 2019), 91–92.

[2] See Moltz, *Politics of Space Security*, 92–93, 98.

[3] Henry Cabot Lodge, "Letter dated 2 Sept. 1958 from the Permanent Representative of the United States of America to the United Nations, addressed to the Secretary-General," U. N. General Assembly, 13th Sess., U. N. Doc A/3902, Sept. 2, 1958.

尽管有苏联的反对，美国关于成立"和平利用外层空间特设委员会"的提议还是在1958年12月获得通过，[1]次年正式成立常设机构和平利用外层空间委员会（以下简称联合国外空委）。[2]联合国外空委的主要职责之一是在联合国大会的指导下"研究因探索外层空间引发的法律问题的本质"。[3]

1963年，联合国外空委颁布《各国探索和利用外层空间活动的法律原则宣言》（以下简称《法律原则宣言》），[4]它后来成为外层空间法律的基础之一。《法律原则宣言》先后获得联合国外空委和联合国大会（于1963年12月13日）一致通过，确立了"指导"各国"探索和利用外层空间的九项法律原则"，[5]包括：探索和利用外层空间必须为全人类谋福利和利益；各国平等地自由探索和利用外层空间；外层空间和天体不得据为己有；各国在外层空间的活动和对外层空间的利用必须遵守包括《联合国宪章》在内的国际法。[6]此外，《法律原则宣言》规定，国际责任和赔偿责任等概念适用于外层空间，同时提出一项由多个国家共同承担责任的制度（该制度规定，发射国应对其空间物体造成的损害承担责任。发射国指发射或促使发射空间物体的国家以及从其领土或设施内发射空间物体的国家），该制度随后在《外空条约》和《责任公约》中被正式采用。[7]《法律原则宣言》中还包含以下几项原则：各国在开展外空活动时必须相互尊重；各国对其空间物体享有"管辖权和控制权"；航天员是"人类的使节"（而不是间谍或军事战斗人员）；如果航天员和空间物体在其他国家或领土着陆，则需要将其送回原籍国。[8]这些原则后续被正式纳入国际条约中并得到进一步拓展。

---

[1] G. A. Res. 1348(XIII), ¶1, U. N. Doc. A/RES/1348(XIII), Dec. 13, 1958.

[2] G. A. Res. 1472(XIV), ¶A. 1. a, U. N. Doc. A/RES/1472(XIV) A-B, Dec. 12, 1959.

[3] G. A. Res. 1472(XIV).

[4] G. A. Res. 1962 (XVIII), Declaration of Legal Principles Governing the Activities of States in the Exploration and Use of Outer Space, 18th Sess., U. N. Doc A/RES/1962(XVIII), Dec. 13, 1963 [hereinafter Declaration of Legal Principles].

[5] Declaration of Legal Principles, Preamble.

[6] Declaration of Legal Principles, ¶¶ 1-4.

[7] Declaration of Legal Principles, ¶5, ¶8.

[8] Declaration of Legal Principles, ¶6, ¶7, and ¶9.

(二)《外空条约》:新领域的"硬法"

20 世纪 60 年代,美苏两国积极推进本国的外层空间计划并增强各自的外层空间能力,同时试图在《法律原则宣言》确立的框架基础上制定具有约束力的外层空间国际法律,目的是防止对方通过在月球或其他天体上着陆获得任何领土或其他优势。[1] 因此,美苏两国与其在联合国外空委的盟友共同制定了一项关于探索和利用外层空间的国际条约。1966 年 12 月 19 日,联合国大会一致表决通过《外空条约》草案,[2]1967 年 1 月 27 日开放供签署。1967 年 10 月,该条约正式生效。[3]《外空条约》已被证明是最成功的国际法律文件之一:截至 2021 年年底,包括主要航天大国在内的全球 111 个国家已签署并批准该条约,另有 23 个国家已签署但尚未批准该条约。[4]《外空条约》是第一部具有约束力的外层空间条约,在 1967 年之后制定的所有国际外层空间法律和国内航天立法都以《外空条约》确立的法律框架为基础。因此,在考虑美国太空军需要遵守的国际法律框架时,《外空条约》是最主要的参考文件。

《外空条约》"确认为和平目的发展探索和利用外层空间,是全人类的共同利益",希望"在和平探索和利用外层空间的科学和法律方面,促进广泛的国际合作"。[5]《外空条约》以《法律原则宣言》(《外空条约》序言中提到了此宣言)为基础,主要内容包括 13 条实质性条款。这些条款重新界定了《法律原则宣言》确立的九项原则,并在涉及具体情形时进行了拓展。

《外空条约》第 1 条拓展了《法律原则宣言》的第 1 项和第 2 项原则,首先

---

[1] Moltz, *Politics of Space Security*, 98.

[2] G. A. Res. 2222 (XXI), Treaty on Principles Governing the Activities of States in the Exploration and Use of Outer Space, including the Moon and Other Celestial Bodies, 21st Sess., Dec. 19, 1966.

[3] COPUOS Legal Subcommittee, "Status of International Agreements relating to activities in outer space as at 1 January 2021," 60th Sess., U. N. Doc. A/AC. 105/C. 2/2021/CRP. 10, May 31, 2021 [hereinafter International Space Agreements]. 根据《外空条约》第 14 条的规定,该条约应在五国政府交存批准书后生效。*See* Outer Space Treaty, art. XIV.

[4] *See* COPUOS International Space Agreements, 10.

[5] Outer Space Treaty, Preamble.

重申了探索外层空间活动应为所有国家谋福利和利益——不过《外空条约》确定了国家的中心地位,即将"人类"(《法律原则宣言》第1项原则中使用了此表达)[1]替换为"国家"[2]。《外空条约》第1条规定,所有国家都有权进入、探索外层空间并对其进行科学考察:

> 探索和利用外层空间(包括月球和其他天体),应为所有国家谋福利和利益,而不论其经济或科学发展程度如何,并应为全人类的开发范围。
>
> 所有国家可在平等、不受任何歧视的基础上,根据国际法自由探索和利用外层空间(包括月球和其他天体),自由进入天体的一切区域。
>
> 应有对外层空间(包括月球和其他天体)进行科学考察的自由;各国要促进并鼓励这种考察的国际合作。

《外空条约》第1条中概括的原则是外层空间法律的基本原则之一。事实上,部分学者甚至断言,"各国可自由进入、利用和探索外层空间"早在1967年就已成为一项习惯国际法规定,这意味着即便《外空条约》本身也只是"基于第一颗卫星发射以来的各国实践,将早已存在的法律原则阐述出来"[3]。

《外空条约》第2条和第3条重新编写了《法律原则宣言》中的第3项和第4项原则。《外空条约》第2条规定:"各国不得通过主权要求、使用或占领等方法,以及任何其他措施把外层空间(包括月球和其他天体)据为己有。"[4]第3条重申了国际法对各国利用和探索外层空间活动的充分适用性:

---

[1] Declaration of Legal Principles, ¶1.

[2] Outer Space Treaty, art. I.

[3] Christopher M. Petras, "'Space Force Alpha': Military Use of the International Space Station and the Concept of 'Peaceful Purposes,'" *Air Force Law Review*, vol.53 (2002): 135–181, 153.

[4] Outer Space Treaty, art. II.

各国探索和利用外层空间的活动必须"遵守国际法和《联合国宪章》,以维护国际和平与安全,促进国际合作与了解"。[1]《联合国宪章》(包括宪章中的安全条款:第 2 条第 3 项、第 4 项和第 51 条)以及"所有成文和习惯国际法"均适用于外层空间活动,它们会在一定程度上支配并制约太空军在外层空间可能采取的行动。[2]

《外空条约》第 4 条首次提出与《法律原则宣言》有明显差异的规定,其中讨论了关于外层空间的军事用途,这是《法律原则宣言》中完全回避的一个话题。鉴于冷战带来的紧张局势依然高涨,因美苏两大阵营敌对而引发的越南战争规模持续扩大,第 4 条反映了超级大国不希望冷战中的军备竞赛延伸到外层空间的愿望。考虑到这一目标,《外空条约》中限制了可在外层空间合法布置的武器类型以及可在外层空间和天体上采取的军事行动类型:

> 各缔约国保证:不在绕地球轨道放置任何携带核武器或任何其他类型大规模杀伤性武器的实体,不在天体配置这种武器,也不以任何其他方式在外层空间部署此种武器。
> 各缔约国必须把月球和其他天体绝对用于和平目的。禁止在天体建立军事基地、设施和工事;禁止在天体试验任何类型的武器以及进行军事演习。不禁止使用军事人员进行科学研究或把军事人员用于任何其他的和平目的。不禁止使用为和平探索月球和其他天体所必需的任何器材设备。[3]

值得注意的是,虽然第 4 条禁止部署"核武器或任何其他类型大规模杀

---

[1] Outer Space Treaty, art. III.
[2] Jeremy Grunert, "Grounding the Humā: Space Denial and (Potential) American Interference in the Iranian Space Program," *Air Force Law Review*, vol. 81 (2020): 75–132, 98.
[3] Outer Space Treaty, art. IV.

伤性武器",但并不禁止部署未达到"大规模杀伤性武器"[1]水平的常规武器。此外,《外空条约》中的规定意味着在外层空间开展合法军事活动与在月球或其他天体表面开展合法军事活动在本质上存在明显区别:虽然(至少)按照《外空条约》序言中所表述的,各国应出于"和平目的"利用和探索外层空间,但是对月球和其他天体的利用应"绝对用于和平目的"。[2] 很明显,第 4 条规定对太空军开展活动具有重要意义,这将在第四章中进一步讨论。

虽然太空军未来几年在外层空间的行动不太可能涉及载人任务,但随着越来越多国家纷纷建立或考虑建立太空军事部队,《外空条约》第 5 条规定(以及以此为基础制定的《营救协定》)具有重要意义。第 5 条明确了国际空间法规定的航天员的地位,同时规定航天员和缔约国有责任向其他国家航天员提供援助,并向其他国家和航天员通报潜在的危险现象。第 5 条规定如下:

> 各缔约国应把宇宙航行员视为人类派往外层空间的使节。在航天员发生意外、遇难,或在另一缔约国境内、公海紧急降落等情况时,各缔约国应向他们提供一切可能的援助。宇宙航行员紧急降落后,应立即、安全地被交还给他们宇宙飞行器的登记国家。

---

[1] 值得注意的是,《外空条约》没有对"大规模杀伤性武器"一词作出定义。虽然对该术语的完整范畴以及在使用国际法其他领域对该词语进行解释方面存在一些分歧,但是国际空间法中规定的"大规模杀伤性武器"指"能够大规模杀害平民或对财产造成大规模毁坏的核武器、化学武器、生物武器或放射性武器"。John E. Parkerson, Jr., "International Legal Implications of the Strategic Defense Initiative," Military Law Review, vol. 116 (1987), p. 87 (internal citations omitted).

[2] Outer Space Treaty, art. Ⅳ. 在起草《外空条约》期间开展的争论中,联合国外空委代表团并未忽略在太空开展的合法活动与在月球或其他天体表面开展的合法活动之间的区别。在 1966 年 7 月 22 日的讨论中,印度代表克里希纳·拉奥(Krishna Rao)先生表示,"令我感到遗憾的是,两份文本(美苏两国起草的条约草案)都忽略了一个概念,即仅出于和平目的利用外层空间和天体"。COPUOS Legal Sub-Committee, "Summary Record of the Sixty-Fifth Meeting—Held at the Palais des Nations, Geneva, on Friday, 22 July 1966, at 10:30 a.m.," 5th Sess., UN Doc. A/AC. 105/C. 2/SR. 65, Oct. 24, 1966, 11. 1966 年 7 月 25 日,阿根廷代表鲁达(Ruda)先生也表达了同样的观点,他表示,为了不拖延条约的拟定进程,他会支持《外空条约》最后批准的第 4 条规定,但仍然"对第 4 条没有明确规定'仅出于和平目的利用整个外层空间'而感到遗憾"。COPUOS Legal Sub-Committee, "Summary Record of the Sixty-Fifth Meeting—Held at the Palais des Nations, Geneva, on Monday, 25 July 1966, at 10:30 a.m.," 5th Sess., UN Doc. A/AC. 105/C. 2/SR. 66, Oct. 21, 1966, 3.

在外层空间和天体进行活动时,任一缔约国的宇宙航行员应向其他缔约国的宇宙航行员提供一切可能的援助。

各缔约国应把其在外层空间(包括月球和其他天体)所发现的能对宇宙航行员的生命或健康构成危险的任何现象,立即通知给其他缔约国或联合国秘书长。[1]

第5条针对外层空间的军事行动提出了重要问题。如果在外层空间开展载人军事任务成为现实,太空军(或可能的其他军事部门)现役成员在太空开展行动时,第5条中有关为航天员提供保护的规定是否依然适用？军事航天员是否有义务向另一缔约国的航天员提供援助,即便后者是其他缔约国太空军队的现役成员？如果美国向竞争对手暴露本国机密或敏感太空军事实力会造成威胁或危险,有关"立即通知"《外空条约》其他缔约国的要求是否依然适用？随着太空军事行动,尤其是外层空间载人军事行动的规模不断扩大,上述问题及一些类似问题可能会变得越来越重要。

《外空条约》第6条、第7条和第8条讨论了空间物体的国际监管责任、赔偿责任以及管辖和控制权等有关问题。[2] 第6条规定,各缔约国对其在外层空间所从事的活动(不论是政府部门还是非政府的团体组织开展的活动)"要承担国际责任"并"确保国家活动符合外空条约的规定"。[3] 第6条规定了缔约国应对其从事的太空活动承担责任。第7条规定了缔约国需要对外层空间物体或其"组成部分"所造成的损害承担责任。[4] "进行发射或促成把物体射入外层空间"的缔约国以及"为发射物体提供领土或设备"的缔约国,应对该物体及其组成部分所造成的损害负国际上的责任。[5]（《责任公约》中强调并拓展了这些规定）。第8条规定,凡登记把物体射入外层空间的缔

---

〔1〕 Outer Space Treaty, art. Ⅴ.
〔2〕 See Outer Space Treaty, arts. Ⅵ – Ⅷ.
〔3〕 Outer Space Treaty, art. Ⅵ.
〔4〕 Outer Space Treaty, art. Ⅶ.
〔5〕 Outer Space Treaty, art. Ⅶ.

约国对该物体"应仍保持管辖及控制权"。[1] 从根本上说,这意味着缔约国对太空物体的所有权或管辖权相当于其对国家领域的所有权或管辖权。

第6条至第8条的规定对国家太空军事活动具有深远的影响。第6条和第7条至少能在一定程度上确保像美国这样的航天大国既需要对国家军事活动承担国际责任,也可能需要对其在太空留置的军事物体所造成的损害承担责任。第8条中的管辖和控制权规定对国家防御和安全有极为重要的意义,尤其是将其解释为缔约国对太空物体的准领土拥有所有权时:如果某一缔约国的太空物体遭到攻击,根据对第8条"准领土"概念的理解,这一事件可能会构成对缔约国本土的攻击。这在原则上与对缔约国船舶、其他远洋轮船和飞机的处理方法类似。既然这些船舶是缔约国的准领土,也就意味着缔约国能够对它们行使特定类型的法律管辖权,在某些情况下也能将对船舶的攻击视为一种战争行为。[2]

《外空条约》的所有条款中,第9条的解释空间最大,部分原因在于这条

---

[1] Outer Space Treaty, art. Ⅷ.

[2] 需要注意的是,太空物体被认定为准领土,尤其是对太空物体的攻击可能构成战争行为的说法,绝非不言自明的事实。关于第8条将空间物体的管辖和控制权应用于现实中的军事和国家防御领域的做法,依然存在重大争议。国际空间法专家弗兰斯·冯·德·邓克于2021在期刊 International Law Studies 上发表了一篇文章"Armed Conflicts in Outer Space: Which Law Applies?",其中详细说明了这一问题。根据《联合国宪章》的要求以及《外空条约》中关于禁止在外层空间声索领土主权原则(第2条)的规定,冯·德·邓克认为,"除非针对某一外空物体的攻击本身会威胁到某一缔约国的政治独立,否则不被视为违反《联合国宪章》第2条第4项规定",此规定禁止使用武力侵害另一国家的"领土完整或政治独立"。Frans G. von der Dunk, "Armed Conflicts in Outer Space: Which Law Applies?," International Law Studies, vol. 97, 2021, p.209. 但是,对外空物体的攻击可能会导致缔约国行使国际公认的自卫权,不过此权利是基于与《联合国宪章》第51条规定相关的原则(在《联合国宪章》制定之前已经确立的作为习惯法的自卫原则)以及攻击本身的性质而行使的,并非因为受攻击的外空物体属于缔约国的准领土。See von der Dunk, "Armed Conflicts in Outer Space," pp. 210-211, 218, 220, 225, 230-231. 第三种可能性是,如果某一缔约国对在轨外空物体展开攻击或其他缔约国对在轨外空物体进行干扰,拥有/操控该外空物体的缔约国也可能有权对攻击/干扰国采取反制措施(可能是军事措施)。von Der Dunk, "Armed Conflict in Outer Space," International Law Studies, pp. 210-211. 反制措施指"某一缔约国针对另一国开展的行动或不作为,旨在迫使或劝诫后者停止其国际不法行为或不作为,实际上前者的行为或不作为违反了对后者的义务"。Michael N. Schmitt, "'Below the Threshold' Cyber Operations: The Countermeasures Response Option and International Law," Virginia Journal of International Law, vol. 54:3, 700 (2014).

规定的长度和复杂性。从本质上讲,第9条提出了缔约国的六项主要责任。各缔约国在外层空间进行的活动必须(1)"以合作和互助原则为准则",并且(2)"妥善照顾其他缔约国的同等利益"。[1] 此外,各缔约国在外层空间开展活动时,必须避免(3)使月球和其他天体遭受"有害的污染"以及(4)"因获取地球以外的物质,使地球环境发生不利的变化"。[2] 第9条还规定,若缔约国有理由相信,其在外层空间进行的活动会对另一缔约国的活动"造成潜在的有害干扰",或者另一缔约国在外层空间进行的活动会对其活动"造成潜在的有害干扰",则该缔约国均有义务采取行动。[3] 针对第一种情况,第9条规定,(5)该国"应保证在实施这种活动或实验前,进行适当的国际磋商"。[4] 针对第二种情况,第9条规定,(6)该国可以出于规避伤害"要求就这种活动或实验进行磋商"。[5] 与《外空条约》中几乎所有重要的术语一样,第9条并没有对相关的条约术语给出明确定义,其中包括"合作和互助原则"、"妥善照顾"、"有害的污染"或者"有害干扰"等。同样,对于发生有害干扰时如何开展"适当的国际磋商",或者缔约国在"要求"就太空活动"进行磋商"但被对方拒绝的情况下应该采取哪些补救措施,该条约中也没有进行任何说明。

《外空条约》最后三条实质性条款(第10条至第12条)规定了如何促进参与外层空间活动的各缔约国之间开展"国际合作"并进行情报互通。[6] 第10条规定,为了促进国际合作,各缔约国"应在平等的基础上,考虑其他缔约国的要求,给予观测这些国家射入空间的物体飞行情况的机会"。[7] 第11条规定,凡在外层空间进行活动的缔约国,"同意以最大的可能和实际程度,将

---

[1] Outer Space Treaty, art. IX.
[2] Outer Space Treaty, art. IX.
[3] Outer Space Treaty, art. IX.
[4] Outer Space Treaty, art. IX.
[5] Outer Space Treaty, art. IX.
[6] Outer Space Treaty, arts. X, XI. 虽然第12条没有延续第10条和第11条中有关"为了促进国际合作"的说法,但其条款内容被包含在前两条中,说明三者之间有相似性。
[7] Outer Space Treaty, art. IX. 然而,需要注意的是,这个本来就比较含糊的规定("应……考虑"很难被解释为必须采取特定行动)因为一项要求而变得更不明确,即"观测机会的性质以及提供的条件,要由有关国家以协议定之"。Outer Space Treaty, art. X.

活动的性质、方法、地点及结果的情报,通知联合国秘书长、公众和国际科学界"。[1] 第12条规定:"月球和其他天体上的所有驻地、设施、设备和航天器,应以互惠基础对其他缔约国代表开放。"[2] 此条规定的"访问权"和"参观权"仅适用于"月球和其他天体上"的太空物体和设备,因此不适用于环绕地球轨道或位于外层空间真空地带的太空物体、空间站或空间飞行器。因此,虽然本条措辞中包含"应"字,[3] 但至少在目前的情况下,第12条规定所适用的设施类型和性质相当有限。即便如此,在考虑太空军可能采取的行动时,第10~12条规定也提供了几个重要的方向,特别是美军的太空行动涉及在天体上建造设施或设备(当然,这也必须符合第4条规定的限制和要求)。

三、《外空条约》中的"和平目的"

前文在讨论《外空条约》时提到,关于外层空间应用"和平目的"的规定已深深植根于外层空间法律制度中,不过下文也会指出,关于在多大程度上出于"和平"目的或"绝对和平"目的利用外层空间和天体属于法律义务确实存

---

[1] Outer Space Treaty, art. XI.

[2] Outer Space Treaty, art. XII. 本条规定的历史可以追溯到《南极条约》,其中包含了关于缔约国指派观测人员的类似规定。《南极条约》第7条规定,"为了促进本条约的目标并保证本条约的条款得到遵守","南极洲的所有地区,包括在此地区内的所有台站、设施和设备……应随时接受这些观测员的检查"。The Antarctic Treaty, Dec. 1, 1959, 12 U. S. T. 794, 402 U. N. T. S. 71, art. VII [hereinafter Antarctic Treaty]. 鉴于《南极条约》的其他条款与《外空条约》的条款具有相似性(例如,本章下文针对两份条约"和平目的"条款的延伸讨论),《南极条约》第7条和《外空公约》第12条规定之间的关联性是一个备受争议的话题。但是,即便《外空条约》第12条规定中包含含糊的措辞(相关设施应"以互惠基础"对其他缔约国开放,这意味着访问权和参观权的行使受限于面临相同境地的国家是否同意行使相互参观的权利),它对各国开展或支持的天体军事活动也依然存在显著的影响。

[3] 莱斯利·简·史密斯(Lesley Jane Smith)在 Cologne Commentary on Space Law 中指出,"第12条中使用的命令式措辞'应'表明参观行为本身不应受制于被请求国家的决定。第12条规定并未授予缔约国任何权利或权力,也并未暗示任何缔约国有任何权利或权力,反对参观其他国家在天体上的设施"。Lesley Jane Smith, "Article XII," in Stephan Hobe, Bernhard Schmidt-Tedd, & Kai-Uwe Schrogl, eds., Cologne Commentary on Space Law: Volume I Outer Space Treaty (Cologne: Carl Heymanns Verlag, 2009), 210.

在一些分歧。但是,《外空条约》中并没有对"和平"一词进行定义,也没有针对如何区分外层空间利用的"和平"和"非和平"目的给出明确的指导。许多学者曾指出,针对外层空间法律中提到的"和平目的",由于缺乏明确的定义导致形成了两种思想流派,他们对这一概念的解释完全不同:第一种是"非侵略性"解释,即认为只要符合《外空条约》第4条中对特定武器/行动类型的限制要求,以及其他国际法的规定,包括联合国对侵略性行动的禁止要求,在外层空间开展军事行动,甚至使用武器,都是被允许的;第二种是"非军事"解释,即认为"和平目的"一词意味着禁止在太空中进行任何军事行动。[1]

在这两个解释中,美国和所有其他太空大国所推崇的"非侵略性"的说法得到了更广泛的接受。事实上,由于这种说法变得越来越普遍,"非军事"解释的实际意义越来越微不足道。尽管"非军事"解释已经大多"被国家实践取代",[2]本部分依然会探讨"和平目的"的这两种说法,即"非侵略性"和"非军事"。

---

[1] See Manfred Lachs, *The Law of Outer Space: An Experience in Contemporary Lawmaking* (Leiden: Brill Nijhoff, 2010) 105 – 106. See also Stephan Hobe and Niklas Hedman, "Preamble," in *Cologne Commentary on Space Law*, 22. 史蒂芬·霍波(Stephan Hobe)和尼克拉斯·海德曼(Niklas Hedman)在针对《外空条约》发表的 *Cologne Commentary* 一书中总结了"和平目的"三种可能的解释:"第一种观点认为,如果说规定'和平目的'有什么意义,那就应该指彻底非军事化的行动。'和平'意味着'非军事',因为《外空条约》第3条已经规定了禁止开展任何侵略性活动。第二种观点是美国等太空大国提出的,它们认为'和平目的'指合法的自卫权,这一权利的行使应适用于外层空间。只有联合国安理会第3314号决议规定的侵略行为才是被禁止在太空领域开展的非和平行动。第三种观点认为,'和平'意味着'非武器化',即在外层空间开展任何军事行动都不得违背促进和平的原则,因此禁止开展任何会威胁外层空间和平的活动。"Hobe and Hedman, "Preamble," in *Cologne Commentary on Space Law*, 22. 霍波和海德曼描述的"非武器化"解释似乎代表了一种综合立场,即在外层空间开展的某些非侵略性和非武器化军事行动(或许是指遥感和卫星监视)可被视为出于"和平目的"开展的活动,但是在太空中使用武器(即便是《外空条约》第4条中没有明确排除的武器类型)本身就是非和平的行为。所谓"非武器化"可能会因为等级大小被归为非军事行动或非侵略性行动,因此本书不将其视为"和平目的"的解释之一。

[2] Patrick K. Gleeson, "Legal Aspects of the Use of Force in Outer Space" [A Thesis Submitted to McGill University in partial fulfillment of the requirements for the degree of Master of Laws (LL. M.)] (Montreal: Institute of Air & Space Law, McGill University, 2005), 110.

(一) 将"和平目的"解释为"非军事"行动:是过时还是不合适

将《外空条约》中的"和平目的"解释为"非军事"行动有重要意义,主要有两个原因。首先,对于没有足够技术实力向外层空间发射物体的很多国家来说,它们更倾向于选择这种说法。在太空时代初期,情况尤为明显,国际外层空间法律就是在这个时期拟定的[1](需要注意的是,一般情况下,当这些国家具备探索和利用外层空间的能力后,它们就不再提出外层空间只能用于和平目的的主张了,下文会提到美国和其他国家就是这样做的)。其次,"非军事"的解释反映了几位著名的空间法学者的法律见解,包括外交官、法学家、国际法院前大法官曼弗雷德·拉克斯(Manfred Lachs)(他撰写了最早的关于外层空间法的论文之一)和伦敦大学学院法学院前院长、国际航空与空间法先驱郑斌教授(至少在解释《外空条约》第 4 条方面,郑斌教授持这种观点)。

拉克斯在具有突破性的空间法论著《外层空间法:当代立法的经验》(*The Law of Outer Space: An Experience in Contemporary Lawmaking*)第 9 章谈到了"和平利用"外层空间的问题。通过援引联合国大会决议、《外空条约》以及非政府组织和法学家发表的文件,拉克斯表示,"自从有关外层空间的法律文书问世以来,一直有国家以危险为由声称外层空间只能用于和平目的,为了确保实现这一点,它们也已经采取了具体的行动"[2] 认识到"和平目的"两种解释("非侵略性行动"和"非军事化行动")之间的冲突是既定事实后,拉克斯反对任何将"和平"一词范围缩小的尝试。他写道,"'和平利用'的真正

---

[1] See Bin Cheng, *Properly Speaking, Only Celestial Bodies Have Been Reserved for Use Exclusively for Peaceful (Non-Military) Purposes, but not Outer Space Void*, in Michael N. Schmidtt, ed., *International Law Across the Spectrum of Conflict: Essays in Honor of L. C. Green on the Occasion of His Eightieth Birthday*(Newport, RI: Naval War College, 2000), 81. 在人造卫星"斯普特尼克 1 号"发射后,郑斌教授提出,"全世界有一种强烈的愿望,即希望专为和平目的探索和利用整个外层空间(包括所有天体在内)",而且"公众和一些政府也在极力呼吁仅允许专为和平目的即非军事目的,探索和利用整个外层空间(包括所有天体在内)"。

[2] Lachs, *Law of Outer Space*, 105.

含义是毋庸置疑的"。[1] 另外,"如果'和平利用'的表述只是为了禁止开展侵略性行动,那么只需要参考国际法和《联合国宪章》就已经足够了。地球上是明确禁止这些行动的,这难道还不明显吗?……《联合国宪章》如实反映了当代国际法的规定,即缔约国有义务'在国际关系中避免使用武力或威胁使用武力'。限制地解释这种义务……没有法律依据……因此,对其他空间(如外层空间)行驶中的船舶、飞机或任何其他运载工具进行攻击或限制其活动会构成违法行为"。

如果只考虑这一层面的禁止意义(禁止"侵略性行动"),那么加上"和平目的"这样的措辞也只是多余。但是,它还是被明确地写入了相关的基本国际文书中。因此,我们很难认定它没有意义,即只是将它等同于一种没有法律效力的虔诚愿望。此外,其他国际法律文件也提到了"和平目的"一词并提供了权威、明确的解释。例如,在一项关于"原子能对全世界和平、健康和繁荣的贡献"的规定中,其目标是"原子能不得用于推进任何军事目的"。在另一项规定中,"和平目的"指禁止"任何军事性质的措施"。[2]

拉克斯表示,"和平目的"必须在其他国际法律文件类似上下文语境中理解,如果它不包含任何超出国际法所规定的非法范围的意义,那它的使用就是多余的。他还指出,"外层空间法的整体发展趋势(从总体原则到具体规则)"并不支持将"和平"解释为"非侵略性"。[3] 他引用了《外空条约》第4条中关于天体"绝对用于和平目的"的规定,认为这一表述最能代表这种趋势,他还进一步证明了"和平"实际上意味着"非军事"。需要注意的是,拉克斯在《外层空间法:当代立法的经验》中没有对月球/天体和其余的外层空间用于"和平目的"的性质和条件进行区分。

与拉克斯生活在相同时代的郑斌教授在《外层空间法》出版前后撰写了

---

[1] Lachs, *Law of Outer Space*, 106.

[2] Lachs, *Law of Outer Space*, 106 (internal citations omitted). 拉克斯在这段节选中的最后两句分别来自 Statute of the International Atomic Energy Agency [Statute of the International Atomic Energy Agency, July 29, 1957, 8 U.S.T. 1093, 276 U.N.T.S. 3 (amended Oct. 4, 1961, 14 U.S.T. 135, 471 U.N.T.S. 333)] 和 Antarctic Treaty.

[3] Lachs, *Law of Outer Space*, 107.

数十篇关于外层空间法律的文章和书籍,他至少在《外空条约》第 4 条的框架内基本上同意拉克斯对"和平目的"的解释。通过分析太空时代的历史,郑斌教授指出,美国和苏联在 20 世纪 50 年代末都提出了"外层空间和天体只能用于和平目的,且应为所有国家谋福利和利益"的建议。[1] 他还认为,这种对"和平"的解释一直体现在美国自那之后通过的所有国家太空法律中[2],特别是 1958 年颁布的《国家航空航天法》,该法在导言"政策和宗旨宣言"部分指出,"国会特此声明,美国的政策是,太空活动应致力于和平目的,造福全人类"。[3] 在分析美国国家声明之后,郑斌教授也研究了《外空条约》的内容,他对《南极条约》和《外空条约》第 4 条规定中的措辞进行了法律对比分析,并得出了和拉克斯相同的结论。郑斌也注意到这两份条约中有关"和平目的"的措辞几乎相同,[4] 然后总结出三点关于如何解释"和平"一词的结论。

第一,"和平"意味着非军事性质。[5] 第二,"条约中提及的军事设施、军事演习等都属于例证,并不全面"。[6] 第三,"虽然可以为了科学研究或任何其他和平目的使用军事人员和设备,但这并不意味着"将"和平"解释为"非军

---

[1] Bin Cheng, *Studies in International Space Law* (Oxford: Oxford University Press, 2004), 514.

[2] Cheng, *Studies in International Space Law*, 514.

[3] Act of July 29, 1958 (National Aeronautics and Space Act of 1958), Pub. L. No. 85 – 568, § 102(a), 72 Stat. 426 (1958). 需要注意的是,在《国家航空航天法》的"政策和宗旨宣言"部分,国会也明确声明,"出于美国全民福利和安全的需要,美国应为航空航天活动提供充足的经费",更重要的是,"与发展美国武器系统、军事行动或国防安全存在关联或主要关联的活动(包括有效保障美国国防安全所必需的研发活动)应由国防部负责实施并给予指导"。National Aeronautics and Space Act, sec. 102 (b). 因此,在承认"和平目的"原则的同时,国会也明确认可(其自身观点)将外层空间用于军事用途的合法性,甚至表示开发太空武器也是合法的!

[4]《南极条约》第 1 条规定:

(1) 南极洲应仅用于和平目的。在南极洲,应特别禁止任何军事性措施,如建立军事基地和设防工事,举行军事演习,以及试验任何类型的武器。

(2) 本条约不阻止为科学研究或任何其他和平目的而使用军事人员或设备。

《南极条约》中"南极应仅用于和平目的"的规定与《外空条约》中"各缔约国必须把月球和其他天体绝对用于和平目的"的规定非常相似,而且关于禁止开展某些活动(建立军事基地和设防工事,以及进行军事演习和武器试验)以及允许"为科学研究或任何其他和平目的"使用军事人员或设备的规定也基本相同。

[5] Cheng, *Studies in International Space Law*, 519.

[6] Cheng, *Studies in International Space Law*, 519.

事行动"是"无效的"。[1] 基于这几条结论,郑斌坚持认为《外空条约》第 4 条中提到的"绝对用于和平目的"就是字面意思,即在月球和其他天体上只允许进行"非军事"活动。

但是,通过分析《外空条约》的规定,郑斌提出了一个与拉克斯相反的观点,即缔约国出于"和平目的"使用外层空间的法律义务仅适用于第 4 条规定的"月球和其他天体"。拉克斯坚定地用外层空间法律的"整体发展趋势"解释《外空条约》,即必须绝对出于和平目的使用所有外层空间,[2]但郑斌提出,"1967 年的《外空条约》中没有任何条款规定狭义上的外层空间,即所有天体之间的虚空区域,只能用于'和平目的'"。[3] 事实上,郑斌发现《外空条约》中只有序言部分将"和平目的"一词置于将外层空间用于军事用途的上下文中,他指出序言中的文字("确认""希望""回顾")很难说具有强制性或义务性。[4] 更重要的是,郑斌指出,"在法律中,众所周知的是,条约的序言部分通常不会包含具有约束性的条款。这部分的作用最多是辅助解释条约的实质性条款"。[5] 郑斌还指出,至于《外空条约》其他部分提到"和平"利用外层空间,尤其是第 9 条和第 11 条,同样不等同于外层空间中的虚空区域只能用于非军事目的。[6] 因此,郑斌认为,虽然《外空条约》也许反映了一种崇高的愿望,即整个外层空间,包括飘浮在太空中的天体和它们之间的虚空区域,均应被用于和平目的,但除其他国际法的一般限制要求和《联合国宪章》的规定(根据第 3 条适用于外层空间的规定)以及第 4 条有关禁止特定武器类型的规定外,《外空条约》并没有从法律上禁止将外层空间虚空区域用于非和平性质的军事用途,只有月球和其他天体被禁止用于军事用途。

---

[1] Cheng, *Studies in International Space Law*, 519.

[2] Lachs, *Law of Outer Space*, 107.

[3] Cheng, *Studies in International Space Law*, 517.

[4] See Cheng, "Properly Speaking…," in Schmidtt, ed., *International Law Across the Spectrum of Conflict*, 89.

[5] Cheng, "Properly Speaking…," in Schmidtt, ed., *International Law Across the Spectrum of Conflict*, 90.

[6] See Cheng, "Properly Speaking…," in Schmidtt, ed., *International Law Across the Spectrum of Conflict*, 91.

郑斌认为,外层空间虚空区域以及月球和其他天体所适用的法律要求不同,这对希望利用外层空间建立军事优势的缔约国来说有重要影响,下文将对此进行详细解释。这也说明了郑斌对美国的做法提出了强烈的批评,是因为美国将《外空条约》中的"和平目的"解释为"非侵略性"(见下文)。如果说《外空条约》第4条(把月球和其他天体"绝对用于和平目的")是唯一一条从法律上规定将外层空间用于"和平目的"的条款,那么美国将"和平目的"解释为"非侵略性"在法律上只能适用于第4条中规定的活动。换句话说,如果"和平"意味着"非侵略性",第4条中已经明确禁止将月球和其他天体用于军事目的,那么美国难道没有发现月球和其他天体具有重要的军事用途(尽管美国声称这些用途是"非侵略性"的)吗?

郑斌认为,这种解释违背了《外空条约》明确表达的含义。郑斌在《国际空间法研究》中将美国对"和平"的解释描述为"没有必要"、"与事实不符"且"可能造成有害影响",他用多篇幅分析了美国"将和平解释为非侵略性"的做法。[1] 郑斌认为美国的这种解释没有必要的原因有两点。其一,"美国并不打算将这种解释应用到第4条第2款中规定的情形中"。郑斌指出,"目前没有证据表明美国打算在月球和其他天体上进行军事活动"。[2] 其二,美国的这种解释以及向国际机构宣告这种解释的行为都没有法律意义:如果没有开展相关实践——第4条中所述的情况,那美国干巴巴地宣称自己以某种方式解释了《外空条约》的某条规定对于建立相关习惯规范或制定相关法律没有任何影响。[3] 郑斌还认为,从拉克斯和其本人在上文阐述的所有理由来看[第4条中的明确规定;对《外空条约》第4条和《南极条约》第1条进行对比分析;通过第3条规定(外层空间活动应遵守国际法)发现美国的解释是多余

---

[1] Cheng, *Studies in International Space Law*, 520–522. 郑斌教授书中的这一部分改编自其之前发表的一篇文章,"The Legal Status of Outer Space Issues: Delimitation of Outer Space and Definition of Peaceful Use",最初于1983年发表在密西西比大学法学院杂志 *Journal of Space Law* 上。See Bin Cheng, "The Legal Status of Outer Space Issues: Delimitation of Outer Space and the Definition of Peaceful Use," *Journal of Space Law*, vol. 11 (1983): 103–105.

[2] Cheng, *Studies in International Space Law*, 520.

[3] See Cheng, *Studies in International Space Law*, 520.

的;当前国际法明确禁止采取侵略性行动;等等],美国的这种解释完全"与事实不符"。[1]

最重要的是,郑斌认为美国的解释"可能造成有害影响",因为对于采用与《外空条约》中"和平目的"相同或相似表达的任何其他国际条约或协议来说,美国的解释会威胁它们的基础。郑斌尖锐地指出:

> 如果美国将其对"和平"一词的独特解释限定在对外层空间虚空区域开展军事行动的某种不存在的限制上,也许最严重的后果只是像皇帝穿上"新装"一样,只不过是自欺欺人而已。但实际上,这种异想天开的解释带来了严重后果。
>
> 美国是《南极条约》的缔约国,也是许多多边和双边核能国际合作协定的缔约国。根据这些协定,一个缔约国转给另一个缔约国的核材料、核设备和核设施只能用于"和平目的"。美国是否愿意接受其他缔约国将这些条约中的"和平"一词解释为"非侵略性"而非"非军事"?一些国家将它们获得的核援助用于制造炸弹,它们是否也用这种说法向美国辩解这些炸弹一定是非侵略性质的?如果不是,他们应该不需要很长时间才明白美国对"和平"一词的解释有什么用意,除非美国愿意立即采取措施改变其对这个问题的态度。[2]

这个观点比较中肯。如果《外空条约》《南极条约》和其他使用"和平目的"一词或类似表达的国际协定中没有对"和平"一词进行定义,美国真的可以对不同条约中的同一个词进行不同的解释吗?例如,将《南极条约》中的"和平"一词解释为"非军事",而将《外空条约》中的"和平"一词解释为"非侵略性"。此外,郑斌还提出了一个反思:美国是否会接受另一个国家,尤其是它认为会给自己带来危险的国家,如此解释"和平目的"一词?例如,伊朗和

---

[1] Cheng, *Studies in International Space Law*, 521.

[2] Cheng, *Studies in International Space Law*, 521–522.

朝鲜恰好证实了郑斌的预言,即其他缔约国最终也会以"和平"为借口为其某种行为进行辩护或自卫。这两个国家都声称,它们的太空项目都完全出于"和平目的"——同样与郑斌教授预测的一样,这些声明并没有说服美国相信它们的太空项目不是发展洲际弹道导弹的幌子。

正如本部分开头所指出的,持有外层空间应绝对用于和平、非军事目的观点的并非只有拉克斯和郑斌等国际法学家。特别是在太空时代早期,一些缔约国政府曾正式发出声明,表示缔约国在外层空间的活动应绝对出于和平目的。例如,1961年,在塞尔维亚贝尔格莱德举行的不结盟国家首脑会议(也称贝尔格莱德会议或不结盟国家的国家或政府首脑会议)结束时,与会国发表了一项宣言,"要求所有国家,特别是目前探索外层空间的国家,保证把外层空间绝对用于和平目的"。[1] 后来,在联合国外空委法律小组委员会起草和制定不具约束力的《法律原则宣言》期间,参与发表以上宣言的一部分国家(包括巴西、黎巴嫩、印度和摩洛哥)进一步提出应把外层空间绝对用于和平目的的倡议,后来一些没有参与贝尔格莱德会议的国家也加入这一倡议。[2] 鉴于这是《法律原则宣言》的最后措辞,这些关切大多延续到后来对《外空条约》本身的讨论之中。虽然它们倾向于将"和平"解释为"非军事",但其中部分国家最终的立场与郑斌教授的观点相同,即《法律原则宣言》和《外空条约》

---

[1] "Text of the Final Declaration of the Belgrade Conference of Nonaligned Nations," *New York Times*, Sept. 7, 1961, 8, available at https://timesmachine.nytimes.com/timesmachine/1961/09/07/118518779.html?pageNumber=8. 参加贝尔格莱德会议的国家包括(按英文首字母顺序排列):阿富汗、阿尔及利亚、缅甸、柬埔寨、锡兰(1972年改名为斯里兰卡)、刚果、古巴、塞浦路斯、埃塞俄比亚、加纳、几内亚、印度、印度尼西亚、伊拉克、黎巴嫩、马里、摩洛哥、尼泊尔、沙特阿拉伯、索马里、苏丹、突尼斯、阿拉伯联合共和国(1961年9月28日解体)、也门和南斯拉夫(2003年解体)、玻利维亚、巴西和厄瓜多尔派观察员出席。

[2] *See* Bhupendra Jasani and Maria A. Lunderius, "Peaceful Uses of Outer Space—Legal Fiction and Military Reality," *Bulletin of Peace Proposals*, vol. 11, no. 1 (1980), p. 62. 这些缔约国在1963年4月23日至1963年5月1日召开的联合国外空委法律小组委员会会议上提出了这些关于"和平目的"的意见。which can be found in UN Documents A/AC.105/C.2/SR.21, A/AC.105/C.2/SR.22, A/AC.105/C.2/SR.23, A/AC.105/C.2/SR.24, and A/AC.105/C.2/SR.26, which are available at https://www.unoosa.org/oosa/en/ourwork/spacelaw/treaties/travaux-preparatoires/declaration-of-legal-principles.html.

中并没有规定外层空间绝对用于和平目的。[1] 如上文所述,缔约国对"和平目的"的看法通常与它们是否具备技术实力将外层空间用于更广泛的用途有直接联系。印度就是个很好的例子:虽然它在20世纪60年代强烈主张将"和平目的"解释为"绝对和平",但自那之后也开始接受将太空技术用于军事目的,[2]不仅开展反卫星导弹测试,还建立了一个负责组织太空战和搜索卫星情报的联合军事组织,即国防航天局。[3]

针对拉克斯、郑斌对"和平目的"的看法以及一些缔约国将其解释为"绝对和平"的立场,有一些学者提出了反对意见。首先,这种解释给缔约国利用外层空间带来了严重限制。事实上,如果拉克斯对有关整个外层空间在法律意义上只能被完全用于非军事"和平目的"的看法是正确的,那么任何具有军事和民用双重用途的太空活动(美国代表在太空时代早期就认识到了"双重用途"的问题,见下文)都会被禁止开展。同样,外层空间或外层空间物体也将被禁止用于自卫目的,也不得通过被动式防御、非动能手段使用它们来保障国家安全。这种全面禁止的规定会带来重大影响:电信、地理导航和遥感技术等具有重要民用和军事用途的技术可能都会违反这一法律要求。毫不夸张地说,由于空间技术广泛适用于军事活动(不仅包括动能活动,也涵盖行政管理、通信、导航等领域),拉克斯对"和平目的"一词的解释会导致很多重要的外层空间技术被禁用。

---

[1] 1963年4月,印度代表比伦德拉·查克拉瓦蒂(Birendra Chakravarty)先生参加了起草《法律原则宣言》的谈判,他抱怨道,"将外层空间用于军事目的可能会对人类构成严重威胁",印度及其代表团"对于……美国和苏联没有在其拟定的《法律原则宣言》草案中纳入一条关于将外层空间用于和平目的的规定……而感到遗憾"。COPUOS Legal Subcommittee, "Provisional Summary Record of the Twenty-Second Meeting, Held at Headquarters, New York, on Wednesday, 24 April 1963, at 10:55 a.m.," UN Doc. A/AC. 105/C. 2/SR. 22, Apr. 26, 1963, p. 7.

[2] See generally Shounak Set, "India's Space Power: Revisiting the Anti-Satellite Test," Carnegie India, Carnegie Endowment for International Peace, September 2019, available at https://carnegieendowment.org/files/7-30-19_Set_India_ASAT_Test.pdf.

[3] Asian News International, "Defence Space Research Agency: Modi govt approves new body to develop space warfare weapon systems," India Today, June 11, 2019, https://www.indiatoday.in/india/story/defence-space-research-agency-modi-govt-approves-new-body-to-develop-space-warfare-weapon-systems-1546951-2019-06-11.

此外，国际法本身存在的广泛冲突很可能会导致将外层空间"绝对用于和平目的"的论点失效。这种冲突指的是不同领域和不同类型国际法之间存在的矛盾关系，它们包括一般法（适用于一般主体或法律领域的法律）、特别法（适用于特定主体或法律领域的法律）和上位法（合法性比其他法律或法律体系更高的法律）。弗兰斯·冯·德·邓克曾很有说服力地指出，《联合国宪章》相较于其他国际协议是天然的上位法，[1]这对太空领域的军事活动具有重要影响。[2] 尤其不论是具有约束力的太空法条约还是其他不具有约束力的太空法都没有对"和平目的"一词进行明确定义，因此，目前还没有基于太空法颁布任何包含"绝对用于和平目的"规定的特别法，而且国际空间法和《联合国宪章》在"和平目的"/"和平利用"问题上也不存在任何明显冲突。因此，即便国际空间法和《联合国宪章》对"和平目的"这一概念的解读存在一定程度的冲突，《联合国宪章》中规定的"各国在受到武力攻击或在联合国安理会批准或授权的情况下使用武力自卫的权利"也"适用于外层空间"。[3] 既然这些权利适用于外层空间，那就自然意味着缔约国在法律上有权实施（或采取）物理和技术手段在太空领域行使这些权利。拉克斯和其他学者将"和平目的"解释为"绝对用于和平目的"意味着缔约国无法采取相关措施在外层空间行使自卫权或合法使用武力，因此这种解释不符合《联合国宪章》中所述的国际法原则。值得注意的是，郑斌对《外空条约》中"和平目的"一词的解释（具体来说，他认为实际上没有法律要求将外层空间虚空区域或星际空间用于"和平目的"）在很大程度上规避了拉克斯主张的需要大范围禁止某些

---

[1] United Nations, Charter of the United Nations, 24 October 1945, 1 UNTS XVI, art. 103（联合国会员国在本宪章下之义务与其任何其他国际协定所负之义务有冲突时，其在本宪章下之义务应居优先）.

[2] Frans G. von der Dunk, "Armed Conflicts in Outer Space: Which Law Applies?", *International Law Studies*, vol. 97, 2021, pp. 217 – 220, 225.

[3] Frans G. von der Dunk, "Armed Conflicts in Outer Space," *International Law Studies*, p. 225. 《联合国宪章》第 2 条规定，"各会员国应以和平方法解决其国际争端，避免危及国际和平、安全及正义"，以及"各会员国在其国际关系上不得使用威胁或武力，或以与联合国宗旨不符之任何其他方法，侵害任何会员国或国家之领土完整或政治独立"。但是，《联合国宪章》第 39 条和第 42 条规定，如果安理会断定"存在任何威胁和平、破坏和平或侵略行为"并决定"采取必要的空海陆军行动以维持或恢复国际和平与安全"，则可根据与联合国宗旨相符的方式使用武力。

活动的不当要求。

(二) 将"和平目的"解释为"非侵略"行动：美国(和当代)策略

在人造卫星"斯普特尼克1号"发射后的一小段时间内，美国试图制约苏联在外层空间的优势，[1]但自那之后美国一直主张将"和平目的"一词解释

---

[1] See Moltz, *Politics of Space Security*, 92 – 94. See also Paul B. Stares, *The Militarization of Space: U. S. Policy, 1945 – 1984*(Ithaca, NY: Cornell University Press, 1985), 54 – 57. "斯普特尼克1号"发射后不到一周,美国驻联合国代表亨利·卡伯特·洛奇(Henry Cabot Lodge)提出,美国不但同意外层空间应专用于和平目的,还支持成立一个技术检查委员会,其职责是"对所有太空火箭做发射前检查,以确保其和平意图"。Moltz, *Politics of Space Security*, 92. 1957年10月10日,洛奇在当时的联合国政治和安全委员会上发表了一次慷慨激昂的演讲,他将外层空间技术比作核武器并列举了美国此前为控制核扩散作出的努力,然后声明:"主席先生,1946年,当美国是世界上唯一拥有核武器的国家时,我们向联合国提议对全球的原子弹实行控制,以确保能量巨大的原子能被用于和平目的。现在整个世界都明白,如果当时的提议被接受,如今已蔓延10年的焦虑和困境是可以被避免的。现在,我们也面临着一个相似的机会,即利用人类在外层空间的开创性努力来实现和平。我们绝不能错过这个机会。因此,我们建议成立技术委员会并制定相应的检查制度,以确保外层空间被绝对用于和平和科学目的。如果我们一致同意在多边基础上开展研究,美国非常愿意加入这项倡议,甚至不必等待其他重要提案谈判结束。" Department of State, *U. S. Participation in the UN—Report by the President to the Congress for the Year* 1957(DoS Publication 6654, June 1958), 25 [hereinafter Lodge Speech]. 洛奇的演讲并非美国在国际论坛上的故作姿态。大约10个月后,1958年8月26日,美国国务院法律顾问洛夫特斯·E. 贝克尔(Loftus E. Becker)在加利福尼亚州洛杉矶举行的美国律师协会第81届年会上发表讲话时发表了和洛奇相同的观点,并且重申了美国致力于和平利用外层空间的承诺。贝克尔表示:"在太空外交政策领域,当前最紧迫的问题是如何确保太空仅用于和平目的。" Loftus E. Becker, "The Control of Space," Address made before the 81st annual meeting of the American Bar Association, Aug. 26, 1958, in Department of State, *The Department of State Bulletin Vol. XXXIX, No.* 1003(DoS Publication 6701, Sept. 15, 1958), 417. 贝克尔称赞了美国为确保外层空间被用于和平目的而推动联合国建立检查制度的举动,他在演讲结束时指出,美国国务院希望建立更多的外层空间法律框架,以确保外层空间被用于非军事目的:"从美国的观点来看,关于制定外层空间法律的提议必须反映我们的政策目标,即制定有利于实现长期目标的制度体系。这些目标包括促进外空非军事化并实现和平的、鼓励开展科学研究、通过科学研究迅速获得实际利益以增进人类福祉、鼓励国际合作并建立国际社会机构。" Becker, "The Control of Space," in *Department of State Bulletin Vol. XXXIX, No.* 1003, 420. "和平目的"一词也进入了立法领域:美国国会于1958年颁布美国第一部与太空相关的立法《国家航空航天法》(根据该法成立了美国国家航空航天局),国会在"政策和宗旨宣言"部分声明:"美国的政策是,太空活动应致力于和平目的,造福全人类。"72 Stat. 426, Pub. L. No. 85 – 568, 85th Congress (1958). 虽然美国公众提倡外层空间应绝对用于和平目的,但艾森豪威尔政府的官方空间政策文件——《国家安全委员会5918号文件》(见下文第三章)建议"研究'和平利用外层空间'这一表述对国家安全的影响,从而以最符合美国利益的方式对其进行定义"。NSC 5918, *U. S. Policy in Outer Space*, Dec. 17, 1959, at ¶ 44.

为"非侵略性"行动。虽然美国起初对苏联发射人造卫星感到震惊,但当时美军从事卫星研发也已经近 10 年(见下文第四章)。在艾森豪威尔总统的支持下,美国中央情报局和美国空军通过联合开展"日冕"计划发射的美国间谍卫星于 1960 年 8 月开始绕地球运行。[1]"日冕"卫星的成功发射,包括其能够提供高质量图像和情报,彻底使美国终止了外层空间应"绝对用于和平目的"的呼吁。与之截然相反的是,美国自那之后将"和平"利用外层空间解释为包含"非侵略性"活动,如发射非武器性质的军事侦察卫星。

虽然艾森豪威尔政府和肯尼迪政府颁布的美国政策都采用这种解释,但直到几年之后美国才在国际机构上将"和平"解释为"非侵略性"行动。1962 年 12 月,参议员老艾伯特·戈尔(Albert Gore, Sr.)[美国前副总统和总统候选人小艾伯特·戈尔(Albert Gore, Jr.)的父亲]在联合国第一委员会的演讲中正式提出了这种说法,他宣称,"美国认为,外层空间应专用于和平目的,即只能在外层空间开展非侵略性质的有益活动。太空军事活动的问题和地球军事活动的问题密切相关。为了确保这两种环境中不再出现任何军事活动,我们必须继续努力,确保在获得充分保护的情况下实现全面彻底裁军的目标。在实现这一目标之前,检验任何太空活动的依据绝不能是它们是否是军事或非军事性质,而是它们是否遵循《联合国宪章》和其他法律义务。不管怎样,太空的军事用途和非军事用途之间没有明确的界限。例如,美国和俄罗斯的航天员都是各自国家武装部队的成员,但不能以此为理由质疑他们进行的活动或贬低他们的成就。外层空间的导航卫星可以给潜艇和商船导航。执行科学任务的航天器所使用的导航设备也可以给执行军事任务的航天器导航。基于这些事实,任何国家都可以将太空卫星用于观测和情报收集等目的。与从公海进行观测一样,从太空进行观测也符合国际法的规定。此外,这种观测可服务于多个用途……显然,观测卫星可被用于军事、科学和商业领域。但这并不是反对使用观测卫星的理由。科学本身没有恶意,它认定我

---

[1] See Sean N. Kalic, *US Presidents and the Militarization of Space*, 1946-1967 (College Station, TX: Texas A&M University Press, 2012), 49-50.

们未来生活的世界将越来越开放，不论你喜欢与否，在美国政府看来，开放只会带来更加和平的世界。与参与本委员会的其他国家一样，美国将坚定采取一切必要的非侵略性措施，以确保我们自身和盟友的安全，直到不再需要采取这些措施"。[1]

参议员老艾伯特·戈尔在演讲中列举的人造卫星的例子揭露了美国的主要目标，即在"和平"利用外层空间的幌子下为军事侦察卫星开辟一个发展空间。尤其是在苏联开发光纤通信技术并于1962年中期开始部署间谍卫星后，[2]苏联人也认为应该允许使用卫星进行军事侦察，即便没有在公开声明中如此表达，但他们至少在进行本国和外层空间活动时实践了自己的想法。

在约翰逊总统于1967年1月签署《外空条约》后，美国参议院外交关系委员会举行了一场关于批准该条约的听证会。在听证会上，"和平目的"的定义再次成为焦点话题。虽然参议院的一些支持者在很大程度上掩盖了与"和平"定义相关的问题[例如，时任国务卿迪安·腊斯克（Dean Rusk）只是重申了条约中与军事相关的条款及其对国际军备控制的意义，后来也补充道，"当然，条约并没有禁止在外层空间中将军事人员和设备用于和平目的"[3]]，但驻联合国大使阿瑟·J. 戈德堡（Arthur J. Goldberg）在其证词中直接讨论了这个定义问题。在与戈德堡的交流中，参议员老艾伯特·戈尔表达了自己对条约中有关卫星使用问题的规定的担忧——这也是他大约4年前在联合国讨论的同一问题——特别是关于"和平"利用外层空间与《外空条约》中关于探索和利用太空"应为所有国家谋福利和利益"的规定之间的相互作用。[4] 参议员老艾伯特·戈尔将这一要求描述为"不确定"和"模糊的"，他担心该条约会

---

[1] United Nations, First Committee, "Verbatim Record of the Twelve Hundred and Eighty-Ninth Meeting," 17th Session, U. N. Doc. A/C. 1/PV. 1289, Dec 3. , 1962, at 13–14.

[2] See Moltz, *Politics of Space Security*, 128–129.

[3] "Statement of Hon. Dean Rusk, Secretary of State" in *Treaty on Outer Space. Hearings before the Committee on Foreign Relations*, United States Senate, Ninetieth Congress, first session, on Executive D. March 7, 13, and April 12, 1967, at 4 [hereinafter *Senate Outer Space Treaty Hearings*].

[4] Outer Space Treaty, art. I.

以卫星侦察是一种"和平"用途为由，要求国家之间共享敏感的卫星数据。[1]他在发言中提醒委员会注意关于"和平目的"定义的争论，"关于和平目的的定义，美国和俄罗斯长期以来一直存在争论。我也曾有几个星期参与争论之中……我们将和平目的解释为非侵略性质的有益活动。苏联坚持认为，和平目的意味着非军事活动。非军事活动涉及通信卫星的使用，这是我非常关注的一个特殊问题"。[2]

不论是戈德堡还是任何其他证词发言人或参议员，都没有驳斥参议员戈尔对"和平目的"的定义。此时看来，"非侵略性"解释似乎已经深入美国的太空政策中，所以戈尔的声明其实是公正地描述了美国对"和平目的"一词的看法。

虽然美国没有进一步明确讨论《外空条约》中"和平目的"一词的深层含义，也没有试图对其进行明确定义，但后来国防部的相关人员都明确认同参议员戈尔对"和平目的"的解释。1967年4月12日，国防部副部长赛勒斯·罗伯茨·万斯（Cyrus R. Vance）在委员会作证时描述了《外空条约》对国家安全的重要性，同时强调该条约并未完全禁止太空军事活动："该条约并不意味着军事人员或设备不能进入太空领域。只有大规模杀伤性武器不得进入太空。在太空开展与通信、导航或观测有关的太空军事计划是被允许的。这些计划也是'和平'利用太空的活动。以美国的一个太空军事计划为例，维拉号卫星计划的目的是探测太空或高层大气中的核试验活动，以确保它们不会违反《禁止核试验条约》的规定。美国计划在4月再发射两颗维拉号卫星，以维持和增强美国开展和平军事活动的能力……简单来说，国防部将继续开展太空活动，并利用其在太空领域的技术优势支持美国国家航空航天局的

---

[1] "Statement of Hon. Arthur J. Goldberg, Ambassador to the United Nations in Senate," *Outer Space Treaty Hearings*, 30. 顺便说一句，需要注意的是，参议员戈尔对共享侦察数据的担忧实际上是没有根据的。美国从未将《外空条约》解释为要求与其他国家共享敏感卫星图像。

[2] "Statement of Hon. Arthur J. Goldberg, Ambassador to the United Nations; Accompanied by Leonard C. Meeker, Legal Advisor, Department of State," in *Senate Outer Space Treaty Hearings*, 59.

工作。"[1]

美国参谋长联席会议主席厄尔·G.惠勒(Earle G. Wheeler)将军在国防部副部长万斯之后发表证词。他重申了万斯的观点,表示美国军方最终支持批准《外空条约》。但是,惠勒将军同时警告说,与太空相关的国家安全威胁不会在《外空条约》获得批准后消失,美军打算继续发展军事(尽管不一定是武器化)太空技术,至少部分目的是确保遵守《外空条约》的规定:"我们不应被此条约误导,以致认为可以忽略未来太空可能或实际的安全威胁,或因此减缓我们在太空的军事行动。对参谋长联席会议具有重要意义的是,美国不会允许这项条约的权威因美国减少在太空技术方面的军事努力而变得毫无意义。参谋长联席会议认为美国有决心实现这一目标,因此不会在军事层面对美国成为该条约的缔约国提出任何异议,同时充分认可该条约的目标。"[2]

同样,尽管万斯和惠勒都没有对"和平目的"进行定义,但二者的发言表明他们都同意参议员戈尔的观点,即在卫星遥感领域(但也可能会在其他领域)开展法律允许的"太空军事活动"属于"和平"利用外层空间。

在《外空条约》被批准之后,美国虽然已经广泛接受对"和平目的"的解释,但美国官方的太空政策文件依然没有对该术语进行明确描述。直到1978年,时任美国总统吉米·卡特(Jimmy Carter)签署《总统指令/国家安全委员会第37号文件:国家太空政策》,使该政策成为自艾森豪威尔政府[3]以来美国首次在国家政策文件中正式承认其对"和平目的"解释的综合太空政策。《总统指令/国家安全委员会第37号文件》使这个问题几乎得到了彻底解决。在描述"美国实施太空计划"遵循的原则时,该文件提到的第一个原则是"探

---

[1] "Statement of Cyrus R. Vance, Deputy Secretary of Defense", in *Senate Outer Space Treaty Hearings*, 81.

[2] "Statement of Gen. Earle G. Wheeler, U. S. Army, Chairman of the Joint Chiefs of Staff", in *Senate Outer Space Treaty Hearings*, 85.

[3] *See* R. Cargill Hall, "The Evolution of U. S. National Security Space Policy and Its Legal Foundations in the 20th Century," 22 J. SPACE L. 1, 33 (2007). See also, infra notes 209 – 228 and accompanying text.

索和利用外层空间应致力于和平目的并为全人类谋福利"。[1]但是,"和平目的意味着允许出于国家安全和其他目的开展军事和情报相关活动"。[2]此外,"美国将继续开展太空活动,以维护其自卫权利",并将"继续实施国家情报太空计划"。这里明确提到美国自1960年以来致力于增强卫星侦察能力的事实。[3]这是美国行政部门首次清晰地指出美国对"和平目的"一词的解释,令人惊讶的是,它似乎比参议员戈尔和其他人之前所描述的"非侵略性"的解释更加广泛。《总统指令/国家安全委员会第37号文件》第1.f段中提到自卫权,表明美国默认国际法律原则,但其将"和平目的"描述为明确包含出于"国家安全"以及并未作出解释的"其他目的"[4]开展任何"军事或情报相关"活动,似乎远超出了此前对该术语的解释范畴。

在《总统指令/国家安全委员会第37号文件》颁布后,美国对"和平目的"的解释(不论此前是否明确表达)即便在机密文件中也全部消失不见。除新上任的拜登外,自卡特总统之后的每一届美国总统都颁布了国家太空政策。这些政策都认同卡特政府对"和平目的"的描述,即"可以出于国家安全和其他目标开展军事和情报相关活动"。[5]只有乔治·W.布什(George W. Bush)政府和奥巴马(Obama)政府在颁布的国家太空政策中改变了措辞,不过改动幅度非常小,没有任何实质性的区别:布什总统在其颁布的国家太空政策中将"和平目的"描述为"允许美国出于国家利益的目标开展国防和情报相关活动",[6]而奥巴马总统表示"'和平目的'指允许利用太空从事有关国

---

[1] President Jimmy Carter, PD/NSC - 37, *National Space Policy*, May 11, 1978, at 1 - 2, available at https://www.jimmycarterlibrary.gov/assets/documents/directives/pd37.pdf (last visited Apr. 2, 2020) [hereinafter *PD/NSC - 37*].

[2] PD/NSC - 37, *National Space Policy*, 2.

[3] PD/NSC - 37, *National Space Policy*, 2.

[4] 《总统指令/国家安全委员会第37号文件》第2段中描述了与国家安全相关的太空活动以及出于"其他目的"进行的太空活动的范围,以下为部分内容:"美国将在太空进行维护国防安全所必需的活动。太空军事计划需要为指挥和控制、通信、导航、环境监测、警报、战术情报、目标定位、海洋和战场监视以及太空防御等功能提供支持。"PD/NSC - 37, *National Space Policy*, 3.

[5] 参见第三章。

[6] United States, *U.S. National Space Policy*, NSPD - 49, Aug. 31, 2006, available at https://fas.org/irp/offdocs/nspd/space.pdf [hereinafter 2006 *NSP*].

家安全和国土安全的活动"。[1]

同样,在《总统指令/国家安全委员会第37号文件》颁布后不久,也就是里根执政初期,"和平目的"一词的定义和解释开始出现在美国军事文件中。除成立美国首个从事太空事务的军事组织"美国空军太空司令部"外,美国空军还起草了美军第一份"太空条令"。在1982年10月出版的《空军手册1-6:军事太空条令》中,[2]"和平目的"的定义似乎将卡特政府提供的解释与参议员戈尔早先提出的"非侵略性"解释进行了结合。在第1-5节"国家行政指导"中,《空军手册1-6:军事太空条令》采用了里根总统"《第42号国家安全决策指令》"(该指令于1982年7月取代《总统指令/国家安全委员会第37号文件》,前文提到,二者对"和平目的"的解释是相同的)中的说法,即"'和平目的'允许出于国家安全目标开展活动"。[3] 但第1-9节"国际法"部分反映了参议员戈尔的观点,直白地宣称"国际法允许在太空中开展非侵略性军事活动(不构成攻击或威胁另一国家领土完整或政治独立的活动)"。[4]

《空军手册1-6:军事太空条令》中提到这两种观点实际上再次回到了针对卡特总统时期《总统指令/国家安全委员会第37号文件》提出的问题:"非侵略性"活动和"出于国家安全或其他目标"的活动之间有区别吗?文件中对"非侵略性"活动的描述是否会限制美国出于国家安全目标开展"军事和情报相关活动"?或者说,《总统指令/国家安全委员会第37号文件》对"和平目的"一词的解释是否更加宽泛?关于这些问题的答案并不清楚。自《空军手册1-6:军事太空条令》发布以来,美军条令文件也没有给出明确的答案。在空军和联合部队发布的与外层空间活动相关的条令文件中提到《外空条约》、国际法或"和平目的"有关要求的地方,对"和平目的"的表述摇摆不定。例如,美国空军在20世纪90年代末颁布《空军条令文件2-2:空间作战》条令,其中

---

[1] United States, *National Space Policy of the United States of America* (June 28, 2010), at 3 [hereinafter 2010 *NSP*].

[2] Department of the Air Force, Air Force Manual 1-6, *Military Space Doctrine*, Aerospace Basic Doctrine (Oct. 15, 1982).

[3] AFM 1-6, *Military Space Doctrine*, 2.

[4] AFM 1-6, *Military Space Doctrine*, 3.

既没有提到"和平目的"的概念，也没有提到《外空条约》对某些天基武器的限制要求。[1] 2006年，《空军条令文件2-2：空间作战》更新版本中新增了"法律问题"一节，其中完整地叙述了为何将"和平目的"解释为"非侵略性"活动：

> 大多数国家习惯认为"和平目的"并不禁止在外层空间开展军事活动；这些活动在整个太空时代从未间断，也没有引起大规模的国际抗议。但后来，这一词语被解释为不得在太空开展非侵略性活动，或者遵照《联合国宪章》和国际法的要求不使用威胁或武力，除非在法律规定的情况下，如出于自卫需要或在联合国安理会的授权之下。[2]

近6年后，在2012年年中，《空军条令文件2-2：空间作战》被新条令附件取代，即《空军条令附件3-14：太空作战行动》。当时的附件3-14中删除了"非侵略性"解释，将其改为《国家太空政策》中对"和平目的"的一般表述。虽然提到美国承诺将外层空间用于"和平目的"，但附件中也提到以下几点：首先，"美国使用太空系统支持国防活动符合将太空用于和平目的的原则"；[3] 其次，"和平目的"允许"美国出于国家利益目的开展国防和情报相关活动"。[4] 当前版本的附件3-14为《太空对抗作战》，其中没有提及"和平目的"，也没有任何章节讨论与太空行动有关的法律问题。[5]

---

〔1〕 *See generally* Department of the Air Force, Air Force Doctrine Document 2-2, *Space Operations*, Aug. 23, 1998.

〔2〕 Department of the Air Force, Air Force Doctrine Document 2-2, *Space Operations*, Nov. 27, 2006, 27.

〔3〕 United States Air Force, Curtis E. LeMay Center for Doctrine Development and Education, Annex 3-14, *Space Operations*, June 19, 2012, at 10, available at https://fas.org/irp/doddir/usaf/3-14-annex.pdf [hereinafter 2012 Annex 3-14, *Space Operations*].

〔4〕 2012 Annex 3-14, *Space Operations*, 72.

〔5〕 *See generally* United States Air Force, Curtis E. LeMay Center for Doctrine Development and Education, Annex 3-14, *Counterspace Operations*, Aug. 27, 2018, https://www.doctrine.af.mil/Portals/61/documents/AFDP_3-14/AFDP-3-14-Counterspace-Ops.pdf [hereinafter 2018 Annex 3-14, *Counterspace Operations*].

有关外层空间领域的联合条令在发展过程中也存在不一致之处。最早版本的《联合出版物3-14：太空联合作战条令》于2002年发布，其中在"法律考量"一节中详细分析了《外空条约》的规定，其中包括"外层空间应被用于和平目的并适当考虑全人类利益"的声明。[1] 除此之外，该条令中没有其他地方提及"和平目的"。2009年更新的版本采用了《国家太空政策》中的表述，尤其是布什政府于2006年颁布的《国家太空政策》中的表述："和平目的"允许"美国出于国家利益目的开展国防和情报相关活动"。[2] 接下来在2013年更新的版本中，有关"和平目的"的表述没有改动，不过在原来关于《外空条约》禁止在月球或其他天体上进行军事活动的讨论的基础之上新增了一句话，即"允许在天体上将军事人员和设备用于科学研究或任何其他和平目的"。[3] 但当前的版本没有明确讨论《外空条约》及其条款，也没有对"和平目的"进行解释，而只是在篇幅较短的"法律考量"一节中指出，"太空活动和作战必须符合战争法、美国加入且适用的任何条约或国际协议、美国国内法律和政策，以及所适用的任何东道国法律的规定"。[4]

不论这些年美国和美军对"和平目的"的解释是否从只允许在外层空间开展"非侵略性"活动微妙地转变为允许开展（至少在某种程度上）更广泛的活动，美国自20世纪60年代以来始终认为，"和平目的"绝不仅仅指将太空用于非军事用途。虽然有相当多国家曾经反对这一立场，[5] 但随着外层空间军事和国防活动的迅速扩张，美国推崇的"非侵略性"解释已经被广泛接受。中国和俄罗斯等其他一些航天大国也在实践中效仿美国的做法（即便没有公开声明），尤其是在天基指挥、控制、通信、计算机、情报、监视和侦察领域以及

---

[1] Joint Publication 3-14, *Joint Doctrine for Space Operations*, Aug. 9, 2002, at I-4.
[2] Joint Publication 3-14, *Joint Doctrine for Space Operations*, Jan. 6, 2009, at V-8.
[3] Joint Publication 3-14, *Joint Doctrine for Space Operations*, May 29, 2013, at V-8, V-9.
[4] Joint Publication 3-14, *Joint Doctrine for Space Operations*, Apr. 10, 2018, at IV-5.
[5] See, for instance, the views of Argentina and India during the drafting of the Outer Space Treaty, previously discussed, supra note 43.

在为陆地军队提供类似天基支持方面。[1] 中国和俄罗斯已经通过实际行动表明其接受了美国的立场,它们通过推动制定国际法,尤其是提出《防止在外空放置武器、对外空物体使用或威胁使用武力条约(草案)》限制美国部署当前外层空间法律制度并未禁止的太空武器。虽然国际法和缔约国(甚至包括美国)的国家政策仍未对"和平目的"进行明确定义,但显然美国将"和平目的"解释为"非侵略性"活动的做法已经被广泛接受,甚至于美国的潜在对手也在按照美国的这种解释开展行动。

四、有关美国太空政策的结论

通过前文对外层空间国际法律制度,尤其是与缔约国合法利用外层空间相关的"和平目的"一词的研究,得出了以下结论。首先,最有趣也是最重要的结论是:至少在《外空条约》被批准以来,不论将"和平目的"解释为"非军事"行动还是"非侵略性"行动都存在缺陷。在起草和批准《外空条约》之前,当时还没有颁布任何关于"和平目的"的有约束力的国际法,而且参与太空活动的两个主要缔约国都表示计划将外层空间用于和平目的,此时关于外层空间特定用途是否符合"和平目的"的讨论在一定程度上是有意义的。然而,由于《外空条约》在不具有约束力的序言部分提到"和平目的"原则,并在第4条中隐晦地指出缔约国将天体"绝对用于和平目的"以及将广阔的"外层空间虚空区域"用于无限用途(除放置某些武器之外)之间的区别,缔约国此前对于将外层空间用于"和平目的"的限制要求在很大程度上变得无效。我们似乎只能以郑斌的观点得出结论,即"不论'和平'意味着'非军事'还是'非侵略性'行动,缔约国都能自由地根据国际法规定将外层空间虚空区域用于军事

---

[1] See Defense Intelligence Agency, *Challenges to Security in Space*, Jan. 2019, at iii, 18 – 21, 26 – 29.

目的"。[1] 虽然《外空条约》的规定在一定程度上限制缔约国在天体上开展外层空间活动,但并没有限制它们在太空其他领域、行星间的虚空区域以及(可能最重要的是)地球轨道内开展军事活动(同样禁止使用核武器和"大规模杀伤性武器")。

其次,美国从未同意太空应完全用于非军事用途的主张。即便在太空时代初期这段短暂的时期内,虽然美国与苏联的太空实力悬殊迫使前者提议太空应"绝对用于和平和科学目的",但美国依然在大力发展光学成像侦察卫星和其他太空军事项目。后来,美国的一系列行为,包括主张将"和平目的"解释为"非侵略性"行动而参与制定《外空条约》,在美国参议院举办的有关批准《外空条约》的辩论中支持与"和平"利用太空有关的解释,自卡特总统颁布《总统指令/国家安全委员会第 37 号文件》后不断在官方的军事和政策文件调整对"和平"一词的解释等,都表明了一个事实:正如在前一段和之前的讨论中所提出的,美国认为可以出于维护国家安全或者(更广泛地说)促进国家利益的目的,在外层空间或通过外层空间开展各种军事活动。这一观点对太空军的行动具有重大影响:由于《外空条约》第 4 条中禁止某些武器系统的规定是唯一一条对利用整个外层空间虚空区域作出限制的规定,至少从法律角度来看,美国太空军进行太空作战、军事飞行或军事演习,甚至在太空部署常规武器系统的能力在很大程度上是不受约束的。

因此,从国际法的角度来看,美国可以开展多种天基军事活动甚至作战行动。除明确禁止将天体用于军事用途(或者不那么明确地说,如果郑斌对美国对"和平目的"的解释提出的批评是正确的,那么是否可以为美国进行"非侵略性"防御工事提供辩护,也是值得讨论的)以及在地球轨道上部署核武器和大规模杀伤性武器外,在现有的国际法框架下,开展任何其他与军事或安全有关的太空行动都是合法的。不论是美国将"和平目的"解释为"非侵略性"行动,还是《外空条约》第 4 条中对在星际空间开展军事活动相对更宽

---

[1] Cheng, "Properly Speaking…," in Schmidtt, ed., *International Law Across the Spectrum of Conflict*, 109.

松的规定,它们似乎都符合更广泛的国际法原则的要求,其中包括《联合国宪章》第 51 条规定缔约国拥有行使自卫的自然权利。另外,鉴于《外空条约》第 3 条规定外层空间活动应遵守国际法(包括《联合国宪章》),缔约国有权根据《联合国宪章》第 2 条、第 39 条和第 42 条的规定在联合国授权下使用武力。由于现行国际法对一国太空行动合法性判定标准较为宽松,因此,太空的军事化应用或者某些批评家更具谴责意味的"太空军事化",可以并且应该被视为一个政策问题,而非法律问题。下一章将简要讨论美国太空政策的发展历史,尤其是太空安全领域的相关政策,进而确定美国成立太空军的立场。

第三章　美国太空安全政策：从艾森豪威尔总统到拜登总统的美国太空政策及军方参与

一、引言

1946年5月2日，纳粹德国向同盟国投降不到一年，新发起的"兰德计划"（当时是道格拉斯飞机公司工程部的一个附属机构，后来成立为兰德公司）便发表了一项开创性研究。这篇文章近350页，由美国陆军航空部队少将柯蒂斯·勒梅（Curtis LeMay）委托撰写，题为《实验性环球空间飞行器初步设计》。[1] 这项"兰德计划"不仅涉及将人造卫星成功发射到轨道所需的科学和工程要求——燃料、重量、推进速度和其他因素，而且涉及此类卫星在政治及军事方面对整个世界的影响。在政治方面，《实验性环球空间飞行器初步设计》的引言部分作了两个预测，而这两个预测被证明极其有预见性：

---

[1] See RAND Corporation, *Preliminary Design of a World-Circling Spaceship*, 1946, https://www.rand.org/pubs/special_memoranda/SM11827.html (last visited May 25, 2020).

1. 配备适当仪器的人造卫星有望成为 20 世纪最强大的科学工具之一。

2. 美国在卫星技术方面所取得的成就将激发人类的想象力,并可能在世界上产生巨大影响,与原子弹爆炸的影响力相当。[1]

在军事应用方面,"兰德计划"从理论上说明,轨道卫星将对目标定位和精确打击("卫星可精确观测导弹位置,并在最后阶段施加控制脉冲使导弹击中预定目标"[2])、地球观测和侦察、天气预报,甚至利用人造卫星本身进行动能打击方面产生革命性影响。[3]事实证明,"兰德计划"的此项研究在政治和军事预测方面都领先了时代几十年。

尽管"兰德计划"进行了前瞻性的技术研究和革命性的预测,但直到 10 多年后,人造卫星才首次被发射进入轨道。令美国国家安全机构、政治家和公众懊恼的是,这一具有历史性成就的荣誉被苏联夺走。尽管如此,"兰德计划"发表的《实验性环球空间飞行器初步设计》表明,早在 20 世纪 40 年代中期,美国就已对外层空间的潜在用途产生了极大的兴趣,并对将人造卫星送入地球轨道所需的运行机理进行了实际研究。这项研究由美国军方赞助,这也说明了另一个重要问题:太空时代到来之前,外层空间技术的潜在国家安全和军事应用一直是规划者、决策者和国防机构的主要关注点。

因此,在战后初期的美国政策中,外层空间被视为一个具有军事利益的领域:开展军事行动的预期领域、来自地面对手的潜在危险源,以及用许多人的话来说——"终极高地"。特别是在 1957 年苏联发射了"斯普特尼克 1 号"人造卫星后,美国的对手可利用外层空间损害美国的安全和声望这种可怕前景再次印证了这一观点。事实上,正如许多与太空有关的问题一样,美国军方对"太空控制"甚至"太空主导地位"的重视均可追溯到"斯普特尼克 1 号"

---

[1] RAND Corporation, *Preliminary Design*, 1 – 2.

[2] RAND Corporation, *Preliminary Design*, 10.

[3] RAND Corporation, *Preliminary Design*, 10 – 11.

的发射上。二战时,第82空降师师长詹姆斯·M. 加文(James M. Gavin)中将是一位杰出的军事将领,他在苏联发射"斯普特尼克1号"后立即阐明了军方"太空控制"理论的基础。加文将军对苏联在外层空间所取得的成功感到不安,并在"斯普特尼克1号"发射后不到一年就撰写了文章,他在文章中写道:

> 为了赢得与苏联的军事和意识形态竞赛,我们必须牢牢掌握战略主动权。然而我们似乎正在失去主动权,虽然如此,但我们可以通过相应的研究以及遴选并培养富有想象力和远见卓识的科学家和官员来重获主动权。我们可以制定一项技术战略,使西方国家重获技术主动权……有一点我们可以肯定,谁先控制外层空间,谁就将控制人类的命运。[1]

加文将军提出的战略,以及他关于外层空间重要性的观点(如引文最后一句所述),在现代军事文件或关于中国、俄罗斯及美国其他潜在竞争对手所构成的天基威胁的政策书中听起来并无不妥。正如我们将看到的那样,自"兰德计划"发表《实验性环球空间飞行器初步设计》后的75年来,美国内部认为外层空间是重要军事领域同时美国必须强于他国的观念一直存在,其最终体现是在近年组建了美国太空军。本章将概述美国军方关注外层空间相关能力的总体历程,并研究从艾森豪威尔总统到拜登总统所阐述的美国"官方"外层空间政策。

二、早期:军事导弹的发展及"斯普特尼克1号"人造卫星

"兰德计划"1946年发表的《实验性环球空间飞行器初步设计》为军方及美国政府对外层空间能力的关注奠定了基础。这无疑使勒梅和陆军航空部

---

[1] James M. Gavin, *War and Peace in the Space Age* (New York: Harper, 1958), 247–248.

队的其他领导人相信,卫星技术的军事潜力是值得探求的。然而,随着20世纪40年代末冷战的紧张局势不断加剧,一些更加紧迫问题(重建饱受战争摧残的欧洲以及保护西欧国家不受苏联统治)的重要程度超过了看似异想天开的外层空间冒险。特别是苏联于1949年8月试爆了原子弹之后,美国对外层空间的关注在很大程度上沦为美苏核军备竞赛的附属部分。纳粹德国已经用其V2火箭证明,一枚携带爆炸弹头的导弹在发射后可进入大气层外层,然后下落打击地面目标。如果这种导弹能携带核弹头怎么办?在"兰德计划"发表《实验性环球空间飞行器初步设计》后的10年中,美国政府大部分时间的工作重心不是卫星研究,而是弹道导弹的开发。[1] 目标是造出一种远程武器,在必要时可以避开会对传统有人驾驶轰炸机构成威胁的防空系统,并将核弹掷向苏联境内的目标。

美国空军作为美军的一个独立军种成立于1947年,在这项工作中发挥了主导作用,尽管内部存在的某些分歧拖延了导弹开发工作。[2] "兰德计划"的发起人——勒梅将军在1948年成为战略空军司令部的指挥官。战略空军司令部是美国空军的战略空中轰炸部队,在开发出"宇宙神"和其他洲际弹道导弹之前,该部队一直是美国唯一执行远程轰炸任务的实体。作为战略空军

---

〔1〕 尽管历史证明,正如美国(和苏联)外层空间计划的历史学家所指出的那样,如果没有历经弹道导弹的开发过程,美国就不会拥有足够强大的运载火箭来将卫星送入轨道。的确,正如埃弗里特·C. 多尔曼(Everett C. Dolman)所说,"迄今为止,每一次成功的国家太空发射计划都与弹道导弹开发计划密切相关"。Dolman, *Astropolitik*, 91 – 92.

〔2〕 应当指出的是,美国陆军和海军也在弹道导弹以及最终美国太空运载火箭的开发中发挥了重要作用。事实上,陆军和海军利用缴获的纳粹V2技术,进行了二战后最初的火箭研发项目。海军研究实验室在20世纪40年代末开发了"维京"探空火箭,后来被艾森豪威尔政府(至少在初期)选作"先锋号"运载火箭的基底,作为美国发射第一颗卫星的主要运载火箭。See John P. Hagen, "The Viking and the Vanguard," *Technology and Culture*, vol. 5, no. 4 (Autumn 1963), 435 – 451. 20世纪40年代末至50年代初,陆军与德国著名火箭科学家沃纳·冯·布劳恩(Werner von Braun)合作,研发出了"红石"导弹。尽管艾森豪威尔政府最初选择"先锋号"作为美国卫星项目的运载火箭基底,但最终指定"红石"(由其改良的"丘比特"运载火箭衍生而来)来发射美国第一颗卫星——"探险者1号",并执行1961年5月宇航员艾伦·谢泼德(Alan Shepard)的亚轨道飞行任务,这是美国首次完成载人航天任务。US Army, "Redstone Rocket," US Army Aviation and Missile Life Cycle Management Command, https://history. redstone. army. mil/space-redstone. html (last visited Mar. 19, 2022).

司令部的指挥官,勒梅将军放弃了对太空领域的关注。在美国空军内部以及范围更广的冷战军事战略中,为争取资金、发展和首要地位而进行的官僚斗争非常残酷,而勒梅完全接受了他作为所谓"轰炸机黑手党"头目的角色。弹道导弹,这个有可能会取代备受勒梅青睐的轰炸机的武器,往好里说是一种麻烦,往坏里说则是个既危险又奢侈的无用之物,非但不会像预期的那样发挥作用,还会消耗本可以更好地用于战略空军有人驾驶核轰炸机机群的资金和资源。[1]由于战略空军司令部拒绝为弹道导弹开发提供足够的资金,因此美国空军副参谋长托马斯·怀特(Thomas White)将军下令组建一个新的机构,即西部发展分部,负责美国的弹道导弹计划。[2] 新组建的西部发展分部由伯纳德·A. 施里弗(Bernard A. Schriever)准将(他之前在五角大楼担任发展规划师及科学联络主任,熟知导弹技术的理论优势[3])领导,半独立于其名义上的上级组织美国空军的空军研究与发展司令部[当时由托马斯·鲍尔(Thomas Power)将军领导,他是勒梅的支持者,后来接替勒梅担任战略空军司令部指挥官[4]]。施里弗及其在西部发展分部的团队成功实现了弹道导弹主责方设定的目标:1957 年 12 月成功试射了"宇宙神"洲际弹道导弹,标志着美国已拥有一种能够从美国发射且能够打击苏联目标的无人导弹。

---

[1] Lawrence J. Spinetta, "White vs. LeMay: The Battle Over Ballistic Missiles," *Air Force Magazine*, vol. 96, no. 1 (January 2013), 56.

[2] Spinetta, "White vs. LeMay," *Air Force Magazine*, 56, 59.

[3] Spinetta, "White vs. LeMay," *Air Force Magazine*, 58 – 59. 然而,应当指出的是,尽管西部发展分部被赋予了一定程度的自主权,但作为空军研究与发展司令部的下属组织,施里弗仍然是鲍尔将军的下属。正如美国空军少校兼作家布伦特·齐亚尼克(Brent Ziarnick)在一篇关于鲍尔将军在美国空军太空作战发展中所发挥作用的长篇论文中所描述的那样,施里弗与鲍尔之间最初的紧张关系后来发展成紧密的工作关系,最终推动了洲际弹道导弹以及后来大获成功的卫星运载火箭的发展。See Brent D. Ziarnick, *Tough Tommy's Space Force: General Thomas S. Power and the Air Force Space Program* (Maxwell AFB, AL: Air University Press, Drew Paper No. 34, 2019), 31 – 35.

[4] See Bernard A. Schriever, "Military Space Activities Recollections and Observations," in R. Cargill Hall & Jacob Neufeld, eds., *The US Air Force in Space: 1945 to the Twenty-First Century* (Washington, D. C.: USAF History & Museums Program, 1998), 14 – 15. 施里弗将他到任西部发展分部之前、在五角大楼空军参谋部发展规划办公室的工作描述为"尝试将远程技术(导弹技术)与作战需求联系起来,并提高空军的整体能力"。这一经历可能对他被选为西部发展分部指挥官起了重要作用。Schriever, "Military Space Activities Recollections and Observations," *The US Air Force in Space*, 14.

施里弗将军在弹道导弹项目中的研究使他相信，洲际弹道导弹不仅是一种出色的武器系统，而且可以用类似的火箭技术将卫星送入轨道，甚至可能到达其他天体。在苏联发射"斯普特尼克1号"人造卫星的8个月前，也就是首次成功发射"宇宙神"导弹的10个月前，施里弗将军在圣迭戈的航天研讨会上发表了题为《洲际弹道导弹：迈向太空征服的一步》的演讲。如其标题所示，施里弗将军的演讲着重讲述了西部发展分部在洲际弹道导弹方面的研究仅是美国探索外层空间各种可能性的开始。施里弗将军预测，他的团队在洲际弹道导弹"机体、推进、制导和控制子系统"以及其他方面所做的研究，远超出了成功研发弹道导弹可能带来的纯军事利益，且将带来革命性的太空"后续项目"：

> 可以合理地预期，在未来某个时候，把目前的这些研发成果扩展到基于火箭推进的地对地人员运输或人员太空旅行将不会因过于困难而无法实现……
>
> ……
>
> 现在，所有弹道导弹和外层空间研究的发展方向是什么？我认为，太空飞行器的发展将是一个循序渐进的过程，弹道导弹后的第一步是无人人造地球卫星，然后可能是飞往月球或火星的无人探索飞行。毫无疑问，这些首次飞行将成为收集科学数据并积累空间环境条件信息的研究工具，供未来设计使用。从这些飞行中收集的信息可补充从弹道导弹试验飞行中收集的信息。
>
> 我们可以从卫星研发过程中学到许多东西，不仅有助于我们更好地了解将在太空中遇到的情况，而且有助于我们更好地了解我们自己的星球。气象探测将会更为有效。这将使我们更好地了解极地气团的运动以及急流的流向，并将改善长期天气预报以及飞机和导弹的飞行。还将使我们更好地理解地球磁场，从而带来更强大的无线电通信、更可靠的导航仪器，也许还会引发关于推进装置的新想法。此外，关于地球引力效应的精确数据将有助于改进制导。同

时,关于宇宙射线还有许多事情有待了解。无人卫星将成为获取这些信息的手段。[1]

从弹道导弹的开发,到无人卫星的发射,再到更具雄心的研究任务——对其他天体进行无人飞行,施里弗将军对一系列发展步骤的描述被证明极为准确。

与此同时,作为一名军人,施里弗将军不仅关心美国的国家安全,还关注为反对苏联共产主义而进行的意识形态斗争,他不认为外层空间将是一个合作与和平的领域,并且对此不抱任何幻想。尽管认识到空间技术会带来无数科学益处,但施里弗将军坚持认为这种技术有"军事用途",并预言(从那时起,许多高级军官一直如此预言)外层空间战争可能无法避免:

> 从长远来看,我们作为一个国家的安全可能取决于我们能否取得"太空优势"。几十年后,重要的战斗可能并非海战或空战,而是太空战,我们应该花费一定比例的国家资源,以确保我们在获得太空霸权方面不会落后。除太空的直接军事重要性外,我们作为世界领袖的威望很可能要求我们进行月球探险,甚至在取得适当的技术进步且时机成熟时进行星际飞行。因此,支持军事目标所需的技术进步在很大程度上可以直接支持这些更具风险性的太空冒险,这的确很幸运……[2]

这部分演讲引起了施里弗将军上级的注意。正如我们将在下文中看到的,当时艾森豪威尔政府的官方政策(尽管正在进行弹道导弹和卫星监视系统方面的军事研究)是鼓励以无武器的方式和平利用外层空间。因此国防部

---

[1] Bernard A. Schriever, *ICBM: A Step Toward Space Conquest*, Speech to the Astronautics Symposium, Feb. 19, 1957, at 2, 3, 4 – 5, available at https://www.airforcemag.com/PDF/MagazineArchive/Documents/2007/February%202007/0207keeperfull.pdf.

[2] Schriever, *ICBM: A Step Toward Space Conquest*, 4.

适当地责备了他们的"叛逆"将军。将近40年后,回想起当年的演讲以及国防部对此的负面反应,施里弗将军明确表示,在他看来,他笑到了最后:

> 1957年2月,我在圣迭戈发表了关于军事航天技术的演讲,并指出航天技术将在未来的国家安全中发挥重要作用。第二天,我就收到了国防部长办公室发来的电报:"今后不要在任何演讲中使用'太空'这个词。"几个月后,也就是1957年10月,"斯普特尼克1号"的发射改变了一切。突然间,每个人都开始关注太空。[1]

施里弗将军1957年2月演讲后仅8个月,苏联发射了"斯普特尼克1号"人造卫星,这无疑使美国公众和大量美国政府官员确信,其他国家在外层空间的行动所带来的威胁是真实存在的,美国应该对此采取行动。

三、美国官方外层空间政策和法律

美国官方制定关于外层空间的政策并非始于"斯普特尼克1号"人造卫星的发射。前文已经讲述了"兰德计划"在二战后就对人造轨道卫星的技术基础及政治社会影响进行了早期研究,同时,尽管杜鲁门政府对卫星和外层空间的态度有些矛盾,[2]但艾森豪威尔总统在其任期早期就认识到了外层空间的重要性。艾森豪威尔政府是第一个制定关于外层空间官方政策——包括与研发军事侦察卫星有关的政策,其中一些政策甚至在"斯普特尼克1号"人造卫星发射之前就已制定完成——的总统政府。事实上,鉴于艾森豪威尔

---

[1] Schriever, "Military Space Activities Recollections and Observations," *The US Air Force in Space*, 15.

[2] 肖恩·卡利奇(Sean Kalic)将杜鲁门总统形容为"不愿为卫星的研发提供支持",并指出:"杜鲁门政府不认同空军和兰德关于卫星具有深远科学和军事应用的观点,而负责空中作战的助理国防部长斯图尔特·塞明顿(Stuart Symington)则认为太空在作为军事环境方面不具有任何合理前景。"Kalic, *US Presidents and the Militarization of Space*, 17.

政府制订了太空计划并有意推行"太空自由"政策,即面向空间物体的自由飞越政策(与陆地空域不同,陆地空域被视为国家领土,未经许可不得飞入),苏联在太空竞赛中的"胜利"被证明是出奇地走运。正如负责研发的助理国防部长唐纳德·夸尔斯(Donald Quarles)在国家安全委员会为回应"斯普特尼克1号"人造卫星发射而召开的一次会议上所说:"现在事实证明,苏联政府的所作所为对我们非常有帮助。他们的地球卫星已经几乎飞越了地球上每一个国家的上空,而到目前为止还没有一个国家表示抗议。"[1]无论"斯普特尼克1号"人造卫星对美国来说是不是一个预期的甚至是有益的事件,它都迫使艾森豪威尔政府以及随后的每一届总统政府制定了有关太空的官方政策。这些政策的密级不同,但目的都在于如何向美国人民清楚说明这件事。

下文将简要介绍美国的"官方"外层空间政策,涵盖从艾森豪威尔总统到拜登总统的每一届总统政府。首先应该指出的是,下文论述的目的并非全面介绍某一总统任期内制定或颁布的每一项与太空有关的法律、法案、政策或总统声明,而是将概述美国的政策,特别是军事和太空安全领域的政策,这将有助于读者理解自20世纪50年代发端以来,官方关于外层空间政策的总体演变。

(一)德怀特·D.艾森豪威尔总统时期(1953~1961年)

作为第一位直接制定美国太空政策的总统和颠覆性"斯普特尼克1号"

---

[1] Document 348, "Memorandum of Discussion at the 339th Meeting of the National Security Council, Washington, October 10, 1957," in *U. S. Department of State, Foreign Relations of the United States*, 1955 - 1957, Vol. XI, "United Nations and General International Matters" (1988), available at https://history.state.gov/historicaldocuments/frus1955 - 57v11/d348. A description of Quarles' comments at the National Security Council can also be found in Mike Moore's Twilight War: The Folly of U. S. Space Dominance. See Mike Moore, Twilight War: *The Folly of U. S. Space Dominance* (Oakland, CA: Independent Institute, 2008), 198. 艾森豪威尔本人似乎也表达了类似的观点:在"斯普特尼克1号"人造卫星发射后第二天召开的内阁会议上,"……艾森豪威尔重申有意将太空军事研究剥离出科学性太空研究,并强调了美国计划的'和平特征'。他还坚持认为,由于美国从未与俄罗斯进行过将卫星送入轨道方面的'竞赛',因此美国并没有'输'。此外,苏联很可能帮了美国一个忙,因为'斯普特尼克1号'人造卫星开创了外层空间自由通行的先例。考虑到美国进行卫星侦察可能会引起国际反应,因此这一点被认为具有重要意义。"Stares, *The Militarization of Space*, 40.

人造卫星发射的在任总统,艾森豪威尔在任何有关美国外层空间政策的讨论中都占有重要地位。著名航天历史学家、美国国家侦察局荣休首席历史学家R.卡吉尔·霍尔(R. Cargill Hall)这样形容艾森豪威尔的重要性:

> 在制定国家太空政策方面发挥积极作用的所有总统中,艾森豪威尔的地位最为重要,因为他构建了美国太空政策"大厦"。他的继任者们要么接受艾森豪威尔的设计,要么至多通过"添门加窗"的方式来完善它。[1]

艾森豪威尔总统很早就认识到轨道卫星在侦察、情报收集和通信领域的潜在优势,因此于1955年5月起草并颁布了《国家安全委员会第5520号文件:美国科学卫星计划》,可以说,这是美国第一部与外层空间活动有关的"官方"政策。[2] 艾森豪威尔不仅批准了一些军事和民用卫星项目,他治下的政府还提出了一个总体思想,即太空不应被武器化,而应被用于和平目的(尽管不完全是非军事),承认空间物体自由飞越的国际权利,以及设立联合国外空委等国际机构,以促进国际社会在外层空间的合作。这些政策方面的贡献可参见《国家安全委员会第5814/1号文件:美国关于外层空间的初步政策》(1958年8月出版)和《国家安全委员会第5918号文件:美国外层空间政策》(1959年12月出版),以及艾森豪威尔政府在联合国的活动。除此之外,艾森豪威尔总统还在1958年签署了《国家航空航天法》,这是国会首次对外层空间立法,由此创建了美国国家航空航天局——该组织在10多年后成功将多名美国宇航员送上月球,不断创造辉煌。[3]

《国家安全委员会第5520号文件》主要基于艾森豪威尔政府所管辖的科

---

[1] R. Cargill Hall, "The Evolution of U. S. National Security Space Policy and Its Legal Foundations in the 20th Century," *Journal of Space Law*, vol. 22, no. 1 (2007), 6.

[2] *See* Hall, "The Evolution of U. S. National Security Space Policy," *Journal of Space Law*, 10; Kalic, *US Presidents and the Militarization of Space*, 31.

[3] 72 Stat. 426, Pub. L. No. 85 – 568, 85th Congress (1958) (hereafter the National Aeronautics & Space Act of 1958).

学咨询委员会技术能力小组的建议与研究，与21世纪的外层空间政策几乎没有相似之处，但最终为美国基于外层空间的情报基础设施的发展奠定了基础。《国家安全委员会第5520号文件》特别关注小型科学卫星的开发，详细说明了此类卫星可能带来的科学和军事利益[1]（关于利益的讨论与"兰德计划"10年前发表的《实验性环球空间飞行器初步设计》中阐述的利益没有明显不同），并指出，为获得这些利益"需要立即制订一项计划，发射一颗非常小的卫星，使其在轨道内绕地球飞行……"[2]《国家安全委员会第5520号文件》承认军方领导人"已经表明他们相信情报应用亟须造出一颗大型监视卫星"，并假设一个小型科学卫星项目将在技术上证明有助于实现这一目标，"只要不妨碍大型监视卫星的开发"。[3]

《国家安全委员会第5520号文件》准确无误地指出，"第一个成功发射卫星的国家将获得相当大的威望和心理优势"，并预测，成功发射卫星"可能会对自由世界国家抵抗共产主义威胁的政治决心产生重要影响，而如果苏联是第一个成功发射卫星的国家，那么尤其如此"。[4] 为了发展美国的卫星发射能力、防止苏联在太空领域击败美国，并推行艾森豪威尔政府提出的关于"太空自由"的政策（见上文），《国家安全委员会第5520号文件》指示采取以下行动方案：

11. 在国防部启动一项计划，在1958年之前具备发射小型科学卫星的能力，条件是该项目不得妨碍为其他研究和情报目的而持续进行的大型测量卫星研究，也不得实质性地延迟其他主要国防

---

[1] *See* National Security Council Planning Board, NSC 5520, "Draft Statement of Policy on U. S. Scientific Satellite Program General Considerations," *Dwight D. Eisenhower Presidential Library and Museum* 2－3, ¶¶ 4－5（May 20, 1955）, available at https：//aerospace.csis.org/wp-content/uploads/2019/02/NSC－5520－Statement-of-Policy-on-U. S.-Scientific-Satellite-Program－20－May－1955.pdf（last visited May 25, 2020）[hereinafter NSC 5520].

[2] NSC 5520, 1, ¶ 2.

[3] NSC 5520, 3, ¶ 5.

[4] NSC 5520, 3, ¶ 6.

项目。

12. 争取在国际社会(如国际地球物理年)的支持下发射一颗小型科学卫星,以强调其和平目的,前提是这种来自国际社会的支持须:

a. 维护美国在卫星和相关项目领域的行动自由。

b. 不会拖延或以其他方式妨碍美国卫星项目及相关研发项目。

c. 保护美国涉密信息的安全,如发射科学卫星的方法。

d. 不涉及那些当卫星在其轨道运行时可能经过别国领空而需要事先征得该国同意的活动,因此不会破坏"太空自由"的概念。[1]

正如上面的文字所示,《国家安全委员会第5520号文件》试图在公众对"用于和平目的"科学卫星(可在国际地球物理年或其他时机公开发射)的追求与上文提到的更加秘密的"大型监视卫星"之间取得平衡。这可能参考了当时由美国空军研究与发展司令部开发的WS-117L卫星项目。WS-117L卫星项目在1958年年初被拆分,当时中央情报局与空军合作,负责快速跟踪一颗监视卫星。最终,《国家安全委员会第5520号文件》的目标——发射一颗小型科学卫星及研制大型监视卫星——随着1958年1月[2]发射的"探险者1号"卫星(当然,美国只是实现了部分目标,因为美国在太空中未能"击败"苏联)和中央情报局于1960年开始的"科罗纳项目"照相侦察卫星的研制和成功部署而实现。

在"斯普特尼克1号"人造卫星发射之后,艾森豪威尔政府制定了更为全面的外层空间政策,采用了双轨政策:一方面,寻求国际合作和机制,以压制苏联在火箭和卫星技术方面的优势;另一方面,制定更加强有力的国内空间政策,以指导美国在外层空间的活动。关于艾森豪威尔政府在国际舞台上所做的努力,我们已经在第二章看到了美国驻联合国代表亨利·卡伯特·洛奇

---

[1] NSC 5520, 6, ¶¶ 11–12.

[2] See Moltz, *Politics of Space Security*, 96.

提出的建议,即建立一个由联合国管理的国际技术委员会,以确保外层空间仅用于和平目的和科学目的。[1] 当这一想法被苏联拒绝后,美国及其盟友随后提议成立一个和平利用外层空间特设委员会。该委员会将审查"在联合国主持下可以适当开展的和平利用外层空间方面的国际合作领域和方案","为促进外层空间国际合作的未来组织安排",以及"在……探索外层空间时可能产生的法律问题的性质"。[2] 1958年12月13日,联合国大会通过第1348号决议,[3]批准设立该特设委员会,而且该特设委员会于次年成为一个永久性正式机构——联合国外空委。[4] 正如我们在第二章讨论《外空条约》时所看到的那样,联合国外空委在美国、苏联及联合国其他成员国的参与下,将继续在国际外层空间法的早期发展中发挥主要作用。

在国家政策方面,艾森豪威尔政府公布了两项国家太空政策,为后来的总统政府开辟了道路。第一项是1958年下半年发布的《国家安全委员会第5814/1号文件:美国关于外层空间的初步政策》,[5]紧接着,一年多后又发布了《国家安全委员会第5918号文件:美国外层空间政策》。[6] 与《国家安全委员会第5520号文件》不同,这两项政策不是仅侧重美国外层空间努力的单个方面,而是为未来的太空政策奠定了基调,并且非常全面,包括讨论外层空

---

[1] See Lodge Speech, 25.

[2] G. A. Res. 1348(XIII), ¶1 (Dec. 13, 1958). 为了实现建立一个国际机构来帮助监督和平利用外层空间的目标,艾森豪威尔政府与民主党参议员即后来的总统林登·约翰逊(Lyndon Johnson)进行了跨党派接触,后者于1958年11月17日在联合国大会上发表讲话,敦促通过第1348号决议。约翰逊强调了美国两个政党均对该决议表示支持,他说:"在将外层空间用于和平以造福全人类的目标上,我们政府内部、我们两党之间,以及我们的人民之间没有任何分歧。我们政府的行政和立法部门同心协力。我们团结一心。" "Address by Senator Lyndon B. Johnson to the First Committee of the General Assembly, November 17, 1958," in *United States Senate*, *Document No. 18*, *Documents on International Aspects of the Exploration and Use of Outer Space, 1954 – 1962*, 85 (Staff Report Prepared for the Committee on Aeronautical and Space Sciences, May 9, 1963).

[3] G. A. Res. 1348(XIII), ¶1 (Dec. 13, 1958).

[4] G. A. Res. 1472(XIV), ¶A. 1. a (Dec. 12, 1959).

[5] NSC 5814/1, *Preliminary U. S. Policy on Outer Space*, National Security Council (Aug. 18, 1958).

[6] NSC 5918, *U. S. Policy on Outer Space*, National Security Council (Dec. 17, 1959).

间的各种用途、比较美国和苏联的空间能力、空间活动在冷战背景下和在国际事务中产生的影响,以及为美国的空间活动提供政策指导和目标。《国家安全委员会第5814/1号文件》(之所以称为"初步",是因为"人类对外层空间全部含义的认识还处于初步阶段"[1])以一段悲观的引言开始:"苏联在外层空间的科技成就已超过了美国和自由世界,这俘获了全世界的想象及羡慕。如果苏联保持其目前在探索外层空间方面的优势,那么它将能够利用这种优势来削弱美国的威望和领导地位,并威胁美国的安全。"[2]

悲观的语气反映了当时形势的严重性——无论这种说法在严格意义上是否正确,人们普遍认为苏联在技术上已经超过了美国,这需要采取行动,并且迫在眉睫。

最终,《国家安全委员会第5814/1号文件》的目标是扭转美国在外层空间的不利形势,鼓励继续进行与空间有关的研发,目标是赶上或最好超过苏联。该政策列出了美国太空项目的四个主要目标或"目的":

(1)根据需要开发并利用美国的外层空间能力,以实现美国的科学、军事和政治目的,并确立美国在该领域的公认领导地位。[3]

(2)在符合美国安全利益的前提下,在外层空间的利用和相关活动方面进行国际合作;用于和平目的,并为军事目的与选定盟友合作。[4]

(3)在符合美国安全利益的前提下,就和平利用外层空间达成适当的国际协议,以确保国家和国际外层空间项目的有序发展和监管。[5]

(4)利用外层空间的潜力,通过改进的情报及科学合作项目来帮助美国打破苏联集团的封闭状态。[6]

---

[1] NSC 5814/1, 1.
[2] NSC 5814/1, 1.
[3] NSC 5814/1, 18, ¶44.
[4] NSC 5814/1, 18, ¶45.
[5] NSC 5814/1, 18, ¶46.
[6] NSC 5814/1, 18, ¶47.

下面我们将看到,这四个目标在艾森豪威尔的第二项太空政策中发生了重大变化。虽然《国家安全委员会第5918号文件》或随后的政策可能没有重述这些目标,但这些目标依然指导了美国未来几十年的外层空间活动。或许更为彻底的是(尤其是现在这个时代,政策目标与现实之间往往存在相当大的差距),这些目标在接下来的几十年里基本上实现了。[1]

应当指出,从军事的角度来看,《国家安全委员会第5814/1号文件》中关于外层空间军事用途的讨论几乎只致力于卫星的使用。"军事侦察"卫星是外层空间唯一军事用途(被标记为"目前已计划或即将")的卫星,用于"气象观测"、"通信"、"电子对抗"以及"导航"(被认为"在不久的将来可行")。[2] 侦察卫星(如前文关于《国家安全委员会第5520号文件》的讨论中所述,是艾森豪威尔政府的首要关注点)被描述为"对美国国家安全至关重要"。[3] 侦察卫星还被提议作为"实施艾森豪威尔'开放天空'提案或监管国际军备控制体系的一种关键方法"。[4] 虽然描述了几项更有野心的太空军事用途,包括"载人防御性外空运载工具"以及载人或无人"轰炸卫星"[5],但对侦察和遥感卫星的重视反映了艾森豪威尔政府对实际利用,并且可以说是和平利用外层空间的关注(即使这些用途具有军事意义),以及防止太空武器化的愿望。

《国家安全委员会第5814/1号文件》在1959年年底被《国家安全委员会第5918号文件》取代。虽然与其前身非常相似,但《国家安全委员会第5918

---

[1] 第一个目标虽然还在进行中,但随着1969年载人飞船登月的成功,基本上可以认为已经完成。它结束了太空竞赛,并决定性地确立了美国作为卓越太空强国的地位。第二个目标也是一个还在持续进行的目标,美国及其盟国,甚至其老对手苏联(在国际空间站的情况下)都在继续寻求建立外层空间方面的重要伙伴关系。第三个目标是利用经美国在联合国成功提议而成立的联合国外空委,在国际一级制定外层空间法,成功制定了《外空条约》及其后续条约:《营救协定》、《责任公约》及《登记公约》。最后,与苏联的"科学合作"即使在冷战时的最佳时期也总是危机四伏,但随着1960年第一颗照相侦察卫星"科罗纳"的成功发射,并开始对苏联及其盟国进行大规模卫星监视后,第四个目标也得以实现。《国家安全委员会第5814/1号文件》中为美国设定的目标在其首次发布仅10年后就顺利地朝着目标实现的方向前进,这无疑是对艾森豪威尔政府及其继任者有效工作的一种确实证明。

[2] NSC 5814/1, 7.

[3] NSC 5814/1, 8.

[4] NSC 5814/1, 8.

[5] NSC 5814/1, 8.

号文件》中有几个关键变化。首先,如上文所述,《国家安全委员会第5814/1号文件》中所述的四个目标被一个单一的"官僚化"目标取代:

> 根据科技进步的实际情况,积极实施美国探索和利用外层空间的项目,目的是:(1)通过空间技术的有利应用,并在有关事项上适当进行国际合作,从而获得科学知识,增强军事实力、经济能力,并巩固政治地位;(2)实现并展示美国在外层空间的全面优势,但不一定要求美国在空间活动的各个阶段都具有优势。[1]

虽然这个整体性的单一目标与《国家安全委员会第5814/1号文件》中所述的四个目标之间的实际、实质性差异仍然存在争论,但在清晰度方面的差异是显而易见的。

幸好,《国家安全委员会第5918号文件》没有因为不够具体而遭受过多批评。虽然这些"目标"可能已经屈从于含混不清的官僚式措辞,但该政策的"政策指导"部分提供了一些具体指示,这些指示将对美国的空间政策产生重大影响。首先,为了赶上苏联,《国家安全委员会第5918号文件》呼吁美国"在可行的第一时间,着手进行载人航天飞行和探索,从轨道上回收载人卫星开始"。[2] 如第二章所述,《国家安全委员会第5918号文件》要求审查"'和平利用外层空间'这一表述对国家安全的影响,以便以最符合美国利益的方式来定义该表述"。[3] 通过强调"和平利用""并不一定排除军事用途",《国家安全委员会第5918号文件》试图确定美国对"和平利用"这一表述的明确解释,以"确保不会达成任何国际协议,这些国际协议会维持或增强苏联的整体军事能力,同时限制美国军事能力,从而最终不利于美国"。[4]《国家安全委员会第5918号文件》的"政策指导"部分还讨论了美国在致力于制定与"太

---

[1] NSC 5918, 10.
[2] NSC 5918, 12.
[3] NSC 5918, 12.
[4] NSC 5918, 13.

空飞行器的识别与登记"、太空物体造成的"伤害或损害的责任"、为太空通信"保留无线电频率"、避免"太空飞行器和飞机之间产生干扰",以及"太空飞行器重返和在其他国家领土上着陆"有关的国际规则方面应该采取的具体行动。[1] 这些问题对太空探索非常重要,在未来几十年里,将通过国际公约和协定加以解决。

如果不提及1958年的《国家航空航天法》,那么关于艾森豪威尔政府时期美国外层空间政策的讨论将是不完整的。该法案是艾森豪威尔总统任期内与美国外层空间项目有关的主要立法活动。尽管《国家航空航天法》主要侧重于美国的国家民用航天项目,但从美国太空政策的整体发展来看,该法案中包含的国会政策仍然具有重要意义,特别是外层空间是否应该以及如何用于"和平目的"的基本概念。如第二章所述,该法案在政策和宗旨的开篇声明中明确表示,"美国政府奉行的政策是,空间活动应致力于和平目的,造福全人类"。[2] 这种"和平"用途和目的的表述在该法案列出的目标中被多次重复。这些国会目标包括维护美国在航空与航天科技以及在大气层内外开展和平性活动中应用此类技术的领先地位和"美国与其他国家和国家集团在根据本法案所做的工作中及其在和平性应用其成果方面的合作"。[3]

《国家航空航天法》没有定义"和平性"和"和平目的"这两个词的含义,但是,由于该法案是在亨利·卡伯特·洛奇1957年10月向联合国政治和安全委员会发表演讲[该演讲主张"完全和平"利用外层空间(见第二章)]与艾森豪威尔总统发布"美国关于外层空间的初步政策"期间起草并获得通过的,因此该法案至少在某种程度上设想了太空域更广泛的军事用途。虽然这可能意味着国会对"和平目的"含义的意图更接近洛奇对"完全和平"一词的表述——这一推测似乎为当时参议院多数党领袖林登·约翰逊发表的公开声

---

[1] NSC 5918, 14.

[2] National Aeronautics & Space Act of 1958, § 102(a).

[3] National Aeronautics & Space Act of 1958, § 102(c).

明所证实(其观点在他5年后成为总统时发生了变化)[1]——鉴于《国家航空航天法》在很大程度上属于民用性质,因此目前尚不清楚该法案中"和平目的"的措辞是否必然会对美国进行与太空有关的军事活动施加约束。无论该法案是否意在施加这样一种约束,该法案的"政策声明"部分及其通篇使用"和平目的"一词并没能阻止艾森豪威尔政府在其两项太空政策(《国家安全委员会第5814/1号文件》和《国家安全委员会第5918号文件》)中修改对"和平目的"一词的解释,以反映美国正在演变的"非侵略性"表述,而且正如我们将看到的,该法案没能在"和平目的"问题上对后来的总统政府提供任何有意义的约束。

在一个日益以美苏之间相互仇恨和不信任为特征的国际体系中,技术发生了翻天覆地的变化,在这样一个时期担任美国的最高统帅并不令人羡慕。然而艾森豪威尔迎接了这一挑战。他"抓住了将太空用于军事目的的主动权,努力维护太空无武器化,并在他的支持下,美国国家航空航天局得以成立"。[2]艾森豪威尔坚定不移地坚持美国的官方立场,即寻求将太空完全用于和平目的,发展太空军事计划。该计划旨在发展并改进卫星侦察以及其他增强部队实力的卫星技术应用,而非天基武器。正如R.卡吉尔·霍尔在本部分开头所指出的那样,毫不夸张地说,艾森豪威尔和他的政府创建了美国外层空间政策框架,并且此后一直指导着美国在外层空间的活动。这一框架最终"强调利用军事和民用太空项目的协同工作,来重建(或在目前阶段保持)美国的技术优势"。[3]

(二)约翰·肯尼迪总统时期(1961~1963年)和林登·约翰逊总统时期(1963~1969年)

艾森豪威尔总统为美国制定的外层空间政策框架由他年轻的继任者约

---

[1] See "Conversation with Eilene Galloway," in *Legislative Origins of the National Aeronautics and Space Act of* 1958, Proceedings of an Oral History Workshop Conducted April 3, 1992, John M. Logsdon (Moderator), Monographs in Aerospace History No. 8 (Washington, D. C.: NASA Headquarters, 1998), p. 42, available at https://history.nasa.gov/40thann/legislat.pdf.

[2] Kalic, *US Presidents and the Militarization of Space*, 57.

[3] Kalic, *US Presidents and the Militarization of Space*, 59.

翰·肯尼迪（John F. Kennedy）总统继承，后者没有在其悲惨短暂的总统任期内公布自己的国家外层空间政策。虽然肯尼迪政府没有以单独政策文件的形式形成"官方"太空政策，但这并不意味着肯尼迪不关注美国的外层空间政策，或者说，作为总统没能对美国外层空间政策产生意义深远的影响。事实上，在某些方面，肯尼迪可以获得由艾森豪威尔总统启动的美国航天事业的大部分荣誉，但由于保密方面的考虑，无法公之于众。其中早期获得的一项成就是1961年5月5日美国宇航员艾伦·谢泼德首次成功完成亚轨道载人飞行。尽管这次飞行以及肯尼迪的大部分民用太空政策，都是对另一次类似"斯普特尼克1号"人造卫星发射事件所引起震动的回应：1961年4月12日苏联开创性地完成了载人航天任务，尤里·加加林（Yuri Gagarin）少校成为第一个进入轨道绕地球飞行的人。[1]

1962年9月12日，肯尼迪总统在得克萨斯州休斯敦莱斯大学发表了一次极为著名的演讲，也许没有什么能比这次演讲更为清楚地表达肯尼迪总统的太空政策。现在已家喻户晓的《我们选择登月》的演讲，是肯尼迪总统在全国各地参观美国国家航空航天局的各个设施期间发表的，[2]这次演讲巩固了肯尼迪作为"太空总统"的声誉。[3] 当我们看完以下演讲节选，就不难理解原因了：

> ……为了如今仰望太空，注视月球和遥看繁星的人们，我们发誓，我们绝不允许太空为敌对旗帜所征服，我们需要的是一面自由与和平的旗帜。我们发誓，我们不会看到太空充斥大规模杀伤性武器，相反，太空将充满获取知识和了解太空的工具。
>
> 然而，只有在我们领先世界的情况下，我们这个国家的誓言才

---

[1] Moltz, *The Politics of Space Security*, 107.

[2] See Abigail Malangone, "We Choose to Go to the Moon: The 55th Anniversary of the Rice University Speech," *John F. Kennedy Presidential Library Archives Blog* (Sept. 12, 2017), https://jfk.blogs.archives.gov/2017/09/12/we-choose-to-go-to-the-moon-the–55th-anniversary-of-the-rice-university-speech/.

[3] Brittany Britto, "JFK's 1962 moon speech—though deliberate, political—is still inspiring after all these years," *Houston Chronicle* (June 11, 2019), https://www.houstonchronicle.com/local/space/mission-moon/article/JFK-s–1962-moon-speech-though-deliberate–13960428.php.

能实现,因此,我们必须力争第一。简言之,我们在科学和工业方面的领导地位,我们对和平与安全的希望,我们对自己和他人的责任,所有这些都要求我们作出努力,为了全人类的利益解开这些谜团,并成为世界领先的航天国家。

我们在这片新的海洋上扬帆起航,是因为有新的知识等着我们去获取,有新的权利等着我们去争取,我们必须为全人类的进步而争取并利用这些权利。空间科学,就像核科学和其他所有技术一样,本身并无良知。其善恶完全取决于人类,只有美国占据领导地位,我们才能帮助决定这片新的海洋会成为和平之海,还是会变成一个可怕的新战场。我并不认为,我们该对敌人滥用太空的行为置之不理,就像对敌人滥用陆地或海洋那般无动于衷,但我确实要说,太空可以在不引发战争的情况下、在不重复人类在向我们的地球扩张时所犯错误的情况下得到探索和利用。

外层空间还没有争斗、偏见及国家冲突。我们所有人都要面对太空的危险。它值得全人类尽最大努力去征服,而且和平合作的机会可能永远不会再来。但有人问,为什么选择月球?为什么选择月球作为我们的目标?道理和"为什么要爬最高的山?35年前为什么要飞越大西洋?为什么莱斯大学要和得克萨斯大学竞争?"一样。

我们选择登月。我们选择在10年内登上月球并实现更多梦想,并非因为这些事情轻而易举,而是因为它们困难重重,因为这个目标将有助于组织并衡量我们顶尖的技术和力量,因为这个挑战我们乐于接受、我们不愿推迟,而且我们志在必得,其他挑战也是如此。[1]

肯尼迪总统的讲话激动人心,他并非只是简单地在冷战时期的太空竞赛

---

〔1〕 President John F. Kennedy, "Address at Rice University, Houston, Texas," Sept. 12, 1962 (这些段落节选自白宫新闻秘书办公室发布的肯尼迪总统1962年9月12日在得克萨斯州休斯敦莱斯大学讲话的官方版本, *John F. Kennedy Presidential Library and Museum*, https://www.jfklibrary.org/asset-viewer/archives/JFKPOF/040/JFKPOF‐040‐001)。

中抛下一个挑战(尽管肯尼迪在国会参众两院联席会议上的一次演讲中已经抛出了这一挑战,但没有这么引人注目)。[1] 肯尼迪总统在演讲中其实也简洁地描述了美国总体太空政策的关键方面,但不知道当时他的听众有没有意识到。肯尼迪所描述的誓言——美国"不允许太空为敌对旗帜所征服"和"不会看到太空充斥大规模杀伤性武器"——是美国外层空间政策的两个关键部分。即使在当时,美国驻联合国代表仍在努力倡导这样一种主张,即外层空间不是一个上演"征服"的竞技场,而是一个"不受任何国家侵占"的领域。[2] 肯尼迪的讲话还提到了太空探索的普遍性(并非双关语),"为了全人类的利益解开这些谜团","必须为全人类的进步而争取并利用这些权利",太空"值得全人类尽最大努力去征服",以及太空活动提供了一个"和平合作的机会可能永远不会再来"。肯尼迪的国际主义语言,以及他关于不侵占外层空间和禁止在外层空间部署大规模杀伤性武器的呼吁,将反映在《外空条约》的措辞中。

---

〔1〕 这发生在1961年5月25日,当时肯尼迪总统在国会特别联席会议上发表讲话,陈述"国家在对外援助、国际和民防以及外层空间方面的迫切需要"。在演讲中,肯尼迪总统首先宣布了他在20世纪60年代末将人类送上月球的目标:"因此,除了我之前提出增加太空活动经费的要求之外,我还恳请国会提供实现以下国家目标所需的资金:首先,我认为我们国家应该致力于在这10年结束之前实现人类登月并安全返回地球的目标。在这个时期,没有任何一个太空项目会比这个目标更令人激动、更令人印象深刻,或者对长期探索太空更为重要;而且没有一个项目会如此困难或昂贵……我们建议为其他发动机开发项目和无人探索项目提供额外的资金,这些探索对于实现一个目标来说尤为重要,而我们国家永远不会忽视这个目的:让首次进行这种大胆飞行的勇士活着回来。但从非常现实的意义上说,进行登月的将不是一个人,而是整个国家。因为只有我们所有人都努力奋斗,才能使他顺利完成任务。"President John F. Kennedy, "Address to Joint Session of Congress," May 25, 1961, *John F. Kennedy Library & Museum*, https://www.jfklibrary.org/learn/about-jfk/historic-speeches/address-to-joint-session-of-congress-may–25–1961 (last visited Apr. 11, 2020). 尽管肯尼迪总统这次演讲不如他在莱斯大学的演讲那么激动人心,但他仍然以其独特的语言技巧,成功传达了人类登月的兴奋之情和重大意义。在苏联多次实现引人注目的太空"首次"之后,肯尼迪在国会的演讲也是他第一次阐明他的计划,即寻求某种方式在外层空间"击败苏联"。Moltz, *The Politics of Space Security*, 108.

〔2〕 美国的这一立场没有遭到苏联的反对,正如我们所看到的,这一立场将成为《法律原则宣言》和《外空条约》的一个关键条款。1962年12月8日,参议员戈尔在致联合国第一委员会主席的一封信和《关于探索和利用外层空间的原则宣言》草案中阐述了美国的这一立场。Albert Gore, "Letter dated 8 December 1962 from the representative of the United States of America to the Chairman of the First Committee," U. N. Doc. A/C. 1/881 (Dec. 8, 1962).

尽管肯尼迪使用了带有国际主义的措辞,但美国对待外层空间的双重性——一方面承认国际权利和法治,另一方面强调并优先考虑美国的优势地位——在他在莱斯大学的演讲中非常明显。肯尼迪认为美国的目标"只有当美国领先世界的情况下才能实现",以及"只有美国占据领导地位,我们才能帮助决定这片新的海洋会成为和平之海"。表面高举外层空间和平利用旗帜,实则维护美国优势地位,肯尼迪的观点不仅在太空时代早期就得到了军方的支持响应,而且在特朗普总统国家太空战略中,"美国在太空中优先"成为关键原则。[1] 这个观点已经演变为"太空军控"的军事概念,我们将在后面的章节中进一步探讨。此外,尽管措辞华丽,但肯尼迪的演讲承认了将美国航天能力军事化,甚至武器化的必要性,否则如何解释肯尼迪的讲话,即美国不"该对敌人滥用太空的行为置之不理,就像对敌人滥用陆地或海洋那般无动于衷"?

鉴于肯尼迪政府没有制定关于国家太空政策的书面文件,因此肯尼迪在莱斯大学的演讲是肯尼迪执政期间最接近阐明美国总体政策的绝无仅有的演讲或文件。然而,很明显,尽管肯尼迪愿意与苏联就登月展开"竞赛"(艾森豪威尔总统坚定认为与苏联"竞赛"会适得其反),但肯尼迪政府的官方政策与其前任的政策并无明显不同。[2] 事实上,肯尼迪总统进行了很多关于外层空间的重要活动,其中之一是颁布了另一项国家安全委员会指令,即《第2454号国家安全委员会行动:专门致力于确保国际社会接受从外层空间进行的空中侦察》,该指令与艾森豪威尔政府对卫星技术的关注相呼应。[3]《第2454号国家安全委员会行动》强调了在这一问题上制定国际法的必要性,建议美国"应坚持国际法原则和《联合国宪章》适用于外层空间活动的法律立场,特别是外层空间和公海一样都是自由的;应继续避免暗示外层空间侦察活动不合法的任何立场;应避免宣布或暗示侦察活动不是'和平用途'的任何立场;

---

[1] See infra pages 112–113.

[2] See Moltz, *Politics of Space Security*, 94, 106; Kalic, *US Presidents and the Militarization of Space*, 48.

[3] Hall, "The Evolution of U. S. National Security Space Policy," *Journal of Space Law*, 19.

应避免任何对侦察飞行器采取物理反制措施具有合理性的暗示。并积极宣传这样一种观念,即在和平时期干扰或攻击另一个国家的任何太空飞行器都是不可接受的,同时也是非法的"。[1]

此时《外空条约》和其他具有约束力的外层空间法原则尚未确立,仍然存在与卫星照相侦察合法性有关的问题。因此,肯尼迪颁布的《第2454号国家安全委员会行动》不仅对美国在卫星侦察方面的立场作出了贡献,更重要的是,对美国在"和平"特别是对和平军事利用外层空间方面的立场的持续发展作出了贡献。肯尼迪政府延续了艾森豪威尔政府在联合国国际空间立法方面的工作,并取得了新的成功。苏联基本上结束了其早期不参与联合国外空委的做法,使该委员会得以在1961年举行会议,并在联合国外空委的法律小组委员会中开始讨论外层空间法的制定问题。肯尼迪政府的代表在联合国外空委所做的努力对《法律原则宣言》的制定起到了一定作用,不幸的是,肯尼迪本人没能活着看到联合国大会通过该宣言。

肯尼迪总统成功推动了《禁止在大气层、外层空间和水下进行核武器试验条约》(通常称为《部分禁止核试验条约》或《有限核禁试条约》)的签署,这不仅是一项与外层空间有关的努力,也是国际空间法的另一项重要发展。[2] 美国签署并批准《有限核禁试条约》是防止利用外层空间进行武器试验以及维护人造卫星安全空间环境迈出的重要一步。美国进行的"海星一号"核试验——1962年7月9日在太平洋上空约400公里处引爆了一个1.4兆吨的核装置——并不是《有限核禁试条约》的唯一推动因素,却惊心动魄地展示了轨道核爆炸的危险。[3] "海星一号"核试验最终导致7颗轨道卫星因

---

[1] Hall, "The Evolution of U. S. National Security Space Policy," *Journal of Space Law*, 20, 21 [citing NSCA 2454, "Space Policy and Intelligence Requirements," National Security Council (July 10, 1962)].

[2] Treaty Banning Nuclear Weapon Tests in the Atmosphere, in Outer Space and Under Water, Aug. 5, 1963, 14 U. S. T. 1313, 480 U. N. Y. S. 43 [hereinafter Partial Nuclear Test Ban Treaty].

[3] E. G. Stassinopoulos, "The STARFISH Exo-atmospheric, High-altitude Nuclear Weapons Test," Hardened Electronics and Radiation Technology (HEART) 2015 Conference, Chantilly, VA, April 22, 2015, available at https://nepp.nasa.gov/files/26652/2015 – 561 – Stassinopoulos-Final-Paper-Web-HEART2015 – STARFISH-supplemental-TN26292.pdf.

暴露于电离辐射而完全失灵。[1]即使在现在,这也是一个相当大的卫星数量,根据一名消息人士的说法,在当时,此次核试验有效摧毁了"所有公开承认的太空资产"。[2]《有限核禁试条约》确保,只要该条约缔约国(包括美国和苏联)遵守其条款,就可以防止轨道核试验的严重后果。

不仅肯尼迪政府主张进一步发展国际空间法,他本人也推动美国实施太空项目以"将人类送上月球",此外,肯尼迪总统还允许美国军方(主要是空军)开展一些更加军事化的太空项目。正如我们所看到的,肯尼迪能够当选总统,部分原因是民众对并不存在的"导弹实力差距"方面国家安全的担忧,他当选后对苏联弹道导弹和太空武器的担心并没有消失。事实上,他是第一位积极鼓励军方开发反卫星武器的总统,据说他命令国防部长罗伯特·麦克纳马拉(Robert McNamara)"在'可行的第一时间'开发一个反卫星系统"。[3]在肯尼迪的支持下,陆军开始改造其"奈基Ⅲ"反弹道导弹,以达到拦截卫星(而不是导弹)的目的。这个代号为"505计划"的新项目于1963年5月成功进行了首次测试。[4]同时,空军也进入反卫星开发领域开展了一个名为"437计划"的项目,该项目试图将空军的"雷神"中程弹道导弹改造为可行的反卫星武器。这些努力均获得了成功,在1964年2月至5月进行的一系列试验中,"437计划""雷神"导弹成功拦截了轨道目标。[5]虽然肯尼迪对军事反卫星项目研发的支持意味着他在太空武器化方面的顾忌可能比艾森豪威尔少,但肯尼迪也减少或取消了一些太空相关防御计划,包括将空军的"动力

---

[1] Stassinopoulos, "The STARFISH Exo-atmospheric, High-altitude Nuclear Weapons Test."

[2] Michael J. Frankel, James Scouras, & George W. Ullrich, *The Uncertain Consequences of Nuclear Weapons Use*, National Security Report, Johns Hopkins University Applied Physics Laboratory (2015), 5.

[3] Clayton K. S. Chun, "Shooting Down a 'Star': Program 437, the US Nuclear ASAT System and Present-Day Copycat Killers," The Cadre Papers, Cadre Paper #6 (Maxwell AFB, AL: Air University Press, 2000), 6 [citing Wayne R. Austerman, *Program 437: The Air Force's First Antisatellite System* (Peterson AFB, Colo.: Air Force Space Command, 1991), 13].

[4] Brian Weeden, "U. S. Direct Ascent Anti-Satellite Testing," Secure World Foundation, May – 2022, available at https://swfound.org/media/207368/swf-us-da-asat-may – 2022.pdf.

[5] Chun, "Shooting Down a 'Star,'" 17 – 18.

滑翔飞行器"（或"动力翱翔者"）[1]去武器化。"动力翱翔者"是一款拟议中的航天飞机，空军希望将其用作轨道轰炸机，其设计对美国国家航空航天局的航天飞机和空军的 X – 37B 无人空中战斗机的研发产生了持续影响。[2]

1963 年 11 月，肯尼迪总统遇刺，林登·约翰逊继任总统。约翰逊对外空政策并不陌生。在担任参议院多数党领袖期间，他主持了由参议院军事委员会设立的筹备小组委员会，以研究苏联在外空技术方面的成功经验，并对美国如何应对提供建议。最终，约翰逊小组委员会在 1958 年提出了建议，尽管"主要侧重于加强美军传统的地面军事力量并使之现代化"[3]，但这些建议为未来民用和军用领域的外层空间活动奠定了基础。[4] 虽然宣誓就任总统后，约翰逊与其前任肯尼迪一样，并未发布自己的国家太空政策，但他致力于实现肯尼迪总统的目标，即在 2024 年年末将美国宇航员送上月球。由于约翰逊总统对美国国家航空航天局及其开创性的"阿波罗"计划的持续支持，这一目标在约翰逊的继任者理查德·尼克松（Richard Nixon）总统就职 6 个月后得以实现。而且，在美国民用太空事业取得具有重大意义的成就的同时，约翰逊总统和他的政府在国际外层空间法领域也留下了一项重要遗产，其意义可能并不亚于美国国家航空航天局举世瞩目的成就。

肯尼迪总统遇刺后不久，随着联合国大会通过《法律原则宣言》，美国及其盟友在联合国外空委的努力取得了突破性成功——建立了一个外层空间

---

[1] Nicholas Michael Sambaluk, *The Other Space Race: Eisenhower and the Quest for Aerospace Security*, 212 – 217（Annapolis, MD: Naval Institute Press, 2015）.

[2] Robert F. Dorr, "X – 20 Dyna-Soar Spaceplane Was Decades Ahead of Its Time," *Defense Media Network*, Sept. 19, 2018, https://www.defensemedianetwork.com/stories/what-might-have-been-x – 20 – dyna-soar/.

[3] Grunert, "Grounding the Humā," *Air Force Law Review*, 98.

[4] See *Preparedness Subcommittee Recommendations for America's Defenses*, Senate Armed Services Committee, 104 Cong. Rec., Pt. 15, 18, 887 – 889（1958）. 在小组委员会提出的建议中，适用于美国在外层空间活动的是：第 8 条建议"制定'宇宙神''雷神''丘比特'导弹的生产计划，加速'大力神'导弹的开发"；第 11 条建议"立即着手开发一种具有百万磅推力的火箭发动机"；第 16 条建议"加大载人导弹的开发力度"。*Preparedness Subcommittee Recommendations for America's Defenses*, 887 – 889.

法律框架。[1] 虽然《法律原则宣言》不具有约束力,但一致通过表明其原则得到了国际社会的广泛接受。然而,在通过《法律原则宣言》之后,国际外层空间法的制定工作陷入停滞。[2] 约翰逊政府则打破了僵局:

> 从1966年中期开始,美国开始了一项国际努力,通过向联合国外空委提交一份新的美国条约草案,并在维也纳与苏联展开谈判,从而将1963年联合国决议中包含的法律问题编纂成一项正式条约。[3]

像美国一样,苏联也想要阻止其地缘政治对手通过赢得太空竞赛而"利用其可能获得的任何领土或其他优势",因此,条约的谈判进展得非常迅速。[4]《外空条约》的内容已经在第二章进行了详细讨论,此处不再赘述,然而,由于美国驻联合国外交官起草了一份有利于美国预期利益的条约草案,并且美国参议院最终于1967年4月25日批准了该条约,因此可以说约翰逊总统获得了很大成功。[5]

约翰逊政府的努力取得了成功,将国际外层空间法的主要原则转变为一项具有约束力的条约,这些原则至今仍是外层空间法律框架的基础:自由进入、利用及不侵占原则;禁止核武器和大规模杀伤性武器;关于责任、营救和送回宇航员,以及对空间物体的管辖和控制的基本规则。除了《外空条约》,约翰逊政府及其在联合国外空委的代表通过谈判成功达成了《营救协定》。这是一项国际公约,重申了《外空条约》将宇航员定性为"人类特使"[6],并建立了一个国际框架,以便宇航员在外国着陆后,能够安全返回原

---

[1] See supra notes 26 – 30.
[2] See Moltz, *Politics of Space Security*, 149. 正如莫尔茨指出的那样,在《法律原则宣言》通过后的几年里,"联合国外空委法律小组委员会没有取得任何进展。"
[3] Moltz, *Politics of Space Security*, 149.
[4] Moltz, *Politics of Space Security*, 149.
[5] Moltz, *Politics of Space Security*, 149 – 151.
[6] Outer Space Treaty, art. V.

籍国。[1] 约翰逊本人将《外空条约》和《营救协定》视为巨大成功，这在他后来的回忆录中有所反映，"历史可能不会忘记，20世纪60年代太空计划最伟大的成就之一就是此条约为与老对手达成和解奠定了基础"，[2]并将这两项条约列为他担任总统期间在美苏关系上取得的关键成就之一。[3]

因此，尽管肯尼迪总统和约翰逊总统都没有公布明确的国家太空政策，但很容易找到他们在任期内指导美国外层空间政策的政策和原则。人们只需看《法律原则宣言》和《外空条约》——这两项条约均是由美国驻联合国代表提出并至少起草了一部分——就能明白为什么它们对美国非常重要。肯尼迪政府和约翰逊政府不仅继承了艾森豪威尔总统对美国太空政策的最初构想——包括民用和军事联合行动，对卫星技术（尤其是侦察卫星技术）及卫星飞越和观测合法性的重点关注，以及我们已经看到的包括某些军事活动在内的"和平"利用外层空间的定义——而且，他们在联合国的努力，促进了当时新生的国际空间法的发展，以利于（或至少不积极阻碍）美国实现目标。到约翰逊执政结束时，艾森豪威尔政府为美国军事和民用太空计划设定的目标已接近完成：卫星飞越的合法性已在很大程度上得到了国际认可，管理太空活动的国际法律框架已经制定完成，加之美国国家航空航天局在其开创性的"阿波罗"计划上的巨额支出，美国即将赢得登月竞赛。此外，虽然肯尼迪和约翰逊在任期间都没有发布官方太空政策，但他们都为发展将外层空间用于"和平目的"的总体概念作出了贡献——这主要是美国在联合国外空委和联合国努力的结果，也是因为他们延续并拓展了艾森豪威尔总统

---

[1] Rescue and Return Agreement, arts. 1 - 4.《营救协定》还规定了降落在外国领土上的空间物体和空间物体碎片的归还事宜。Rescue and Return Agreement, art. 5.

[2] Lyndon B. Johnson, *The Vantage Point: Perspectives on the Presidency, 1963 - 1969* (New York: Holt, Rinehart and Winston, 1971), 284.

[3] Johnson, *The Vantage Point*, 476.

的卫星侦察计划以及其他与军事和情报有关的太空活动。[1] 美国太空政策制定的第一个十年取得了巨大成功,反映了在目标设定、两党合作以及在国际层面执行美国政策方面取得的重大政治成就。这也为美国太空计划的进一步军事发展奠定了基础,更广泛地说,也为其他国家的军事航天活动奠定了基础。

(三)理查德·尼克松总统时期(1969~1973年)和杰拉尔德·福特总统时期(1973~1977年)

1969年7月20日,在理查德·尼克松总统就职6个月后,美国宇航员尼尔·阿姆斯特朗(Neil Armstrong)和小埃德温"巴兹"·奥尔德林(Edwin "Buzz" Aldrin, Jr.)创造了人类登陆月球表面的历史。美国的成功登月足以挽回其10多年前因苏联成功发射"斯普特尼克1号"人造卫星而损失的颜面。但是,随着太空竞赛的胜出,以及美国国家航空航天局为获得胜利而支出的巨额开销被视为不再必要,美国太空事业的未来将走向何方?

尼克松总统及其继任者杰拉尔德·福特(Gerald R. Ford)总统执政期间,外层空间法的国际法律框架得到了进一步充实,但除某些例外情况外,美国的空间政策在很大程度上保持不变。在尼克松刚就职时,新制定的国际外层空间法律制度,包括《外空条约》和《营救协定》,在责任、义务、国际登记和管辖权等问题上提出了更加具体的要求。事实上,许多国家认为,有必要就月球、其他天体,特别是可能在这些天体上发现的资源的所有权和使用权达成

---

[1] 正如我们在第二章以及前文讨论艾森豪威尔总统的太空政策时所看到的,美国最初推动外层空间完全用于和平目的的努力很快变得更加微妙。美国将"和平利用"/"和平目的"定义为"非侵略性"政策立场的演变可能始于艾森豪威尔政府认识到"和平利用"这个术语"不一定会排除军事应用"(《NSC 5918》),在肯尼迪政府和约翰逊政府期间,这种解释随着美国代表和政策制定者就《法律原则宣言》和《外空条约》条款进行谈判而得到了固化。

一项附加协议。[1]虽然推动那些管理月球及其潜在资源的约束性国际法的做法被证明是有争议的,但责任问题没有那么多争议。《外空条约》已经规定了国家对空间物体承担责任的基本框架。[2]在《外空条约》通过之后,关于责任问题的提案、工作文件和协定草案在联合国外空委激增。[3]在接下来的4年里,美国与其在联合国外空委的盟友和对手合作,敲定了《责任公约》的最终文本。该公约于1971年11月在联合国大会上通过[4],1973年10月美国批准执行。[5]

《责任公约》并非尼克松政府推行的影响外层空间相关事宜的唯一具有约束力的国际条约。尼克松总统就职后不久,就着手与苏联进行一系列持续多年的谈判,这些谈判在约翰逊政府时期就准备好了(事实上,已计划开始进

---

〔1〕 该附加协议即后来的《指导各国在月球和其他天体上活动的协定》(通常称为《月球协定》),是在联合国外空委进行谈判的基础。1970年,阿根廷提出了规范月球和其他天体活动的协定初稿。See COPUOS Legal Subcomm., "Activities being carried out or to be carried out on the Moon and other celestial bodies, international and national rules governing those activities and information received from States parties to the Agreement Governing the Activities of States on the Moon and Other Celestial Bodies about the benefits of adherence to that Agreement," 47th Sess., U. N. Doc. A/AC. 105/C. 2/L. 271 (Jan. 25, 2008), 2 [hereinafter Moon Agreement Information]. 有意思的是,尼克松政府"总体上支持在月球上建立一个人类共同继承财产制度的谈判",并"支持阿根廷提出的月球条约草案"。J. M. Spectar, "Elephants, Donkeys, or Other Creatures? Presidential Election Cycles & International Law of the Global Commons," American University International Law Review, vol. 15, no. 5 (2000), 1011. 然而,美国对《月球协定》的支持并没有持续下去。最终,尽管联合国大会在1979年确定并通过了《月球协定》,但该协定未能获得广泛的国际支持。See COPUOS Legal Subcomm., "Moon Agreement Information," 2. 截至2021年年中,只有18个国家(其中没有一个是主要航天国家)批准了《月球协定》,同时还有另外4个国家虽签署但没有批准该协定。See COPUOS Legal Subcomm., "Status of International Agreements relating to activities in outer space as at 1 January 2021," 60th Sess., U. N. Doc. A/AC. 105/C. 2/2021/CRP. 10 (May 31, 2021), 10.

〔2〕 See Outer Space Treaty, art. Ⅶ.

〔3〕 See United Nations Office for Outer Space Affairs, "Convention on International Liability for Damage Caused by Space Objects—Travaux Préparatoires," UNOOSA. org, https://www. unoosa. org/oosa/en/ourwork/spacelaw/treaties/travaux-preparatoires/liability-convention. html (last visited Sept. 6, 2021).

〔4〕 G. A. Res. 2777 (XXⅥ) (Nov. 29, 1971).

〔5〕 See United Nations Treaty Collection, Convention on the international liability for damage caused by space objects, treaties. un. org, https://treaties. un. org/pages/showDetails. aspx? objid = 08000002801098c7 (last visited Mar. 31, 2020).

行):战略武器限制谈判(SALT)。第一轮谈判于 1969 年 11 月在赫尔辛基开始,并在接下来的两年半时间里继续在赫尔辛基和维也纳进行,最终达成了两项重要协定。第一项协定是《限制反弹道导弹系统条约》(通常称为《反弹道导弹条约》或《ABM 条约》)。该条约对美国和苏联可以部署的反弹道导弹系统的数量和类型作出了具体限制。[1] 当时《反弹道导弹条约》设想的系统类型是地面系统,但仅 10 年后,当罗纳德·里根(Ronald W. Reagans)总统提出关于天基导弹拦截器的《战略防御倡议》时,该条约引发了与外层空间有关的重大争议(我们将在下文看到)。

第二项协定是《美苏关于限制进攻性战略武器的某些措施的临时协定》(通常称为《SALT Ⅰ协定》)。该协定旨在限制双方的核武器库存——包括陆基和潜射弹道导弹。[2]《美苏关于限制进攻性战略武器的某些措施的临时协定》第 5 条载有一项极其重要的与太空有关的条款,涉及美国和苏联的"国家技术核查手段",这是对照相侦察卫星的外交委婉说法。[3] 该协定第 5 条规定,两国"应以符合普遍公认的国际法原则的方式,使用其所掌握的国家技术核查手段",任何一方均不得"干涉对方的国家技术核查手段",也不得试图利用蓄意隐瞒措施来破坏该协定中的军备限制条款,"蓄意隐瞒措施是指通过国家合规技术手段来阻碍核查"的措施。[4] 这两个冷战时期的主要太空大国都认识到:(1)照相侦察和遥感(按照该协定的说法,是"国家技术核查手段")是条约核查的关键合法手段;(2)这些以前极具争议的侦察方法事实上应该受到明确保护,因为它们在增加信任和缓解国际紧张局势方面发挥了作用。这在当时的军备控制协定史上完全是独一无二的,同时为太空自由原则在这些体系中至今被承认奠定了基础。

---

[1] Treaty on the Limitation of Anti-Ballistic Missile Systems, May 26, 1972, U. S. -U. S. S. R., 23 U. S. T. 3435, T. I. A. S. No. 7503.

[2] Interim Agreement Between the United States and the Union of Soviet Socialist Republics on Certain Measures with Respect to the Limitation of Strategic Offensive Arms, May 26, 1972, U. S. -U. S. S. R., 23 U. S. T. 3462, T. I. A. S. No. 7504 [hereafter SALT I Agreement].

[3] SALT Ⅰ Agreement, art. Ⅴ.

[4] SALT Ⅰ Agreement, art. Ⅴ.

除签署和批准《责任公约》、《反弹道导弹条约》和《美苏关于限制进攻性战略武器的某些措施的临时协定》外,尼克松总统的其他主要外层空间政策包括在不牺牲美国优势地位的情况下降低外层空间探索成本的政策行动,以及随着太空竞赛的胜利,寻求实现艾森豪威尔总统之前设定的目标,即通过在太空科学领域的合作,"打开"苏联集团的大门。事实上,正如尼克松政府《第70号国家安全决策备忘录》——"国际空间合作:美苏活动"中提到的那样,以下这些目标有可能同时实现:

> 在太空事务上与苏联合作是可取的。如果此类合作涉及实质性的科学和技术内容,从提升我们与苏联之间的政治信任水平和缓解国际紧张局势的角度来看,这种合作本质上是有益的。通过在世界范围内空间技术应用方面的合作可以产生更大的经济和社会效益。通过将这两个计划应用于共同任务的协同效应,合作可能会实现一定程度的成本分摊并节省一定的预算。其中许多好处可以在不影响美国国家安全要求或出口管制政策的情况下实现。[1]

《第70号国家安全决策备忘录》中与苏联合作的提议不仅仅是一个愿望。1972年5月,在莫斯科举行的一次双边首脑会议上,尼克松总统和苏联总理阿列克谢·科西金(Alexei Kosygin)签署了《关于和平探索和利用外层空间的合作协定》。经过3年规划和合作,该协定帮助阿波罗-联盟任务于

---

[1] Hall, "The Evolution of U. S. National Security Space Policy," *Journal of Space Law*, 27 (citing Henry Kissinger, NSDM 70, "International Space Cooperation: US-USSR Activities," National Security Council, July 10, 1970). 引用的文本并没有具体出现在时任尼克松国家安全顾问亨利·基辛格(Henry Kissinger)的单页备忘录(该备忘录构成了《第70号国家安全决策备忘录》的主要部分)中,而是出现在了国家安全研究备忘录特设委员会(National Security Study Memorandum)《第72号国家安全研究备忘录——美苏在空间活动中的合作、前景和机遇》的报告中。霍尔写道,"经总统批准",这份报告"变为《第70号国家安全决策备忘录》"。Hall, "The Evolution of U. S. National Security Space Policy," *Journal of Space Law*, 27.

1975年7月成功完成。[1]

除实施改善与苏联合作的政策外,尼克松政府还寻求加强美国与其盟友在外层空间领域的国际联系。尼克松颁布的另外两项与空间有关的主要安全政策是《第72号国家安全决策备忘录:美国与国际航天界之间的技术数据交换》及《第187号国家安全决策备忘录:国际空间合作——技术和发射援助》。顾名思义,这两项政策均强调通过共享技术数据、潜在的卫星技术转让以及向寻求与美国合作的盟友提供发射援助来开展国际合作。[2] 最后,我们再来看看尼克松政府对削减太空计划成本的关注。尼克松总统批准了美国国家航空航天局标志性航天飞机的研发——他将其描述为一种飞行器,"通过将其例行化可彻底改变进入近太空的运输方式",并且由于其可重复使用,因此"大大降低了近乎天文数字的航天飞行成本"。[3]

水门事件之后,只留给尼克松总统短暂的时间在外层空间政策上施加自己的影响。1974年,由于副总统斯皮罗·阿格纽(Spiro Agnew)辞职,杰拉尔德·福特出人意料地登上了总统宝座。尽管福特总统任期短暂,但他还是主持了几项重要的外层空间政策行动。首先,福特政府及其驻联合国代表成功完成了《登记公约》的谈判,这是最后一项得到国际社会广泛支持的主要外空

---

[1] See Moltz, *Politics of Space Security*, 169. See also Jennifer Ross-Nazzal, "Détente on Earth and in Space: The Apollo-Soyuz Test Project," *OAH Magazine of History* (July 2010), 30 – 31. 1972年美国和苏联之间的首脑会议也促成双方通过"SALT Ⅰ"谈判,成功达成了《反弹道导弹条约》。See Moltz, *Politics of Space Security*, 169 – 170.

[2] See Hall, "The Evolution of U.S. National Security Space Policy," *Journal of Space Law*, 28 – 29. See generally NSDM 187, "International Space Cooperation— Technology and Launch Assistance," National Security Council, Aug. 30, 1972, https://aerospace.csis.org/wp-content/uploads/2019/02/NSDM – 187 – International-Space-Cooperation – 30 – Aug – 1972 – .pdf; NSDM 72, "Exchange of Technical Data Between the United States and the International Space Community," National Security Council, July 17, 1970, https://aerospace.csis.org/wp-content/uploads/2019/02/NSDM – 72 – Exchange-of-Technical-Data-between-the-United-States-and-the-International-Space-Community – 17 – Jul – 1970 – .pdf.

[3] National Aeronautics & Space Administration, "President Nixon's 1972 Announcement on the Space Shuttle," history.NASA.gov, https://history.nasa.gov/stsnixon.htm (last visited Apr. 1, 2020).

条约,美国于1975年秋季批准了该条约。[1] 除批准《登记公约》外,福特政府还公布了第一批行政部门政策。这些政策与部署反卫星系统有关,其更加注重维护外层空间安全的主动性和侵略性。

虽然美国军方和苏联分别在20世纪60年代早期和20世纪60年代后期探索了研发自杀式动能杀伤反卫星系统的可能性,[2]并且美国还探索了利用反弹道导弹系统(如"奈基Ⅲ"和"雷神"导弹)作为反卫星系统的可能性,[3]但在尼克松执政期间,由于美苏关系有所缓和,两国的反卫星试验和研发活动都大大减少。然而,到20世纪70年代中期,随着美苏关系恶化,两国重新开始反卫星武器试验。[4]随着1976年苏联加速反卫星试验,福特总统要求制定的一份卫星安全报告显示,"国防部在卫星抗毁能力方面所作的努力微不足道",福特总统越来越担心反卫星武器对美国卫星构成的威胁。[5] 作为回应,福特发布了《第333号国家安全决策备忘录:增强美国关键军事和情报空间系统的抗毁能力》,指示国防部和中央情报局"制定一项具有攻击性且按重要性排列的分阶段行动计划",制定"短期"、"中期"及"长期"措施,以"增强关键军事和情报卫星的抗毁能力",能够抵御动能和非动能威胁。[6]但对福特总统来说,仅防御性地"强化"卫星系统显然是不够的。1976年12月底,福特认为国防部对反卫星威胁表现出了"宽松的态度",对此感到不安,同时他受到苏联又一次进行卫星拦截器试验的刺激,因此决定有必要再制定一项书面

---

[1] See United Nations Treaty Collection, *Depositary—Convention on registration of objects launched into outer space*, treaties. un. org, Mar. 31, 2020, https://treaties. un. org/Pages/ViewDetailsIII. aspx? src = TREATY&mtdsg_no = XXIV - 1&chapter = 24&Temp = mtd sg3&clang = _en.

[2] See Moltz, *Politics of Space Security*, 100 - 101, 156 - 157; Stares, *The Militarization of Space*, 112 - 117.

[3] See Stares, *The Militarization of Space*, 117 - 128.

[4] See Moltz, *Politics of Space Security*, 178 - 179.

[5] Stares, *The Militarization of Space*, 169.

[6] NSDM 333, "Enhanced Survivability of Critical U. S. Military and Intelligence Space Systems," National Security Council, July 3, 1976, available at https://aerospace.csis.org/wp-content/uploads/2019/02/NSDM - 333 - Enhanced-Survivability-of-Critical-Space-Systems.pdf (last visited May 27, 2020).

政策。[1] 这项新政策——《第345号国家安全决策备忘录》明确指出,"总统已经决定,美国应该具备非核反卫星能力,这种能力在必要时可以选择性地使苏联某些重要军事空间系统失效"。[2] 该政策还指示国防部长"立即采取措施"来建立这样一个系统,其中应"包括电子失效和物理破坏的手段"。[3]《第345号国家安全决策备忘录》是在福特总统任期结束前两天发布的,这是他作为总统完成的与外层空间有关的最后一项工作。虽然《第345号国家安全决策备忘录》是一种双轨战略,承认兼顾防御和进攻措施的必要性,但福特在新任民主党总统即将上任时发布如此重要的政策,无疑反映了他对美国卫星运行安全的深刻重视。

(四)吉米·卡特总统时期(1977~1981年)

吉米·卡特只担任了一届总统,任期内受到国内经济不景气(部分原因是福特执政时期经济衰退,但通胀率上升和1979年石油危机也加剧了这一问题)和国际局势不稳定(包括苏联入侵阿富汗以及1979年伊朗伊斯兰革命,这场革命推翻了美国的一个重要盟友,并导致一些美国人被扣为人质)的困扰,并没有因为外层空间方面相关的重要成就而被铭记。事实上,在维基百科上粗略地搜索一下卡特总统的页面就会发现,其完全没有提到外层空间。[4] 但是表象可能具有欺骗性,因为正如我们在第二章讨论美国对"和平"利用外层空间的解释时所看到的那样,卡特政府做了自艾森豪威尔以来没有任何一位美国总统做过的事情——制定了一项独立的、单一文件形式的国家太空政策。

---

[1] Stares, *The Militarization of Space*, 171 [citing Author Interview with a Former Senior Official of the National Security Council Staff (Alpha), Washington, D. C., June 4, 1981].

[2] NSDM 345, "U. S. Anti-Satellite Capabilities," National Security Council, Jan. 18, 1977, available at https://aerospace. csis. org/wp-content/uploads/2019/02/NSDM – 345 – US-Anti-Satellite-Capabilities. pdf (last visited May 27, 2020).

[3] NSDM 345, "U. S. Anti-Satellite Capabilities."

[4] *See* Wikipedia, *Jimmy Carter*, Wikipedia. org, Mar. 30, 2020, https://en. wikipedia. org/wiki/Jimmy_Carter#Presidency_(1977–1981) (lasted visited Apr. 1, 2020).

上任仅两个多月,卡特总统(显然是受到罗伯特·罗森伯格少将的鼓舞,后者是从福特政府留任下来的国家安全委员会参谋成员[1])就发布了《总统意见备忘录/国家安全委员会第 23 号文件:连贯的美国太空政策》。这份备忘录表达了卡特总统的担忧,"美国没有一项连贯的国家太空政策来指导我们的民用、军事和国家情报计划",并指示"彻底审查现有的空间政策和之前的努力"。[2] 但这不仅仅是评论。《总统意见备忘录/国家安全委员会第 23 号文件》要求制定"一项连贯的、范围广泛的国家政策声明",并建立"实施该政策的必要框架";确定"利用太空实现民用、军事和国家情报计划的不同但相互关联的目标的相对重要性";建立"平衡和控制各空间部门之间相互作用的规则"。最终,该文件在以下几个方面提出相互支持的具体建议:对现有政策、协议和做法的修改;三个部门在技术、性能、应用和产品传播方面的合理重叠程度;民用和情报资产应用于军事需求的程度;维护自由利用空间的原则和有利的国际法律环境;系统抗毁能力、防御能力和进攻能力的合理程度,以及军备控制举措;安全和公众披露准则;国际合作协定的目标;航天飞机用于军事、民用和国家情报目的的指南。[3]

简言之,卡特总统要求对美国太空政策的各个方面进行一次完整、全面的审查,然后制定一项独立、连贯的国家政策,阐述并设定他担任总统期间美国外层空间的努力方向。

按照《总统意见备忘录/国家安全委员会第 23 号文件》的要求进行全面审查得出了一些报告和建议,这些报告和建议最终形成了《总统指令/国家安全委员会第 37 号文件》(也被称为"卡特《国家太空政策》")并进行了发布。这是自艾森豪威尔政府以来的第一个国家太空政策。[4]《总统指令/国家安全委员会第 37 号文件》开篇就对其目的进行了说明:制定"国家政策",以"指

---

[1] See Stares, *The Militarization of Space*, 182.

[2] President Jimmy Carter, PRM/NSC 23, "A Coherent U. S. Space Policy," Mar. 28, 1977, available at https://www. jimmycarterlibrary. gov/assets/documents/memorandums/prm23. pdf (last visited Apr. 1, 2020).

[3] PRM/NSC 23, "A Coherent U. S. Space Policy."

[4] See generally PD/NSC – 37.

导开展美国在外层空间及与之相关的活动,并为美国太空计划提供指导",其目标是:(1)"通过探索和利用太空来促进美国的利益";(2)"与其他国家合作,为增进人类安全和福祉的一切活动维护太空自由"[1]。与前几届政府特别是肯尼迪总统发表的《我们选择登月》演讲和艾森豪威尔总统制定的美国早期太空政策相比,卡特政府的做法存在一种固有张力。根据"卡特《国家太空政策》"中所描述的目标,一方面,美国寻求鼓励外层空间方面的国际合作,并继续维护国际空间法律制度的关键方面;另一方面,美国承认自己的利益至高无上。事实上,《总统指令/国家安全委员会第37号文件》中的绝大部分内容(鉴于这是一项国家太空政策,因此也许并不令人惊讶)详细说明了美国正在推行以及将要推行的政策,以促进其在国际政治舞台上的利益。

在国际法方面,《总统指令/国家安全委员会第37号文件》承认源自国际外层空间法律制度的若干原则,同时美国开展太空项目必须遵循这些原则。首先,正如我们在第二章中所指出的,是美国"对所有国家为和平目的和造福全人类而探索并利用外层空间的原则的承诺"[2](之前已经讨论过国际社会和美国对"和平目的"的解读存在的潜在差异,此处不再赘述)。根据《外空条约》第2条的规定,《总统指令/国家安全委员会第37号文件》援引的第二项重要国际法律原则是,美国"拒绝任何对外层空间或天体或其中的任何部分提出主权要求"[3]。根据《总统指令/国家安全委员会第37号文件》,美国"拒绝对从空间获取数据的基本权利施加任何限制",这体现了国际空间法的"自由使用"原则(尽管正如我们将看到的,也可能是指美国关于卫星遥感和照相侦察的政策)。其次,《总统指令/国家安全委员会第37号文件》承认,"任何国家的太空系统都属于国家财产",并再次强调了"自由进入"和"自由利用"原则——这些系统"有权在不受干扰的情况下在太空中航行及运

---

[1] PD/NSC-37,1.

[2] PD/NSC-37,2.

[3] PD/NSC-37,2.

行"。[1] 尽管该文件提到了与外层空间有关的主要国际法原则，但无论是《外空条约》还是美国加入的其他三项空间条约/公约，都没有被明确提到或提及作为美国立场或政策的依据。[2]

在粗略提及国际法律原则之后，《总统指令/国家安全委员会第 37 号文件》转向美国为维护其在外层空间和与外层空间有关的利益已经推行或打算推行的具体政策。在第二章讨论"和平目的"时，我们看到《总统指令/国家安全委员会第 37 号文件》对该词的解释为美国留下了进行广泛军事相关用途的空间。由于"和平目的"声称允许"为实现国家安全和其他目标而开展军事和情报相关活动"，[3] 因此美国将继续"在太空中开展活动，以支持其自卫权"、"维持国家情报太空计划"以及"在太空开展国防所需的活动"。[4] 卡特总统延续了艾森豪威尔以来历届总统的政策，使美国对卫星技术的依赖成为《总统指令/国家安全委员会第 37 号文件》的明确组成部分——美国将继续在全球范围内开发并开展有源和无源遥感行动，以支持民用、军事和国家情报目标。此类行动将在保护机密技术、拒绝敏感数据且提高此类活动的接受度和合法性的情况下开展。[5]

这是自艾森豪威尔总统颁布《国家安全委员会第 5814/1 号文件》以来，对美国卫星使用政策最为清晰的描述，此外，其延续了美国一贯坚持的观点——卫星遥感活动是对外层空间的合法、和平利用（并致力于在国际舞台上就这一点进行辩论）。

在阐明其主要政策原则之后，"卡特《国家太空政策》"将太空活动分为三

---

[1] PD/NSC-37, 2.
[2] *See generally* PD/NSC-37.
[3] PD/NSC-37, 2.
[4] PD/NSC-37, 2-3.
[5] PD/NSC-37, 2.

类:军事、国家情报和民用。[1] 在军事方面,《总统指令/国家安全委员会第37号文件》认识到了在现代利用外层空间的一个关键点:从军事角度来看,外层空间系统的真正价值是其作为支持地面军事力量的手段所具有的巨大优势。正如该文件所述,"太空军事计划应支持诸如指挥和控制、通信、导航、环境监测、预警、战术情报、目标定位、海洋和战场监视,以及太空防御等职能"。[2] 在这些职能中,只有一项——"太空防御"(如《总统指令/国家安全委员会第37号文件》后面说明的,主要包括保护美国太空系统免受反卫星系统的攻击[3])——可被定性为太空特有的、非支持性职能。《总统指令/国家安全委员会第37号文件》继续强调了福特总统《第333号国家安全决策备忘录》的观点:军事空间系统的抗毁能力至关重要,并"将实施一项积极的长期计划,通过逐步改进太空系统来提供更为可靠的抗毁能力"。[4] 抗毁能力对国家情报空间系统也至关重要,该政策后面详细阐述了这一点。[5]

然而,卡特总统在反卫星问题上的想法与其前任有所不同,但并非完全不同。福特总统坚持认为,美国"应立即采取措施"发展反卫星能力,可以通过"电子失效"或"物理摧毁"的手段来攻击苏联的太空系统;[6] 而卡特认为,

---

[1] 军事和国家情报太空活动之间的这种区别是对美国军事组织和美国情报机构进行持续、独立太空活动项目的官方认可。一般来说,美国国家情报界由专注于情报收集和使用的机构和组织(无论是否在国防部的管辖范围内)构成,包括像中央情报局(独立于国防部)、国家侦察局以及国家地理空间情报局(这三者是国防部长办公室下属的国防部机构)这样的组织,所有这些机构都拥有并会继续运行关键的侦察和情报相关空间系统。真正的太空军事活动是那些由美国军事部门(空军部、陆军部和海军部)为国防和作战目的而进行的活动。当然,应该指出的是,这种区别往往模糊不清;情报界进行的外层空间情报活动(例如,20世纪60年代中央情报局开展的"科罗纳"卫星照相侦察项目)经常为军事界的活动和行动提供信息,反之亦然。随着时间的推移,这种模糊化可能变得更加重要,因为新成立的美国情报机构——包括国家安全局(1952年)和国防情报局(1961年),以及前面提到的国家侦察局(1960年)和国家地理空间情报局(1996年)——往往是在国防部的支持下组建成立的。

[2] PD/NSC-37, 3.

[3] See PD/NSC-37, 4.《总统指令/国家安全委员会第37号文件》在其关于"反卫星能力"章节中规定,"太空防御计划应包括综合攻击预警、通知、验证和应急反应能力,能够有效地检测和应对美国太空系统面对的威胁"。

[4] PD/NSC-37, 4.

[5] PD/NSC-37, 6.

[6] NSDM 345.

动能杀伤式反卫星能力会对美国在外层空间的利益构成内在威胁，故应通过与苏联的军备控制协议予以禁止。这体现在《总统指令/国家安全委员会第37号文件》中，它要求"美国应寻求制定一项针对反卫星能力（不包括电子战）的可核查禁令"。[1] 虽然卡特总统希望通过外交和国际法律手段来解决反卫星能力带来的威胁，但他明白与苏联打交道的风险很大，因此做了两手准备。一方面，《总统指令/国家安全委员会第37号文件》在政策上倾向于与苏联进行军备控制谈判并与其达成具有约束力的条约；另一方面，《总统指令/国家安全委员会第37号文件》要求国防部"大力发展反卫星能力"，并表示对与苏联的谈判进展进行年度研判将有助于"确定美国在反卫星方面的努力是否仍然能够满足要求"。[2] 最终，卡特的做法与福特并没有太大不同：《总统指令/国家安全委员会第37号文件》提出美国需要发展强大的反卫星能力的建议，同时主张采取外交解决方案，这意味着将永远不需要发展和部署这种能力。不幸的是，卡特与苏联就禁止反卫星能力条约进行谈判的努力失败了：尽管在1978年夏季至1979年夏季就这一问题举行了多次富有成效的双边会议，但"1979年12月苏联入侵阿富汗，并因此导致东西方关系破裂……使卡特政府停止了所有关于反卫星军备控制的进一步进展"。[3] 1980年，鹰派的罗纳德·里根当选总统，彻底阻止了美国与苏联在禁止反卫星武器条约方面取得进展，事实上，反卫星问题及其对外层空间环境（更不用说国家安全）构成的威胁，直到今天仍然困扰着美国和国际太空政策制定者。

《总统指令/国家安全委员会第37号文件》拓展了之前的认识，即太空资产是支持地面军事力量的关键工具，并指出，尽管"对外情报计划"将操作自己的太空系统（独立于美国军事和民用太空计划所使用的太空系统），但这些系统在支持军队方面也发挥着关键作用。由于"支持军事行动需求是一项主要的太空情报任务"，因此，《总统指令/国家安全委员会第37号文件》要求"国家太空情报资产向已部署的军事行动部队提供适当的支持，以平衡其主

---

[1] PD/NSC-37, 4.
[2] PD/NSC-37, 4.
[3] Stares, *The Militarization of Space*, 199.

要使命能力"[1]。换句话说,自艾森豪威尔政府的"科罗纳"项目启动以来,一直由中央情报局控制的美国照相侦察间谍卫星提供的图像和信息,必须在需要时用于支持美军在全球的行动。为确保这项工作的落实,需要国防部长和中央情报局局长的共同努力,并确保军方和对外情报机构的太空项目共享成果,避免不必要的重复工作。[2]

尽管卡特总统还在《总统指令/国家安全委员会第 37 号文件》中讨论了民用航天计划,但美国民用太空政策的具体内容超出了其运作所依据的基本原则和国际法律要求,也超出了本文的范围。可以说,通过《总统指令/国家安全委员会第 37 号文件》,卡特总统实现了《总统意见备忘录/国家安全委员会第 23 号文件》中提出的令人振奋的目标。卡特总统制定了自 20 年前艾森豪威尔总统的双轨政策出台以来的第一项美国国家太空政策。在很大程度上,两位总统对外层空间政策的基本原则没有什么变化。然而,卡特颁布的《总统指令/国家安全委员会第 37 号文件》有效巩固了美国过去 20 年的太空政策,在一份单独的文件中描述了美国对诸如"和平利用"外层空间等重要法律原则的解释,重申了对某些重要国际法原则(如《外空条约》中"不占用"、"自由利用"和"自由进入"原则)的支持,并将美国太空计划分为三个不同类别("军事"、"国家情报"及"民用")。艾森豪威尔和卡特之间最显著的政策区别是太空政策向与太空有关的武器化演变(这有两个推动因素:一是美国军方坚持认为反卫星武器和其他潜在的太空武器是对抗苏联所必需的;二是福特总统在反卫星问题上的行政政策)。虽然卡特与之前的艾森豪威尔一样,反对外层空间武器化和部署空间目标定位反卫星系统,但他延续了福特早期关于发展反卫星能力的命令(需要注意的是,如果与苏联通过谈判成功达成反卫星能力条约,则这些反卫星武器不会投入生产),这使武器化和"太空战"思想在官方政策中获得了进一步的支持。

尽管《总统指令/国家安全委员会第 37 号文件》在卡特总统众多成就中

---

[1] PD/NSC-37, 5.

[2] See PD/NSC-37, 5.

毫不起眼，但在总统制定国家太空政策常态化方面，这是一个重大进步。自1978年《总统指令/国家安全委员会第37号文件》发布以来，除约瑟夫·拜登总统（在撰写本书时任职不到两年，其主要根据特朗普政府的《国家太空政策》运作）外，每位总统都发布了自己的国家太空政策。事实上，卡特的继任者里根总统也以《总统指令/国家安全委员会第37号文件》中的太空政策框架为基础进一步发展，并同时深入推进国家安全太空政策和太空武器化的发展。

（五）罗纳德·里根总统时期（1981～1989年）和乔治·H. W. 布什总统时期（1989～1993年）

罗纳德·里根总统，这位强烈反对共产主义的前演员和加利福尼亚州前州长，以压倒性优势当选总统，这被认为反映了美国人民对卡特时代存在问题的不满。里根曾"以扭转美国相对于苏联明显下降的军事能力为竞选纲领"[1]，而他尤其关注的国家安全领域之一就是外层空间。正如霍尔在自己对总统太空政策的广泛研究中指出的那样，里根"给国家太空政策带来的变化比自德怀特·艾森豪威尔以来的任何一位总统都要多"[2]。里根总统并不仅仅是沿着其前任们构建的太空政策的现成道路继续走下去，在他的任期内，里根更加坚定地将美国太空计划的天平向国防倾斜，这对太空武器化、美苏关系，以及对防御性和进攻性太空系统需求的见解产生重大影响。

如上一部分末尾所述，里根总统当选后做的第一件事就是终止了美国与苏联签订反卫星军备控制条约的努力。1981年8月，里根就任总统不到7个月，就否决了苏联向联合国提交的关于反卫星军备控制的条约草案，而且与之前涉及外层空间国际立法的谈判不同，在反卫星问题上，"美国既没有试图提出反建议，也没有表示出任何有意恢复双边谈判的迹象"[3]。里根政府没有延续卡特政府（更不用说前几届政府）在反卫星和太空武器问题上的冷淡

---

[1] Moltz, *Politics of Space Security*, 187.

[2] Hall, "The Evolution of U.S. National Security Space Policy," *Journal of Space Law*, 43.

[3] Stares, *The Militarization of Space*, 217.

态度，相反，他更加重视美国具备反卫星能力的重要性和好处以及其他太空军事系统的发展。[1] 随着退役中将丹尼尔·O.格雷厄姆（Daniel O. Graham）1982年在美国传统基金会发表了一份题为《高边疆：新的国家战略》的报告（该报告于第二年出版，书名更加耸人听闻，为《高边疆：国家生存战略》），里根政府对反卫星问题的关注渗透到了反弹道导弹防御领域。[2]《高边疆：新的国家战略》（除对外层空间的其他军事化利用外）主张建立一个"能够严重削弱苏联战略导弹攻击"的"星载弹道导弹防御"系统。[3] 里根很快就将这种共轨导弹防御系统作为其《战略防御倡议》的基础。

考虑到这些新的优先事项，里根将太空重心从民用项目转向军事项目，并开始体现在太空支出中也就不足为奇了。从1981年到1983年，国防部的太空预算从48亿美元飙升至85亿美元，自1960年以来首次超过了美国国家航空航天局的预算。[4]

在推动增加国家安全和军事相关国防预算，以及否决苏联提出的太空军备控制建议的同时，里根政府也在制定自己的国家太空政策——《第42号国家安全决策指令：国家太空政策》（以下简称"里根《国家太空政策》"或《第42号国家安全决策指令》）。该指令于1982年7月4日颁布，取代卡特总统之前的太空政策。[5]《第42号国家安全决策指令》在许多方面与卡特总统的《总统指令/国家安全委员会第37号文件》相呼应：二者对允许"和平利用"外层空间所作的解释，对国际外层空间法原则的承认，将美国太空计划分为三

---

[1] See Stares, *The Militarization of Space*, 217.

[2] See Moltz, *Politics of Space Security*, 188. See generally Daniel Graham, *High Frontier: A Strategy for National Survival* (New York: TOR, 1983).

[3] Graham, *High Frontier*, 40.

[4] Moltz, *Politics of Space Security*, 188.

[5] See President Ronald Reagan, National Security Decision Directive 42, "National Space Policy," July 4, 1982, available at https://www.reaganlibrary.gov/public/archives/reference/scanned-nsdds/nsdd42.pdf (last visited Apr.6, 2020) (hereinafter NSDD 42).

个不同的领域并规定这三类计划在必要时能够相互支持,以及将重点放在美国太空系统的抗毁能力等方面在很大程度上相同。[1] 然而,两者也存在极大差异,主要体现在里根政府对国防、武器化和军事实力的关注上。

"里根《国家太空政策》"的主要目标反映了这一变化:《总统指令/国家安全委员会第37号文件》措辞温和地表示其最重要的目标是"通过探索和利用太空来促进美国的利益",[2] 而《第42号国家安全决策指令》毫不掩饰地指出其主要目标就是"加强美国的安全"。[3] 事实上,"里根《国家太空政策》"的目标有所拓展,表现出了一种更为明显的"美国优先"的感觉。除致力于加强美国的安全外,《第42号国家安全决策指令》还寻求"保持美国在太空领域的领导地位"、"从太空开发中为美国获取经济和科学利益"以及"扩大美国私营部门对民用太空和太空相关活动的投资和参与"。[4]《第42号国家安全决策指令》确实重复了《总统指令/国家安全委员会第37号文件》的目标,即"与其他国家合作,为所有增进人类安全和福祉的活动维护空间自由"。但这一目标位列所有目标的最后,因此可能最不重要。[5] 里根政府对美国太空政策的目标不同于《第42号国家安全决策指令》的其他部分,其是作为该政策非涉密"情况说明书"[6]的一部分公开发布的,表述得非常清楚。里根总统并没有掩饰美国对外层空间安全政策的重新关注,而是像他在外层空间政策的其他关键方面所做的那样,确保美国国家安全的重点能让美国人民公开看到,也许更重要的是,让苏联人看到。

里根总统和卡特总统在美国太空政策上的差异在《第42号国家安全决策指令》关于太空军事计划的部分中体现得更加明显。最初,"里根《国家太

---

[1] 比较 NSDD 42, 2, 6, 7 与 PD/NSC – 37, 2, 3 – 4, 6。

[2] PD/NSC – 37, 1.

[3] NSDD 42, 1.

[4] NSDD 42, 1.

[5] NSDD 42, 1. See also PD/NSC – 37,1.

[6] See Office of the Press Secretary, "Fact Sheet Outlining United States Space Policy," *Ronald Reagan Presidential Library*, July 4, 1982, https://aerospace.csis.org/wp-content/uploads/2019/02/NSDD – 42 – Reagan-National-Space-Policy.pdf(last visited Apr. 6, 2020).

空政策》"呼应了"卡特《国家太空政策》"的关键方面,重申"美国将在太空中开展国防所需的活动"。[1] 需要太空军事计划辅助的军事支持功能清单也几乎相同……只有一个例外——"指挥与控制"、"通信"、"导航"和之前在"卡特《国家太空政策》"中列出的其他支持性职能,《第42号国家安全决策指令》用一个表述更加直白的新职能——"部队应用"取代了"太空防御"(《总统指令/国家安全委员会第37号文件》中列出的最后一个职能)。[2] 如果存在任何幻想,认为这个新名词只是一个描述"太空防御"基本原则的不同术语,那么当"部队应用"的概念在随后的几段得到明确描述时,这种幻想很快就破灭了:

> 根据条约义务,美国将:(1)发展和保持一种集攻击预警、通知、核查和应急反应于一体的综合能力,能够有效发现和应对美国太空系统所面临的威胁。(2)进行研究和规划,为开发、获取及部署太空武器系统做好准备,并在国家安全条件需要的情况下反击对手的太空活动。这些努力必须确保能够对任何对手在太空和太空相关武器方面的优势性突破进行合理的防范,并应支持能够使美国处于有利战略态势的技术进步。[3]

因此,"部队应用"直接表明了里根政府的新方向。尽管前几届总统政府对太空军事项目给予了心照不宣的支持,包括自20世纪60年代以来断断续续进行的反卫星试验,但《第42号国家安全决策指令》不仅明确讨论了试验,还讨论了"太空武器系统"的部署,这与艾森豪威尔时期的太空政策大

---

〔1〕 NSDD 42, 6.
〔2〕 NSDD 42, 6.
〔3〕 NSDD 42, 6.

相径庭。[1] 也许在前任总统中，肯尼迪总统的想法最接近这种立场，但他的措辞更加委婉：美国不应该"对敌人滥用太空的行为置之不理，就像对敌人滥用陆地或海洋那般无动于衷"[2]——肯尼迪是在起草和批准《外空条约》、制定关于进入和利用外层空间的具有约束力的国际规范，以及另外四届总统政府（尽管福特和卡特坚持反卫星立场）基本上坚持艾森豪威尔总统最初否决太空武器化的立场之前发表这番言论的。虽然以回应式的措辞——声称美国太空武器只是"防范对手在太空领域取得优势性突破"，且只会在"国家安全条件需要时"进行部署以"反击对手的太空行动"[3]，但《第42号国家安全决策指令》是美国太空政策在外层空间武器问题上的一个明显转折点。

正如预期的那样，《第42号国家安全决策指令》还改变了卡特总统之前关于反卫星发展的政策，不再提及美国希望与苏联达成禁止反卫星能力条约，同时卡特总统为发展（而不是部署）美国反卫星能力而采取的防范策略也不复存在。事实证明，里根总统对反卫星能力的发展甚至比福特总统劲头更足——《第42号国家安全决策指令》要求"美国将发展和部署反卫星能力，以在可行的第一时间实现一个具备相应功能的系统"。[4]根据新的太空政策，反卫星能力对于"遏制对美国及其盟友太空系统的威胁"和"在国际法的范围内，阻止任何对手使用天基系统为敌对军事力量提供支持"至关重要。[5]将反卫星能力作为一种威慑和平衡美苏关系的方法并不新鲜，这也是福特和卡特在反卫星发展方面的政策基础。但作为一种潜在的攻击性武器，反卫星能力难道只是用来"防止潜在对手使用天基系统"？这极大地拓展了反卫星计划的目的，即使美国出于善意，似乎也可能引发人们对美国试图

---

[1] See Stares, *The Militarization of Space*, 219 [里根政府太空军事政策的另一个新颖的特点（尽管不太明确）是关于从太空投射部队的探讨]。即使是《第42号国家安全决策指令》"部队应用"说明性部分的描述——其中提到"预警"、"应急反应"和"发现和应对威胁"，似乎有意用自卫的措辞表达——也引发了具有疑问的含义（《第42号国家安全决策指令》第6节）。毕竟，怎样才能防止一个能够"发现和应对威胁"的系统被用作进攻性武器，而非防御性"盾牌"？

[2] President Kennedy, "Address at Rice University."

[3] NSDD 42, 6.

[4] NSDD 42, 6.

[5] NSDD 42, 6.

主宰外层空间的担忧。[1]

最后,在"国家对外情报太空计划"(由中央情报局管控的照相侦察间谍卫星计划)相关方面,《第42号国家安全决策指令》在很大程度上延续了与《总统指令/国家安全委员会第37号文件》相同的政策。但对之前的政策作了一个重要补充。"里根《国家太空政策》"在重点部分明确指出,"用'照相侦察'卫星来监控军备控制协定的事实是非保密的"。[2] 虽然《第42号国家安全决策指令》试图维护情报收集卫星活动的机密性和保密性,但里根政府似乎想提醒苏联(以及世界其他国家),美国正在进行监视,并且即使美国开始了里根时代的军事振兴,美国的对手也应该谨防违反条约的武器扩充及其他违约行为。

里根总统对外层空间的重视、《第42号国家安全决策指令》的发布,以及里根政府对退役中将格雷厄姆所著《高边疆:国家生存战略》的关注,为里根总统任期内的决定性计划之一——《战略防御倡议》(评论家将其称为"星球大战")奠定了基础。1983年3月23日,里根总统向全国发表了关于国防问题的总统特别讲话。在这些国防问题中,最突出的一个是苏联对美国发动核导弹攻击的持续威胁。尽管里根认识到,与前几届政府一样,美国不得不依靠大规模报复性威胁来威慑苏联,但他告诉那些"倾听的国家",可能有一种更好、更加和平的方式来终结苏联的攻击威胁:"我们来分享一个充满希望的未来愿景。那就是我们开始了一项计划,用防御性措施来对抗可怕的苏联导

---

[1] 在里根政府的《第42号国家安全决策指令》下,美国军方恢复了反卫星能力的开发和试验。这一时期成功研发的反卫星能力包括ASM-135A,这是一种F-15战斗机(由沃特飞机工业公司开发)发射的反卫星导弹,利用"微型寻的飞行器"锁定在轨卫星,然后引导其非爆炸弹头与目标相撞。"Vought ASM-135A Anti-Satellite Missile," Fact Sheet, National Museum of the United States Air Force, available at https://www.nationalmuseum.af.mil/Visit/Museum-Exhibits/Fact-Sheets/Display/Article/198034/vought-asm-135a-anti-satellite-missile/ (last visited Mar. 21, 2022). 1985年9月13日,空军少校小威尔伯·D. 皮尔森(Wilbur D. Pearson, Jr.)成功试射ASM-135A,摧毁了已失效的美国光谱卫星"太阳风"(Solwind P78-1),成为有史以来第一位(也是迄今为止唯一一位)击落太空目标的空军飞行员。Peter Grier, "The Flying Tomato Can," Air Force Magazine, Feb. 1, 2009, https://www.airforcemag.com/article/0209tomato/.

[2] NSDD 42, 8.

弹威胁。让我们把目光转向科技的力量,正是科技孕育了我们伟大的工业基础,让我们今天享受到高品质的生活。如果自由的人民能够安全无忧地生活,知道他们的安全并非依赖于美国可立即展开报复性的威胁来威慑苏联的袭击,而是可以在战略弹道导弹到达我们自己或我们盟友的国土之前拦截并摧毁它们,那该有多好?我知道这是一项艰巨的技术性任务,在本世纪末之前可能无法完成。然而,目前的技术已经达到了一定的先进程度,我们有理由开始这项工作,这将需要数年甚至数十年的努力。失败和挫折在所难免,但也会有成功和突破。在不断前进的过程中,我们必须始终保持核威慑力,保持灵活反应的坚实能力。但是,每一项为了让世界摆脱核战争威胁的必要投入,难道不值得吗?我们认为很值得……我呼吁我们国家的科学界,那些为我们研制出核武器的人,现在请将你们的伟大才华用于人类和世界的和平事业,为我们提供一些方法,使这些核武器变成无力的淘汰品。"[1]

里根公开宣布《战略防御倡议》是避免该计划受到批评的一种绝妙方式。美国公众现在都已知道了《战略防御倡议》,并且正如里根所描述的那样,《战略防御倡议》作为和平消除苏联核威胁的潜在工具,国会、军方和政府执行机构别无选择,只能公开讨论该计划,与此同时,里根政府能够成功为《战略防御倡议》的开发寻求资金。[2] 从理论上讲,《战略防御倡议》是按照格雷厄姆的《高边疆:国家生存战略》所研制的一种轨道导弹拦截器之"盾",这是一个综合系统。正如里根所宣布的那样,"可以拦截并摧毁以美国任何地点为目标的战略弹道导弹"。虽然这看起来的确是一个崇高的目标,但《战略防御倡议》背后的问题(我们将在第五章详细讨论)是,整个计划实际上构成了一个反弹道导弹系统。尽管里根政府的律师们进行了谋划,但这个系统几乎肯定违反了1972年签署的《反弹道导弹条约》。

尽管(至少到目前为止)仍无法清楚地确定《战略防御倡议》及其类似弹

---

[1] President Ronald Reagan, "Address to the Nation on Defense and National Security," Mar. 23, 1983, *Ronald Reagan Presidential Library and Museum*, https://www.reaganlibrary.gov/research/speeches/32383d (last visited Apr. 8, 2020).

[2] *See* Moltz, *Politics of Space Security*, 192.

道导弹防御计划的后续计划是否获得了成功,或者部分成功,但里根的计划对美国的太空安全政策和全球地缘政治格局产生了重大影响。在美国的政策领域,"从军事角度来看,《战略防御倡议》……改变了人们对太空中可行活动的观念"。[1] 外层空间政策专家、佛罗里达大学太空政策与法律中心前主任罗杰·汉德伯格(Roger Handberg)将《战略防御倡议》的出现描述为"军事想象力的心理解放",他这样写道:"随着《战略防御倡议》的出现,真正改变的是人们的观念,即认为可能能够进行或必须进行更多的太空军事活动。从心理上讲,太空正在从一个躲避战争残酷现实的保护区变为一个潜在的战场。在某种程度上,军事计划者和思想家可能会重新考虑仅仅将太空视为类似于陆地、海洋和空中的另一个战场。"[2]

　　这种变化很快就在军队内部得到了体现。空军在1982年6月(在里根总统宣布《战略防御倡议》之前)宣布成立空军太空司令部,这是一个新设立的一级司令部,"预计将成为日益统一的太空军事计划的核心"。[3] 空军太空司令部于1982年9月1日启动,其任务重点(与《第42号国家安全决策指令》所述的太空军事职能一致)是"预警、发射操作、卫星控制、空间监视以及国家领导层的指挥与控制"。[4] 然而,在《战略防御倡议》宣布之后,太空行动迅速成为一项全军种的军事工作:根据空军主要官员和参谋长联席会议的建议,美国于1985年成立了一个新的职能型作战司令部——美国太空司令部[5]。该司令部将专注于外层空间行动,包括协助《战略防御倡议》和《第42号国家安全决策指令》中描述的太空军事职能(包括"开发具有抗毁性和耐久性的空间系统、反卫星能力,以及可发现和应对美国太空系统所面临威胁的

---

[1] Roger Handberg, *Seeking New World Vistas: The Militarization of Space* (Westport, CT: Praeger, 2000), 81.

[2] Handberg, *Seeking New World Vistas*, 82.

[3] Thomas Karas, *The New High Ground: Strategies and Weapons of Space-Age War* (New York: Simon & Schuster, 1983), 20.

[4] Air Force Space Command, "Air Force Space Command History," afspc.af.mil, https://www.afspc.af.mil/About-Us/AFSPC-History/(last visited Apr. 8, 2020).

[5] 一种作战司令部,也被称为"联合作战司令部",其定义是"一种由两个或两个以上军事部门的部队组成的军事司令部,负责执行广泛、持续性任务"。10 U.S.C. §161(c)(1).

手段")。[1] 随着"里根《国家太空政策》"和《战略防御倡议》在外层空间武器化方面的重大政策转变，以及在军队内部建立以太空为重心的机构，不难看出，里根总统的太空安全政策就是艾森豪威尔非武器化政策向军事为导向的太空行动转化的关键转折点。[2]

1988年1月，里根总统在其任期的最后一年发布了国家太空政策的修订版——《第293号国家安全决策指令》，其中对《第42号国家安全决策指令》作了细微变更。[3] 由于这项政策在很大程度上被归为乔治·H.W.布什总统（第41任总统，译者注：以下简称老布什总统）的《国家太空政策》，即《第30号国家安全指令》或《第1号国家太空政策指令》（后文在引述时称《第30号国家安全指令》或老布什《国家太空政策》），[4] 因此我们将同时探讨这两项太空政策。在1988年竞选总统之前，老布什在过去8年里一直担任里根政府的副总统；因此，老布什在很大程度上延续其前任的太空政策也就不足为奇了。尽管《第293号国家安全决策指令》和《第30号国家安全指令》的大部分内容与里根早期颁布的《第42号国家安全决策指令》相呼应，但有几处变

---

[1] Edward J. Drea et al., *History of the Unified Command Plan* 1946 – 2012 (Washington, D. C.: Joint History Office, Office of the Chairman of the Joint Chiefs of Staff, 2013), 55 – 56.

[2] 里根总统对太空武器化的看法，以及他强烈的反共思想（这将在第五章详细讨论），很可能在其执政期间促使苏联倾向于对美国太空项目甚至美国民用太空项目持怀疑态度。苏联在这方面的主要抱怨是美国航空航天局的航天飞机。苏联担心这是一种秘密的太空武器，能够"发射军事卫星、从事太空间谍活动、部署防空和反弹道导弹系统、开发和试验新武器，以及……发挥外层空间指挥中心的作用"。Stephen R. Burant, "Soviet Perspectives on the Legal Regime in Outer Space: The Problem of Space Demilitarization," *Studies in Comparative Communism*, vol. 19, no. 3/4 (Autumn/Winter 1986), 171.

[3] *See* Hall, "The Evolution of U. S. National Security Space Policy," *Journal of Space Law*, 62 – 70 (citing President Ronald Reagan, NSDD 93, "National Space Policy," Jan. 5, 1988). *See also* "Presidential Directive on National Space Policy," Feb. 11, 1988, *Federation of American Scientists*, https://fas. org/spp/military/docops/national/policy88. htm (*last visited Apr.* 8, 2020) [hereinafter NSDD 293 Factsheet]. 由于该政策本身的某些部分似乎仍处于保密状态，因此除霍尔文章中引用的《NSDD 293》的节选外，美国科学家联盟发布的该政策的摘要部分（非保密）是作者能够找到的《NSDD 293》的唯一文本或摘要。

[4] *See* President George H. W. Bush, NSD 30/NSPD 1, "National Space Policy," Nov. 2, 1989, *George H. W. Bush Presidential Library & Museum*, https://bush41library. tamu. edu/files/nsd/nsd30. pdf (last visited Apr. 8, 2020) [hereinafter NSD 30]. 请注意，《第30号国家安全指令》的某些部分显然仍处于保密状态，因此根据此来源进行了修改。*See generally* NSD 30/NSPD 1.

化值得我们探讨。

《第293号国家安全决策指令》和老布什《国家太空政策》的目标与《第42号国家安全决策指令》的目标略有不同。尽管仍保留"加强美国的安全"以及"鼓励美国私营部门继续投资太空"的主要目标,[1]但《第293号国家安全决策指令》和《第30号国家安全指令》都用更加表面性的国际主义目标取代了1982年"里根《国家太空政策》"中以美国为中心的目标,不再提及保持美国太空领导地位和单纯为美国利益开发太空。现在的新目标包括:"通过开展太空相关活动使普通民众获得科学、技术和经济利益,并提高人类在地球上的生活质量";"促进国际合作活动,同时考虑美国的国家安全、外交政策、科学经济利益";"与其他国家合作,为所有增进人类安全和福祉的活动维护空间自由";"将人类的存在和活动扩展到地球轨道以外的太阳系"。[2] 无论这些经过修改更具包容性的目标是否为里根总统之前以美国为中心的目标取得明显成功的结果,还是美国太空政策向以国际为中心的真正转变,或仅是认识到需要对美国目标进行更温和的解释(虽然在实践中政策几乎没有真正发生变化),《第42号国家安全决策指令》中更为赤裸裸的"美国优先"目标都已不复存在。

《第293号国家安全决策指令》和《第30号国家安全指令》的内容,以及这些政策发布时的历史背景,似乎表明里根政府和老布什政府后期的美国太空政策受到了前一段末尾所提到的三个因素相互作用而产生的影响。到1988年/1989年,人们越来越清楚地看到苏联正发生戏剧性的变化,特别是苏联在背后对东欧卫星国的控制。1989年11月,当老布什总统的《第30号国家安全指令》颁布时,波兰和匈牙利已基本摆脱了苏联的统治,而仅一周后,柏林墙就被推倒了。换句话说,里根和老布什有充分的理由认为:(1)他们以前的国防政策(不仅在外层空间方面,而且在更传统的陆地方面)取得了成功;(2)随着苏联势力的削弱,以及美国在国际上的明显主导地位,美国可以

---

[1] NSD 30/NSPD 1,2;NSDD 293.

[2] NSD 30,2;NSDD 293.

再次把重点放在外层空间上,不是仅作为追求自身安全和繁荣的竞技场,而是作为一个加强国际合作对所有国家都有利的领域。

然而,苏联的衰落以及不久后的解体并没有被视为美国改变其路线(增加外层空间的军事用途和活动)的理由。《第293号国家安全决策指令》和《第30号国家安全指令》保留了《第42号国家安全决策指令》关于太空军事计划活动的大部分内容,事实上,甚至拓展了太空政策的军事部分,纳入了空军和国防部制定的新术语和太空战略。《第293号国家安全决策指令》和《第30号国家安全指令》拓展了之前太空政策中所述太空军事计划的基本目的,都表示美国将在太空中开展国防所需的活动。太空活动将通过以下方式促进国家安全目标实现:(1)威慑或在必要时防御敌人的攻击;(2)确保敌军无法阻止我们对太空的利用;(3)必要时使敌对太空系统失效;(4)加强美国和盟友部队的行动。[1]这两项政策在题为"太空军事部门准则"一节中进一步反映了这一拓展的条目清单。在我们已经熟悉的概念——部队增强、部队应用、抗毁能力和反卫星能力发展(如果没有明确重申,所有定义和说明都与《第42号国家安全决策指令》[2]中的相似)——中加入了预期将由太空军事计划负责的两个新概念,即"太空支持"和"太空控制"。这两个概念来自美国军方新制定的太空条令,描述了国防部保持主要和应急发射能力的要求,以便为其自身和情报界快速发射或更换卫星及其他太空系统("太空支持"),以及实现和维持美军在外层空间"行动自由"("太空控制")的需求。"太空控制"大致基于空军的空中优势理论,也一如既往地将维持美国在太空的行动自由及对太空的利用自由,与相对应的拒绝美国潜在对手利用太空结合在了一起。虽然《第293号国家安全决策指令》[3]的非涉密"情况说明书"中没有提到这一点,但《第30号国家安全指令》"太空控制"章节有一部分明显经过

---

[1] NSD 30, 4; Hall, "The Evolution of U. S. National Security Space Policy," *Journal of Space Law*, 64 – 65.

[2] 对比 NSD 30, 11 – 14 和 *NSDD* 293 *Factsheet*, 与 NSDD 42, 6 – 7。

[3] See *NSDD* 293 *Factsheet*.

修改，可能反映了这一合理的推论。[1] 无论如何，将军事条令术语写入里根和老布什的国家太空政策，进一步反映了美国太空政策的军事化方向，也反映了外层空间对军事本身日益增长的重要性。

尽管来自苏联的威胁正在迅速消退，但在老布什总统发布《第30号国家安全指令》的14个月后，外层空间对军事行动的重要性就得到了有力证明。1990年8月，萨达姆·侯赛因入侵实力较弱、石油资源丰富的邻国科威特，引发了第一次海湾战争。5个月后，即1991年1月，老布什总统在建立了一支涵盖多个国家的国际联军后，发起了"沙漠风暴"行动，将伊拉克军队驱逐出了科威特。"沙漠风暴"行动取得了巨大成功，这很大程度上要归功于美国军事和情报太空资产对联军地面军事力量的强有力支持。美国卫星控制的GPS使联军部队得以在科威特和伊拉克南部原本缺乏地貌特征、难以确定方向的沙漠战场上"协调部队行进、标记雷区及部署火炮"，并"协助对伊拉克目标发射的防区外远程导弹进行中段制导"。[2] 卫星通信还使战场上的部队能够快速报告并获得指导，同时支持使用卫星电视将战争图像传送给美国的电视观众。太空资产对美国领导的联军战胜萨达姆·侯赛因作出了如此巨大的贡献，以至于海湾战争被称为"第一次太空战"[3]"第一次卫星战"[4]以及"太空支持的亮相派对"。[5] 曾经有人担心，随着以前无处不在的苏联威胁的消退，外层空间的军事用途已经过时，但海湾战争证明了保持强大太空军事能力的重要性。正如詹姆斯·克莱·莫尔茨（James Clay Moltz）所指出的，太空支持的好处，特别是在GPS精确定位方面，"只会进一步增加太空军事支持的价值，以及外层空间合法权利（如安全通行权和不受干涉权）的持续重要性"。[6]

---

[1] See NSD 30, 12.
[2] Lambakis, "Space Control in Desert Storm and Beyond," *Orbis*, 419.
[3] Bruger, "Not Ready for the First Space War," 73（citing Covault, "Desert Storm Reinforces Military Space Direction," *Aviation Week & Space Technology*, 4）.
[4] Burgess, "Satellites' Gaze Provides New Look at War," *Washington Post*.
[5] Dolman, *Astropolitik*, 150.
[6] Moltz, *Politics of Space Security*, 223-224.

里根总统和老布什总统的共和党政府见证了美国太空政策领域的转折点。福特和随后的卡特通过其反卫星发展政策，动了太空武器化的念头，与此同时，他们一直坚持对艾森豪威尔总统反对太空武器化这个看似不容破坏的政策的承诺。然而，里根总统公开摒弃了艾森豪威尔的政策，将开发甚至部署外空武器明确作为《第42号国家安全决策指令》——"国家太空政策"的组成部分之一。虽然里根后来的国家太空政策（此后不久由老布什总统以基本相似的形式重新发布）与《第42号国家安全决策指令》的强硬路线——"美国优先"政策和目标相比有所缓和，但出于所有实际目的，与太空相关的军事行动仍在继续，就像里根最初的政策一样。老布什总统成功利用太空资产为"沙漠风暴"行动提供了支持，从而获益于这些政策。尽管美国对伊拉克的胜利不足以使老布什赢得第二个任期，但它明确展示了太空支持可以为美国或任何其他国家的军事行动带来深远利益，从而改变战争进程。

（六）比尔·克林顿总统时期（1993～2001年）

比尔·克林顿总统在冷战结束后入主白宫，任期内美国相对和平且经济欣欣向荣。他在里根和老布什以温和为基调的太空政策的基础上，进一步淡化了美国的太空军事化。事实上，克林顿政府认为里根和老布什推动太空武器是"朝错误的方向前进"，"试图削弱国家安全与民用太空之间的联系"。[1]随着苏联解体，美国现在在世界上无可匹敌，实际上，在某种程度上，美国是唯一的太空强国。但是太空问题必须先放一放。苏联解体后，一系列新问题需要美国注意：必须防止苏联卫星国以及新建立的俄罗斯联邦所拥有的武器和某些危险技术（如核武器以及与其制造和使用有关的信息）得到扩散；必须解决国际贸易问题；必须面对新的敌人，如实施种族灭绝的塞尔维亚民族主义者斯洛博丹·米洛舍维奇。具有讽刺意味的是，在老布什政府的最后一年和克林顿政府前期，主要的太空安全问题之一是协助俄罗斯处理其太空项目的残余部分，以防止关键技术扩散，尤其是火箭相关技术，因为这些技术可用

---

[1] Moltz, *Politics of Space Security*, 235.

于发展弹道导弹。在克林顿总统发布自己的国家太空政策时,其总统任期已将近过半。尽管相较于其前任们,克林顿的政策采用了更加缓和且具有表面性的国际主义措辞,但从实际角度来看,克林顿的政策仍在里根政府制定的美国太空政策框架内,几乎没有改变。

克林顿总统的国家太空政策——《总统决策指令/国家安全委员会第49号文件》于1996年9月签署。与里根和布什的政策相比,《总统决策指令/国家安全委员会第49号文件》的第一个显著变化是改变了美国太空计划的目标。这些目标淡化了国家安全(将其降至目标清单的第二层级),强调外层空间的非军事利益,并鼓励私营部门投资。正如《总统决策指令/国家安全委员会第49号文件》所述,美国的太空目标是:

(1)通过人类和机器人探索,增进对地球、太阳系和宇宙的了解;
(2)加强和维护美国的国家安全;
(3)增强美国的经济竞争力和科技能力;
(4)鼓励国家、地方和私营部门投资、使用太空技术;
(5)促进国际合作,以推进美国的国内、国家安全和外交政策。[1]

关于美国太空计划新的第一层级目标,特别有意思的是,它呈现出一种全新的特点——专注于收集信息以增进对相关领域的认知。与里根和老布什的政策甚至卡特的《总统指令/国家安全委员会第37号文件》不同,《总统决策指令/国家安全委员会第49号文件》没有(间接或以其他方式)提到这种对相关领域的认知会带来的"好处",也没有提到利用这些信息来"促进美国

---

[1] Office of the Press Secretary, "PDD/NSC-49 Fact Sheet National Space Policy," Sept. 19, 1996, at 1, available at https://aerospace.csis.org/wp-content/uploads/2019/02/NSC-49-Clinton-US-National-Space-Policy.pdf (last visited Apr. 9, 2020). 请注意,这份非涉密"情况说明书"并非《总统决策指令/国家安全委员会第49号文件》的完整文本,其全文仍然保密。

的利益"。《总统决策指令/国家安全委员会第49号文件》也许反映了其出台时,世界正处于和平的单极时代,似乎专注于为了认知而去了解相关知识。

但是,如果美国太空计划的目标发生了变化,以贴合冷战后世界呈现出的不像此前那么好战的氛围,那么太空技术的实际应用以及太空计划在军事和对外情报方面本质上对国家安全的关注将基本上保持不变。与前三届总统政府的国家太空政策一样,《总统决策指令/国家安全委员会第49号文件》直言不讳地指出"美国将开展国家安全所需的空间活动",[1]并且如前所述,继续坚持"和平"利用外层空间,包括"为维护国家安全和实现其他目标而进行与国防和情报有关的活动"。[2] 事实上,"国家安全太空活动"对美国国防的期望目标清单甚至比里根的《第293号国家安全决策指令》和老布什的《第30号国家安全指令》还要广泛。总体而言,这些贡献包括:

(1) 为美国固有的自卫权利及我们对盟友和朋友的防御承诺提供支持;

(2) 威慑、预警,并在必要时防御敌人的攻击;

(3) 确保敌军无法阻止我们对太空的利用;

(4) 必要时打击用于敌对目的的太空系统和服务;

(5) 增强美国和盟国部队的作战能力;

(6) 确保我们有能力开展太空相关的军事和情报活动;

(7) 满足和平与危机期间以及各级冲突期间的军事和情报要求;

(8) 支持国家政策制定者、情报界、国家指挥当局、作战司令部指挥官、军事部门及其他联邦官员的活动,保持政府运作的连续性。[3]

---

[1] "PDD/NSC-49 Fact Sheet National Space Policy," 4.

[2] "PDD/NSC-49 Fact Sheet National Space Policy," 1.

[3] "PDD/NSC-49 Fact Sheet National Space Policy," 5.

虽然《总统决策指令/国家安全委员会第49号文件》中没有提到太空武器，而且似乎不鼓励其发展，但克林顿总统的政策是否真的禁止这种武器的发展尚不明确。事实上，《总统决策指令/国家安全委员会第49号文件》呼应了里根及老布什的太空军事政策，明确提到了太空军事计划预期承担的关键任务："国防部应保持执行太空支持、部队增强、太空控制和部队应用等任务领域的能力。"[1]虽然《总统决策指令/国家安全委员会第49号文件》的非涉密"情况说明书"没有提供"部队应用"的定义，但也许令人惊讶的是，它确实对"太空控制"进行了说明：

> 根据条约义务，美国将发展、运用和维持太空控制能力，以确保在太空的行动自由，且如果得到指示，则禁绝对手的这种行动自由。这些能力也可以通过外交、法律或军事手段来增强，以防止对手以不利于美国的方式使用太空系统和服务。[2]

《总统决策指令/国家安全委员会第49号文件》保留了里根的《第293号国家安全决策指令》和老布什的《第30号国家安全指令》的所有四项主要太空军事任务、关于太空控制的类似描述（可能进行了拓展），以及与支持和部队增强相关的相应类似章节，这似乎表明，从军事角度来看，克林顿的太空政策与其前任们并无明显不同。

（七）乔治·W. 布什总统时期（2001~2009年）[3]

乔治·W. 布什总统的任期在很大程度上由2001年9月11日的恐怖袭击、随后对阿富汗的入侵、"全球反恐战争"的开始以及伊拉克战争界定。虽

---

[1] "PDD/NSC-49 Fact Sheet National Space Policy," 5.

[2] "PDD/NSC-49 Fact Sheet National Space Policy," 6.

[3] The sub-sections on Presidents George W. Bush, Barack Obama, and Donald J. Trump have been largely drawn from my previous work, "Grounding the Humā: The Legality of Space Denial and (Potential) American Interference in the Iranian Space Program," Which was Published in the *Air Force Law Review* in Jannary 2021. See Grunert, "Grounding the Humā," *Air Force Law Review*.

然不太为人所知，但也许从长远来看，在其总统任期内美国外层空间政策发生的转变同样重要。在"9·11恐怖袭击事件"发生前的10年中，苏联解体且俄罗斯太空计划因俄罗斯联邦经济衰落而举步维艰，这开启了美国成为世界头号太空强国的时代。然而，美国在外层空间的主导地位非但没有让一些决策者和战略思想家安心下来，反而引起了新的担忧。鉴于美国外层空间资产在国家安全方面的重要应用（这在1991年海湾战争中已得到有力证明），并且考虑到其他国家以及国际和国内私营公司也出于国家或商业目的寻求进入外层空间，因此一些人认为，美国在外层空间受到挑战只是时间问题。

针对这一担忧，国会在2000财年《国防授权法案》中，授权成立美国国家安全太空管理和组织评估委员会（拉姆斯菲尔德太空委员会），以调查"支持美国国家安全利益的太空活动组织和管理"的各个方面。[1]该委员会由即将担任国防部长的唐纳德·H.拉姆斯菲尔德（Donald H. Rumsfeld）担任主席，并于2001年年初发布了报告。该委员会认为，外层空间的冲突是不可避免的，这与近半个世纪前军事预言家施里弗将军和加文将军的评估一致。[2]该报告发出了不祥的预警——"太空珍珠港"，即对美国太空资产的灾难性打击，将毁灭依赖天基平台的商业、军事和情报活动。[3]为了先发制人地应对来自或针对太空的威胁，该委员会建议制定一项"国家级"政策，将"太空活动确立为美国的一项基本国家利益"，开发和部署"太空系统，以阻止对美国太空利益的攻击并捍卫美国太空利益"（对太空武器的委婉说法），并在武装部队内部进行一些组织和结构改革，以更好地促进太空安全。[4]

---

[1] Commission to Assess United States National Security Space Management and Organization, *Report of the Commission to Assess United States National Security Space Management and Organization* (Washington, D.C.: Jan. 11, 2001) 1-2 [hereinafter Rumsfeld Commission Report].

[2] 委员会报告在结论段落中指出："我们从历史中了解到，每一种媒介——空中、陆地和海洋——都发生过冲突。现实表明，太空也不会例外。" *Rumsfeld Commission Report*, 100.

[3] *Rumsfeld Commission Report*, 23.

[4] *Rumsfeld Commission Report*, Executive Summary, xxx. 应当指出，虽然正如我们在本章中所看到的，在这份委员会报告之前美国至少发布了七项官方国家太空政策，但这些政策都没有将太空活动归类为美国的"重要"或"根本"利益。

如果该委员会由除拉姆斯菲尔德以外的其他任何人担任主席，那么其最终报告和建议很可能就会在美国国防机构的谈笑中石沉大海。美国国防机构当时因"9·11恐怖袭击事件"而陷入困境，正准备与一个几乎没有空军（更不用说太空计划了）的敌人（阿富汗塔利班）作战（事实上，"9·11恐怖袭击事件"对太空安全事宜并非无关紧要：在袭击后的组织改革中，军方成立了美国北方司令部，专注于国土防御，而美国太空司令部被解散，其职责移交给了美国战略司令部）。[1] 然而，由于唐纳德·H.拉姆斯菲尔德担任国防部长，因此该委员会的建议在最高层影响了美国军事政策。正如琼·约翰逊-弗里斯（Joan Johnson-Freese）博士所说，拉姆斯菲尔德太空委员会的报告"成为美国太空政策的基础"。[2] 在这个时期，国防部内部"太空主导言论盛行"，且在"一系列官方政策文件"中都可以看到这种言论。[3] 例如，2002年8月，参谋长联席会议发布了《联合出版物3-14：太空作战联合作战条令》，其中强调了一系列概念，如建立在拉姆斯菲尔德太空委员会国家安全概念基础上的"太空优势"和"太空控制"。[4]

---

[1] Drea et al., *supra* note 141 64-65, 86.

[2] Joan Johnson-Freese, *Space Warfare in the 21st Century: Arming the Heavens* (Abingdon, UK: Routledge, 2017), 58.

[3] Johnson-Freese, *Space Warfare in the 21st Century*, 9.

[4] "太空优势"在《联合出版物3-14：太空作战联合作战条令》中被定义为"一种力量在太空中对另一种力量的支配程度，使前者及其相关的陆、海、空、太空和特种作战部队能够在特定时间和地点开展行动，而不受对方力量的禁止性干扰"。U. S. Department of Defense, Joint Chiefs of Staff, Joint Publication 3-14, "Joint Doctrine for Space Operations," gl-6 (Aug. 9, 2002) (hereinafter JP 3-14 2002). 当时"太空控制"的定义是"战斗、战斗支援和战斗勤务支援行动，以确保美国及其盟友在太空中的行动自由，并在得到指示时，禁绝对手在太空中的行动自由。太空控制的任务范围包括：太空监视；保护美国和盟友的太空系统；防止对手有能力出于损害美国国家安全利益的目的使用太空系统和服务；使那些被用于损害美国国家安全利益的太空系统和服务失效；直接支持战斗管理、指挥、控制、通信和情报"。JP 3-14 2002, GL-6. 自那时以来，《联合出版物3-14：太空作战联合作战条令》经历了多次修订，简化了这些定义，但保留了相同的含义。目前对"太空优势"的定义是"一种力量在太空中对任何其他力量的控制程度，使其能够在特定时间和地点开展行动，而不受地面或天基威胁的禁止性干扰"。U. S. Department of Defense, Joint Chiefs of Staff, Joint Publication 3-14, "Space Operations," gl-6 (Apr. 10, 2018) [hereinafter JP 3-14 2018]. 目前对"太空控制"的定义是"确保美国及其盟友在太空行动自由，同时禁绝对手就太空行动自由而采取的行动"。JP 3-14 2002, GL-6.

还应当指出，2001年9月11日的恐怖袭击还引发了另一个重要事件——美国宣布退出其与苏联在1972年签署的《反弹道导弹条约》，这对太空相关活动产生了一定影响。"9·11恐怖袭击事件"发生后，小布什总统"认定《反弹道导弹条约》阻碍了美国政府保护其人民免受未来恐怖分子或流氓国家导弹袭击的手段"，并启动了该条约规定的6个月退约程序。[1] 俄罗斯和中国都反对这一决定，警告说美国的退出可能会导致新一轮的国际军备竞赛。[2] 这一警告得到了其他方面的回应，包括某些专家，他们认为《反弹道导弹条约》的废除将导致外层空间重新被军事化。美国退出《反弹道导弹条约》对外层空间环境有何影响引发了激烈的争论。有些人认为，《反弹道导弹条约》即使在生效时也"无助于避免外空军备竞赛"，因此，美国的退出（虽然不明智）最终对外空军事化或冲突不会产生任何影响。[3] 另一些人则坚持认为，美国试图消除"发展战略武器系统，特别是对其国家导弹防御计划和美国太空优势至关重要的天基装置的法律障碍"，这意味着《反弹道导弹条约》的废除可能是20世纪早期造成外层空间武器化的最重要因素之一。[4] 虽然《反弹道导弹条约》确实没有明确禁止发展或部署外层空间武器，但它似乎禁止了天基反弹道导弹系统（如里根总统的《战略防御倡议》），这可被解读为对太空武器化具有威慑作用，因为它打消了俄罗斯和中国等美国潜在竞争对手需要发展天基武器来对抗这种系统的念头。从这个意义上说，美国退出《反弹道导弹条约》至少在某种程度上可能使美国的竞争对手越来越意识到，有

---

[1] Terence Neilan, "Bush Pulls Out of ABM Treaty; Putin Calls Move a Mistake," *New York Times*, Dec. 13, 2001, https://www.nytimes.com/2001/12/13/international/bush-pulls-out-of-abm-treaty-putin-calls-move-a-mistake.html.

[2] Neilan, "Bush Pulls Out of ABM Treaty."

[3] Wulf von Kries, "The demise of the ABM Treaty and the militarization of outer space," *Space Policy*, 18 (2002), 177. 冯·克里斯（Von Kries）认为，虽然《ABM条约》作为管制地面反弹道导弹系统的工具有一定作用，但该条约"不仅为反卫星的开发、试验和部署大开方便之门，还根据其不干涉条款，确认接受卫星侦察的原则和做法"。Von Kries, "The demise of the ABM Treaty," 177.

[4] Jackson Nyamuya Maogoto and Steven Freeland, "Space Weaponization and the United Nations Charter Regime on Force: A Thick Legal Fog or a Receding Mist?," *The International Lawyer*, vol. 41, no. 4 (Winter 2007), 1092.

必要发展太空武器,以做好准备来应对美国未来可能发展的任何潜在的天基反弹道导弹系统。

2006年8月,小布什政府发布了国家太空政策。[1]与国防部长拉姆斯菲尔德和军队强调外层空间对国家安全的重要性相一致,此国家太空政策带有一种民族主义色彩。其主要原则之一是"美国认为太空能力……对其国家利益至关重要"。[2]在此基础上,美国将:

> 维护其在太空的权利、能力和行动自由;劝阻或阻止其他国家妨碍这些权利或发展意欲如此的能力;采取必要的行动保护其太空能力;应对干扰;在必要时禁止对手使用不利于美国国家利益的太空能力。[3]

此外,正如第二章所描述的那样,小布什政府的国家太空政策对《外空条约》"和平目的"措辞的解释是,"允许美国为追求国家利益而进行国防和情报相关活动",并坚决"拒绝对美国在太空开展活动和从太空获取数据的基本权利进行任何限制"。[4]事实上,小布什政府明确"反对制定试图禁止或限制美国进入或利用太空的新法律制度或其他限制措施"。[5]随着此国家太空政策的发布,小布什政府完全实现了拉姆斯菲尔德太空委员会的主要建议之一,并将该委员会的其他基本目标作为美国的国家政策。2006年发布的国家太空政策正式宣布了美国外层空间政策的转变,从谨慎和国际监管(在冷战期间,为防止与苏联在外层空间进行危险而昂贵的军备竞赛,这一政策制度被认为在很大程度上是必要的)转向美国霸权和"太空民族主义"。

---

[1] United States, NSPD-49, "U. S. National Space Policy," Aug. 31, 2006, https://fas.org/irp/offdocs/nspd/space.pdf.

[2] NSPD-49, para. 2.

[3] NSPD-49, para. 2.

[4] NSPD-49, para. 2.

[5] NSPD-49, para. 2.

（八）巴拉克·奥巴马总统时期（2009～2017年）

2008年巴拉克·奥巴马当选美国总统，似乎可能会使美国在外层空间政策方面的态度回归传统。虽然奥巴马在竞选期间并没有过多关注太空，[1]但他对国际法和伙伴关系的态度，使人们预料会出现这种调整。2010年6月，奥巴马总统宣誓就职一年半后，奥巴马政府发布了自己的国家太空政策（"奥巴马《国家太空政策》"）。不出所料，"奥巴马《国家太空政策》"比小布什政府的国家太空政策更具国际主义色彩。"奥巴马《国家太空政策》"列出的第一条原则就是，"在太空中负责任地行事，帮助防止灾难、误解和不信任，是所有国家的共同利益"。[2] 同样，"奥巴马《国家太空政策》"呼应了《外空条约》，重申"所有国家都有权根据国际法，为和平目的和全人类的利益探索和利用太空"。[3] 此外，"奥巴马《国家太空政策》"还包含一个关于"国际合作"的完整小节，其中包括指示美国各部门和机构"在太空相关论坛和活动中表现出美国的领导地位"（可能是指联合国外空委等国际机构中），并呼吁发展双边和多边透明与建立信任措施，以"鼓励在太空中负责任地行事，并和平利用太空"。[4]

尽管"奥巴马《国家太空政策》"的措辞较为缓和且带有国际主义色彩，但这一政策是否真的背离了小布什政府的国家太空政策仍存在激烈争论。在小布什时代政策的基础上，"奥巴马《国家太空政策》"明确指出，"太空的可持续性、稳定性、自由进入和利用"是美国的重要国家利益。[5] "奥巴马《国家太空政策》"同样延续了小布什政府的国家太空政策对《外空条约》"和平目的"措辞的描述，宣称将太空用于"国家和国土安全活动"属于"和平目的"

---

[1] See Moltz, *Politics of Space Security*, 308.

[2] United States, "National Space Policy of the United States of America," June 28, 2010, 3 (hereinafter, "2010 NSP").

[3] 2010 NSP, 3.

[4] 2010 NSP, 6, 7.

[5] 2010 NSP, 3.

的合法范围。[1] 而在题为"国家安全太空准则"的小节中,两者的相似之处最为明显。该小节指示国防部长和国家情报主任:"(1)开发、获取和运行太空系统以及支持性信息系统和网络,以保障美国的国家安全,并在和平、危机和冲突时期支持国防和情报行动;(2)确保太空力量具有成本效益的抗毁能力;(3)改进、发展和展示快速探测、预警、特征识别以及辨识自然或人为对美国太空系统干扰的能力;(4)开发和应用先进技术和能力,以应对不断变化的威胁环境。"[2] 这些指示似乎预见了与外层空间有关的国防政策的防御和进攻要求。这样的指示即使出现在小布什政府的国家太空政策中,或作为拉姆斯菲尔德太空委员会报告中的建议,也并无不妥。

"奥巴马《国家太空政策》"包含了一个小布什政府的国家太空政策中完全没有的概念——在外层空间的"责任"。[3] 虽然这可能只是一种说辞,但"负责任的"和"责任"在"奥巴马《国家太空政策》"中出现的频率非常高,因此这两个词的使用不太可能是无意为之或无关紧要的。实际上,"奥巴马《国家太空政策》"包含许多强调此概念重要性的指示。例如,美国"将采取各种措施来帮助确保所有负责任的参与方对太空进行利用",将通过"实施国内和国际措施来促进安全和负责任的太空活动",从而促进太空稳定并将"带头加强太空安全、稳定以及负责任的行为"。[4] 相反,美国反对在外层空间进行不负责任的行为:"太空能力现在无处不在且相互关联,世界对太空能力的依赖日益增加,这意味着在太空中进行不负责任的行为可能会给我们所有国家带来破坏性后果。"[5] 尽管"奥巴马《国家太空政策》"中没有详细说明如何处理这种"不负责任的行为",但其含义似乎是,美国可能会采取不确定的措施来阻止不负责任的参与方进入外层空间或在外层空间进行不负责

---

〔1〕 2010 NSP, 3.

〔2〕 2010 NSP, 13 – 14.

〔3〕 请注意,此概念与《外空条约》所引用的"国际责任"的国际法概念有很大不同。在"奥巴马《国家太空政策》"中,"责任"是指该词在字典中的定义,也就是说,各国在外层空间的行为应是值得信赖的、善意的、符合道德的、谨慎的。

〔4〕 2010 NSP, 3, 4, and 6.

〔5〕 2010 NSP, 1.

任的行为。

继奥巴马政府发布《国家太空政策》之后,国防部和国家情报主任办公室于2011年1月发布了《国家安全太空战略》。[1] 从国防的角度来看,《国家安全太空战略》建立在"奥巴马《国家太空政策》"的基础上。该战略指出美国的"国家安全目标"依赖于一系列战略,包括"促进以负责任、和平和安全的方式利用太空"、"防止和威慑对保障美国国家安全的太空基础设施发起的攻击",以及"做好准备挫败攻击并在降级的环境中开展活动"。[2]《国家安全太空战略》进一步呼应了"奥巴马《国家太空政策》",包括其战略目标中对"责任"的强调:

> 我们寻求一个安全的太空环境,在这个环境中,所有国家都可以在事故、分裂和蓄意干扰风险最低的情况下开展活动。我们寻求一个稳定的太空环境,在这个环境中,各国共同承担责任,作为太空域的管理者,遵守行为规范。我们寻求一个安全的太空环境,在这个环境中,负责任的国家可以进入太空并从太空活动中受益,而无须行使其固有的自卫权。[3]

同样,尽管提到了国际合作("所有国家都可以开展活动的安全太空环境"和"各国共同承担责任的稳定的太空环境"),但上文关于"负责任的国家"的最后一句似乎在暗示存在一些"不负责任的"国家,而美国不希望这些国家"进入太空并从太空活动中获益"。当然,这一点并没有明说,同时《国家安全太空战略》竭力——甚至在关于"防止和威慑对太空基础设施的攻击"和"做好准备挫败攻击并在降级的环境中行动"的部分——避免直接提及天基武器系统的发展和外层空间的进攻能力。[4] 另外,《国家安全太空战略》只

---

[1] "2011 National Security Space Strategy."
[2] "2011 National Security Space Strategy," 5.
[3] "2011 National Security Space Strategy," 4.
[4] See "2011 National Security Space Strategy," 10 – 11.

是重申了美国的标准声明,即它"将保留自卫反击的权利和能力"来应对任何攻击。[1]

(九)唐纳德·约翰·特朗普总统时期(2017~2021年)

唐纳德·约翰·特朗普于2016年11月当选总统,由于他在选举中的言辞让人琢磨不透,因此最初引发了人们对美国太空政策走向的猜测——这位新总统是否会在任期内将太空活动作为优先事项。一方面,在2016年大选前夕,候选人特朗普曾多次淡化美国的太空活动(或至少是民用太空活动);[2] 另一方面,在距离2016年11月8日总统选举仅有两周的时候,特朗普似乎在佛罗里达州的一次竞选活动中改变了自己的观点。特朗普批评奥巴马政府"极大地破坏了太空计划",声称如果当选总统,他的太空政策将"大幅扩大公私合作伙伴关系,最大限度地增加太空探索和开发的投资和资金"。[3] 特朗普甚至雄心勃勃地表示,他将"使美国国家航空航天局摆脱主要作为一个保障近地轨道活动的后勤机构的限制……而是将把它的使命重新聚焦于太空探索"。[4] 在国家安全领域,特朗普的政策顾问罗伯特·沃克(Robert Walker)和彼得·纳瓦罗(Peter Navarro)坚持认为,特朗普的太空安全政策应侧重于"降低我们目前的脆弱性,并确保我们的军事指挥部拥有执行任务所需的太空工具",开发"有可能彻底改变战争的新兴技术",以及鼓励与太空私营部门建立更广泛的军事伙伴关系,"这将降低成本,同时相较于目前已过时

---

[1] "2011 National Security Space Strategy," 10.

[2] 有一次,特朗普在回答一个10岁男孩关于美国国家航空航天局的问题时说,"现在,我们有比美国国家航空航天局更大的问题。我们有很多地方需要修补,但我们的钱并不多。"Jenna Johnson, "Donald Trump tells 10 - year-old that 'space is terrific' but potholes are more important," *Washington Post*, Nov. 11, 2015, https://www.washingtonpost.com/news/post-politics/wp/2015/11/11/donald-trump-tells - 10 - year-old-that-space-is-terrific-but-potholes-are-more-important/.

[3] Marcia Smith, "Trump:'I Will Free NASA' From Being Just a LEO Space Logistics Agency," *Space Policy Online*, Oct. 25, 2016, https://spacepolicyonline.com/news/trump-i-will-free-nasa-from-being-just-a-leo-space-logistics-agency/#.WA_vvNbDfd8.twitter.

[4] Smith, "Trump:'I Will Free NASA' From Being Just a LEO Space Logistics Agency."

的军事采购程序,能够更快地实现新进展"。[1]

就职后,特朗普总统最初在太空政策领域进展缓慢。虽然在就职5个月后,他发布了一项行政命令,重组国家太空委员会(一个由副总统担任主席的行政分支委员会,旨在就外层空间政策和战略向总统提供建议),但在其总统任期的大部分时间里,特朗普基本上是在奥巴马政府之前发布的国家太空政策下开展工作。[2] 特朗普总统直到其任期末才发布了国家太空政策,他没有在执政早期制定自己的综合性国家太空政策,而是以简短的国家太空战略和一些太空政策指令的形式发布了太空政策指导。例如,[3]《第1号太空政策指令》只修改了2010年"奥巴马《国家太空政策》"中的一个段落,这表明特朗普政府早期就采用了奥巴马政府制定的总体政策。[4]

特朗普总统在任期内颁布的另外六项太空政策指令中,有五项主要是针对特定主题的政策。《第2号太空政策指令:简化太空商业使用条例》,顾名思义,是侧重于简化私营太空运营的许可条例,以及修订与商业遥感和无线电频谱使用有关的条例,使其更有利于私营企业。[5] 以"为安全、稳定和可持续运行的太空环境创造条件"为目标,《第3号太空政策指令:国家太空交通管理政策》详细阐述了提高美国跟踪及共享外层空间物体数据能力的

---

[1] Robert S. Walker and Peter Navarro, "Op-ed | Donald Trump's 'peace through strength' space vision," *Space News*, Oct. 24, 2016, https://spacenews.com/op-ed-donald-trumps-peace-through-strength-space-doctrine/.

[2] President Donald J. Trump, "Presidential Executive Order on Reviving the National Space Council," WhiteHouse.gov, June 30, 2017, https://trumpwhitehouse.archives.gov/presidential-actions/presidential-executive-order-reviving-national-space-council/.

[3] See U.S. Office of Space Commerce, "Space Policies," https://www.space.commerce.gov/policy/ (last visited Sept. 17, 2021).

[4] President Donald J. Trump, "Presidential Memorandum on Reinvigorating America's Human Space Exploration Program," WhiteHouse.gov, Dec. 11, 2017, https://trumpwhitehouse.archives.gov//presidential-actions/presidential-memorandum-reinvigorating-americas-human-space-exploration-program/.

[5] President Donald J. Trump, "Space Policy Directive – 2, Streamlining Regulations on Commercial Use of Space," Trump White House Archives, May 24, 2018, https://trumpwhitehouse.archives.gov/presidential-actions/space-policy-directive–2–streamlining-regulations-commercial-use-space/.

政策。[1]《第5号太空政策指令:面向太空系统的网络安全原则》鼓励太空系统运营商为其空间物体开发更强大的网络安全系统,以"减少不断演化的恶意网络活动"。[2]《第6号太空政策指令:空间核电推进国家战略》探讨了核能作为航天器推进手段的问题,并最终阐述了美国的目标——开发和使用安全、可持续的核技术,为未来太空任务提供动力。[3] 最后,特朗普总统在卸任前5天发布的《第7号太空政策指令:美国天基定位、导航与授时政策》,指示持续推进美国 GPS 的"维护和现代化",并发展保护 GPS 资产免受干扰的能力。[4]

然而,从国家安全的角度来看,特朗普政府最重要的太空政策可以在以下文件中找到:《国家太空战略》、2018年12月签署的一份指示重组美国太空司令部的备忘录,以及《第4号太空政策指令》(这最终促使组建了美国太空军)。特朗普总统的《国家太空战略》将美国在外层空间的国家安全牢牢定位在民族主义和竞争的方向上,这不仅超过了小布什政府或奥巴马政府的国家太空政策,甚至超过了国防部和国家情报主任办公室在2011年发布的《国家安全太空战略》(见上文)。特朗普总统的《国家太空战略》强调了"美国在太空中优先"原则(特朗普总统"美国优先"政策的星际版本)以及"通过美国精

---

[1] President Donald J. Trump, "Space Policy Directive – 3, National Space Traffic Management Policy," Trump White House Archives, Jun. 18, 2018, https://trumpwhitehouse.archives.gov/presidential-actions/space-policy-directive – 3 – national-space-traffic-management-policy/.

[2] President Donald J. Trump, "Memorandum on Space Policy Directive – 5—Cybersecurity Principles for Space Systems," Trump White House Archives, Sept. 4, 2020, https://trumpwhitehouse.archives.gov/presidential-actions/memorandum-space-policy-directive – 5 – cybersecurity-principles-space-systems/.

[3] President Donald J. Trump, "Memorandum on the National Strategy for Space Nuclear Power and Propulsion (Space Policy Directive – 6)," Trump White House Archives, Dec. 16, 2020, https://trumpwhitehouse.archives.gov/presidential-actions/memorandum-national-strategy-space-nuclear-power-propulsion-space-policy-directive – 6/.

[4] President Donald J. Trump, "Memorandum on Space Policy Directive 7," Trump White House Archives, Jan. 15, 2021, https://trumpwhitehouse.archives.gov/presidential-actions/memorandum-space-policy-directive – 7/.

神实现太空卓越"原则。[1] 更重要的是,该战略"认识到美国的竞争对手和敌手已经将太空变成了一个作战领域",美国将"通过实力来保证和平",并"寻求威慑、反击和挫败太空域中不利于美国及其盟友国家利益的威胁"。[2] 虽然特朗普总统的《国家太空战略》的四个"支柱"("向更具弹性的太空架构转型";"加强威慑和作战选项";"提高基础能力、结构和流程";"营造有利的国内和国际环境")与前几届政府的国家太空政策中描述的战略并没有太大区别,[3] 但该战略其余部分的民族主义和好战色彩表明,特朗普政府已公开接受外层空间是一个存在冲突和竞争的区域,而前几届政府避免谈这一点。

基于太空战略对太空相关国家安全威胁的关注,特朗普总统在 2018 年 12 月向国防部长詹姆斯·马蒂斯(James Mattis)签发了一份备忘录,指示建立一个新的职能型作战司令部:美国太空司令部。[4] 正如我们在前文提到的

---

[1] "President Donald J. Trump is Unveiling an America First National Space Strategy," WhiteHouse. gov(Mar. 23, 2018), https://trumpwhitehouse. archives. gov/briefings-statements/president-donald-j-trump-unveiling-america-first-national-space-strategy/.

[2] "President Donald J. Trump is Unveiling an America First National Space Strategy," WhiteHouse. gov(Mar. 23, 2018), https://trumpwhitehouse. archives. gov/briefings-statements/president-donald-j-trump-unveiling-america-first-national-space-strategy/.

[3] "President Donald J. Trump is Unveiling an America First National Space Strategy," WhiteHouse. gov(Mar. 23, 2018), https://trumpwhitehouse. archives. gov/briefings-statements/president-donald-j-trump-unveiling-america-first-national-space-strategy/.

[4] See President Donald J. Trump, "Text of a Memorandum from the President to the Secretary of Defense Regarding the Establishment of the United States Space Command," WhiteHouse. gov(Dec. 18, 2018), https://trumpwhitehouse. archives. gov/briefings-statements/text-memorandum-president-secretary-defense-regarding-establishment-united-states-space-command/. 应该指出的是,特朗普总统重建美国太司令部的决定绝不令人意外。2018 年 8 月,在一份关于国防部外层空间机构"组织和管理结构"的报告中,就已经建议重组太空司令部,这是在前一年的《国防授权法案》中提出的。See Department of Defense, Final Report on Organizational and Management Structure for the National Security Space Components of the Department of Defense, Report to Congressional Defense Committees(Aug. 9, 2018), available at https://media. defense. gov/2018/Aug/09/2001952764/-1/-1/1/ORGANIZATIONAL-MANAGEMENT-STRUCTURE-DOD-NATIONAL-SECURITY-SPACE-COMPONENTS. PDF. 此外,国会已经在着手重建美国太空司令部[(尽管是作为美国太空司令部的一个下属联合司令部),并且在特朗普总统签发备忘录之时,已经就此通过了立法(2019 财年《国防授权法案》)]。See John S. McCain National Defense Authorization Act for Fiscal Year 2019, Pub. L. No. 115-232, § 1601, 132 Stat. 2101-04(2018), https://www. congress. gov/115/plaws/publ232/PLAW-115publ232. pdf.

那样,"新组建"的美国太空司令部实际上就是将之前的美国太空司令部重组了起来,之前的美国太空司令部建立于里根政府期间,"9·11恐怖袭击事件"后在小布什政府期间被解散。特朗普总统的备忘录使 2002 年合并的美国太空司令部与美国战略司令部重新分离,并指示美国太空司令部履行:"(1) 联合作战司令部的所有一般职责;(2) 之前分配给美国战略司令部的太空相关职责;(3) 联合部队提供方和联合部队训练方对太空作战部队负有的职责。"[1] 美国太空司令部于 2019 年 8 月 29 日正式重建,由空军约翰·雷蒙德(John Raymond)将军担任司令。[2]

特朗普总统于 2019 年 2 月发布的《第 4 号太空政策指令》可能是关于外层空间的军事和国防思想的高潮。该指令指示建立一支太空军,"作为美国武装部队的第六分支,隶属空军部"。[3] 在《第 4 号太空政策指令》的基础上,国防部制定了一项关于美国太空军编制结构的立法提案,经国会通过,作为 2020 财年《国防授权法案》(2020 年《国防授权法案》)的一部分,并于 2019 年 12 月 20 日由特朗普总统签署成为法律。[4] 依照 2020 年《国防授权法案》,美国将在空军部组建美国太空军——基本上是将空军太空司令部重新定名为美国太空军,并将其转变为一个独立的军种[5],其职责包括:"保护美国在太空的利益";"防止太空内、来自太空及针对太空的攻击";"开展太空活

---

[1] President Donald J. Trump, "Text of a Memorandum from the President to the Secretary of Defense Regarding the Establishment of the United States Space Command," *WhiteHouse. gov* (Dec. 18, 2018), https://trumpwhitehouse. archives. gov/briefings-statements/text-memorandum-president-secretary-defense-regarding-establishment-united-states-space-command/.

[2] See Sandra Erwin, *Trump formally reestablishes U. S. Space Command at White House ceremony*, *SpaceNews. com*, Aug. 29, 2019, https://spacecom. com/usspacecom-officially-re-established-with-a-focus-on-defending-satellites-and-deterring-conflict/.

[3] President Donald J. Trump, "Text of Space Policy Directive – 4: Establishment of the United States Space Force," Trump White House Archives, Feb. 19, 2019, https://trumpwhitehouse. archives. gov/presidential-actions/text-space-policy-directive – 4 – establishment-united-states-space-force/.

[4] National Defense Authorization Act for Fiscal Year 2020, S. 1790, 116th Cong. § § 951 – 961 (2019), https://www. govinfo. gov/content/pkg/BILLS – 116s1790enr/pdf/BILLS – 116s1790enr. pdf.

[5] NDAA 2020 § 952(a).

动"。[1]已经担任美国太空军司令的雷蒙德将军于2020年1月14日宣誓就任美国太空军的第一任太空作战部长(美国太空军高级军官,后来成为参谋长联席会议成员)。[2]从那时起,雷蒙德将军、美国空军和美国太空军就一直致力于建立这个新军种的编制和部队结构。2020年2月初的一份报告中初步讨论了这些问题,提供了关于新军种编制和行动的更多细节,正如我们将在第四章进一步讨论的那样,自那以后,这些问题一直在持续演变。[3]虽然美国太空军的最终形式、编制和使命仍在继续演变,但特朗普政府创建这个新军事分支的做法符合最初由拉姆斯菲尔德太空委员会报告提出并在小布什和奥巴马时代的太空安全政策中进一步成形的太空民族主义观点。

正如本部分前面提到的,特朗普政府在其执政的大部分时间里,基本上是按照"奥巴马《国家太空政策》"开展工作的。直到2020年12月9日,在2020年大选后的"跛脚鸭"时期,特朗普总统的国家太空政策才最终出炉。与更具民族主义色彩的国家太空战略不同,特朗普总统的国家太空政策回归了"奥巴马《国家太空政策》"更加以国际为导向的措辞。与"奥巴马《国家太空政策》"一样,特朗普总统的国家太空政策强调了符合国际空间法的美国太空政策和太空活动的关键原则,包括:"所有国家都有权利为和平目的及全人类的利益探索和利用太空";"所有国家的太空系统有权在不受干扰的情况下在太空中航行及运行";"外层空间……不得由国家通过主权申索、利用、占领或任何其他方式而据为己有"。[4]

---

[1] NDAA 2020 § 952(b)(4) [10 U.S.C. § 9081(d), amended].

[2] See Rachel S. Cohen, "Raymond Sworn In as First Space Force Chief," Air Force Magazine (Jan. 14, 2020), https://www.airforcemag.com/raymond-sworn-in-as-first-space-force-chief/.

[3] See generally U.S. Department of the Air Force, Comprehensive Plan for the Organizational Structure of the U.S. Space Force, Report to Congressional Committees, Feb. 2020, https://www.airforcemag.com/app/uploads/2020/02/Comprehensive-Plan-for-the-Organizational-Structure-of-the-USSF_Feb-2020.pdf.

[4] National Space Policy of the United States of America, Trump White House Archive, Dec. 9, 2020, https://trumpwhitehouse.archives.gov/wp-content/uploads/2020/12/National-Space-Policy.pdf, at 3 (hereinafter "2020 National Space Policy").

正如我们在上面看到的,特朗普的国家太空政策相当标准地陈述了关键的太空法原则,但比这更令人惊讶的是,与其前任们的国家太空政策有意鼓励制定外层空间负责任行为的标准相比,特朗普总统的国家太空政策发生了极大转变。小布什总统曾主张冻结具有和不具有约束力的现有国际空间法框架,奥巴马总统则将重点转向了负责任行为在外层空间活动中的重要性,而特朗普总统的国家太空政策实际上主张建立新的自愿性法律框架。例如,美国应该:

> 通过推动制定外层空间负责任行为的框架,包括实行和有效实施最佳做法、标准和行为规范,牵头加强太空的安全、稳定、可靠和长期可持续性。[1]

在国家太空政策的更深层面,特朗普总统指示国务卿"与志同道合的国际伙伴合作,建立关于安全和负责任行为的标准"。[2] 同样,在更深层面,特朗普总统的国家太空政策指示美国即使在与国家安全有关的太空行动中也要"表现出负责任的行为"[3](我们很快就会看到,这种对"负责任行为"的强调将延续到拜登政府)。

事实证明,对于特朗普总统和他的政府来说,2020 年颁布的国家太空政策是以一种不寻常且使人乐于接受的方式来为美国太空政策的制定画上句号。与特朗普总统的许多公开声明不同,国家太空政策是一份深思熟虑的政策文件,认为美国及其盟友需要作出更大的国际努力,从而创造和维护一个"安全、稳定、可靠和可持续的太空活动环境"。[4] 这份报告在特朗普政府任期即将结束之际发布,为拜登政府提供了一个坚实的框架,使其得以在此基础上继续前进。

---

[1] 2020 National Space Policy, 12.
[2] 2020 National Space Policy, 14.
[3] 2020 National Space Policy, 27.
[4] 2020 National Space Policy, 5.

(十)小约瑟夫·R. 拜登总统时期(2021年至今)

小约瑟夫·R. 拜登总统于2021年1月20日就职时,有些人怀疑他是否会继续支持特朗普总统的太空政策,特别是组建作为美国武装部队第六分支的太空军。然而,到目前为止,特朗普政府和拜登政府在外层空间问题上的共识远超预期。在宣誓就职后的两周内,拜登总统就表示"全力支持"太空军,同时白宫新闻秘书珍·普萨基(Jen Psaki)明确表示,拜登政府不会"重新审视组建太空军的决定"。[1] 此外,拜登政府还一直支持特朗普总统在2017年6月重新成立的国家太空委员会,[2]以及美国国家航空航天局的"阿尔忒弥斯计划",该计划是特朗普政府的一个民用太空计划,其目标是在2024年前使宇航员重返月球。[3] 事实上,两个政府的空间政策如此契合,以致外层空间是拜登政府愿意承认其与特朗普政府达成总体共识的少数领域之一。[4]

除继续支持特朗普的旗舰太空计划外,拜登总统还延续了此前奥巴马政府和特朗普政府的努力——制定了一个更加清晰的与外层空间负责任行为相关的框架。拜登政府的国防部长劳埃德·奥斯汀(Lloyd Austin)于2021年7月发布了一份备忘录,确立了负责任行为的五项原则,国防部各部门在进行太空活动时需要遵守这些原则。这些原则包括:(1)"开展在太空、从太空出发、到太空及穿行于太空的活动时,要适当顾及其他国家,并以专业的方式行事";(2)"限制产生长期存在的空间碎片";(3)"避免产生有害干扰";(4)"保

---

[1] Sandra Erwin, "White House: Space Force 'absolutely has the full support of the Biden administration,'" *Space News*, Feb. 3, 2021, https://spacenews.com/white-house-space-force-absolutely-has-the-full-support-of-the-biden-administration/.

[2] Sandra Erwin, "Biden administration to continue the National Space Council," *Space News*, Mar. 29, 2021, https://spacenews.com/biden-administration-to-continue-the-national-space-council/.

[3] Christian Davenport, "The Biden administration has set out to dismantle Trump's legacy, except in one area: Space," *Washington Post*, Mar. 2, 2021, https://www.washingtonpost.com/technology/2021/03/02/biden-space-artemis-moon-trump/.

[4] C-SPAN, "White House Daily Briefing," Mar. 30, 2021, https://www.c-span.org/video/?510369-1/white-house-press-secretary-covid-19-report-lacks-crucial-data.

持安全分离和安全轨迹";(5)"保持沟通、互通信息,以增强太空域的安全性和稳定性"。[1]

美国在国际舞台上的活动进一步补充了"负责任行为原则"等国内政策,延续了特朗普政府支持建立负责任行为规范和原则的国际努力。2021年9月初,美国在联合国大会第一委员会上与英国共同提出了一项由英国拟定的关于负责任行为的决议草案。[2] 英国的提案呼吁建立一个开放式的联合国工作组,负责:

(1)评估国家行为对外层空间构成威胁的现有国际法律框架和其他规范性框架;

(2)考虑各国目前和未来对太空系统的威胁,以及可被视为不负责任的行动、活动和疏漏;

(3)就各国对太空系统的威胁可能采取的负责任行为的规范、规则和原则提出建议,包括适当地促进具有法律约束力的文书的谈判,包括防止外空军备竞赛文书的谈判;

(4)向联大第78届会议提交报告。[3]

2021年11月1日,第一委员会以压倒性优势批准了美国支持的英国提案(163票赞成,8票反对,9票弃权),很可能会在2022年年底召开的联合国大会投票中获得通过。英国、美国及其一些西方盟友的这一国际努力表明,更明确的负责任太空行为原则得到了国际社会的广泛支持——美国打算继

---

[1] Secretary of Defense Lloyd Austin, "Memorandum: Tenets of Responsible Behavior in Space," Media.Defense.Gov, July 7, 2021, https://media.defense.gov/2021/Jul/23/2002809598/-1/-1/0/TENETS-OF-RESPONSIBLE-BEHAVIOR-IN-SPACE.PDF.

[2] Theresa Hitchens, "Exclusive: UK Pushes New UN Accord On Military Space Norms," Breaking Defense, Sept. 13, 2021, https://breakingdefense.com/2021/09/exclusive-uk-pushes-new-un-accord-on-military-space-norms/.

[3] "Agenda item 98 (d) Prevention of an arms race in outer space: reducing space threats through norms, rules and principles of responsible behaviours," U.N. General Assembly, 76th Sess., U.N. Doc. A/C.1/76/L.52, Oct. 14, 2021.

续领导这项原则的发展。

拜登政府在外层空间的早期成功,特别是在进一步发展负责任行为的规范方面,并非没有遇到挑战。美国的国际竞争对手一直反对美国在巩固太空行为规范方面所作的努力。俄罗斯和中国均投票反对英国提出的设立开放式的外空负责任行为工作组的提议。鉴于工作组要在达成共识的基础上才能开展工作的规定,目前尚不清楚俄罗斯和中国的持续反对是否会阻碍工作组的运作,就像之前因缺乏共识而阻碍了联合国裁军会议在太空相关问题上取得进展一样,或者再往前追溯,联合国外空委在苏联不合作的最初几年也是如此。

也许比在联合国使用政治手段更重要的是,2021年11月15日,俄罗斯进行了一次破坏性直升式动能反卫星试验,击毁了一颗俄罗斯已废弃的电子/信号情报卫星——"宇宙-1408"号。[1] 俄罗斯的这次反卫星试验产生了1500多块可跟踪太空碎片,以及数量不明、无法跟踪的微小碎片,在撰写本书时,国际空间站的宇航员和航天员已经不得不在空间碎片可能撞击国际空间站的威胁下启动其"安全港"协议。[2] 虽然俄罗斯进行试验的动机尚不清楚,但考虑这次反卫星试验日期接近联合国大会第一委员会的投票日期,以及拜登政府宣布鼓励外层空间负责任行为政策目标的日期,这次试验或可解读为俄罗斯的一项政治声明,即抵制、反对美国和西方关于在外层空间采取负责任行为的建议。

---

[1] Antony J. Blinken, U. S. Secretary of State, "Press Statement: Russia Conducts Destructive Anti-Satellite Missile Test," U. S. Department of State, Nov. 15, 2021, available at https://www. state. gov/russia-conducts-destructive-anti-satellite-missile-test/. See also David Todd, "ISS alarm caused by threatening debris cloud which Russia created via an Anti-Satellite (ASAT) missile strike on dead Cosmos 1408 satellite (Updated)," *Seradata Space Intelligence*, Nov. 15, 2021, https://www. seradata. com/iss-alarm-caused-by-threatening-debris-cloud-which-russia-may-have-created-via-an-anti-satellite-asat-missile-strike-on-dead-cosmos-1408-satellite/.

[2] Todd, "ISS alarm caused by threatening debris cloud which Russia created via an Anti-Satellite (ASAT) missile strike on dead Cosmos 1408 satellite (Updated)," *Seradata Space Intelligence*, Nov. 15, 2021, https://www. seradata. com/iss-alarm-caused-by-threatening-debris-cloud-which-russia-may-have-created-via-an-anti-satellite-asat-missile-strike-on-dead-cosmos-1408-satellite/.

随着拜登总统和他的政府继续发展美国的太空政策,并在国际舞台上推动制定新的、覆盖范围广的法律原则来管理外层空间行为,俄罗斯、中国和其他美国竞争对手构成的挑战将必须得到解决。能否说服这些国家遵守负责任行为的标准,几乎肯定会对美国如何在外层空间开展活动以及美国在多大程度上愿意将自己束缚于与此相悖的没有约束力的行为规范方面起到重要作用。

(十一)安全背景下的美国国内太空立法

本部分主要从美国政府行政部门的角度论述美国的太空政策——主要是美国的太空安全政策。这种行政角度源于后"斯普特尼克1号"时代美国总统政府(及美国国防部这一主要负责安全的行政机构)的声明、政策目标、战略文件和国家太空政策,为了解美国对外层空间利用问题的总体看法以及对国际空间法制度关键要素的解释提供了一个重要窗口。正如我们所看到的,美国在这一法律制度的发展中发挥了关键作用,且很少有人会否定美国的政策,如艾森豪威尔总统在《国家安全委员会第5520号文件》中提出的关于发展"太空自由"和太空域飞越权的政策目标,就对国际法律要求的发展作出了重大贡献。

也就是说,政策与法律之间的区别是一个复杂的问题,在现代美国可能尤其如此。尽管表面上受到宪法规定的美国政府行政、立法和司法部门之间"三权分立"的约束,但各部门之间以及联邦行政机构内部立法职能的融合程度越来越高,有时联邦行政机构被视为政府的"第四"分支。[1] 鉴于政策在指导实际政府行为和行动方面所发挥的重要作用——无论是在行政政府机构内部还是外部,有些法学理论家认为,政府政策(主要由行政部门和管理机

---

[1] 许多评论员和法律学者都提倡这种关于行政机构的观点,但有两个例外,一个离现在较远,另一个离现在较近,see: Kevin B. Smith and Michael J. Licari, *Public Administration: Power and Politics in the Fourth Branch of Government* (Oxford: Oxford University Press, 2006); Peter L. Strauss, "The Place of Agencies in Government: Separation of Powers and the Fourth Branch," *Columbia Law Review*, vol. 84, no. 3 (1984), pp. 574–669.

构阐明,但在某种程度上,也在政府其他部门的公告中得到阐明)和法律(传统上由立法部门颁布,并由司法部门解释或进一步阐述)之间已不再存在有意义的区别。[1] 还应该指出,总统作为武装部队[2]总司令的这一宪法角色赋予了美国行政部门对军事活动的广泛权力——就我们目前讨论的目的而言,这些军事活动包括太空军事活动,还可能会解释正式国际法律义务将如何以及何时影响此类太空军事活动——尽管传统上不认为这种权力具有"制定法律"的性质或本质上具有立法性。因此,本章中讨论的所有行政政策在何种程度上构成任何传统意义上的"法律"是极其模糊的。尽管这些总统政策和总统指令对美国在外层空间或与外层空间有关的实际行为/行动的贡献而言,确实有助于美国的"国家实践"——这是国际习惯法的关键组成部分,它可与法律确信一起最终建立新的法律义务。

在美国,与外层空间安全问题相关的行政政策如此重要的部分原因是,美国的国内空间法[那些经过国会(立法机构)颁布和总统(行政机构)批准的、适用于整个联邦范围的立法法案]和法规(那些主要由行政机构颁布的法规,用于规范法律或立法的实际执行)对关键的太空安全问题或国际空间法的解释相对较少。正如我们所看到的,美国与太空有关的首部国内法,即1958年颁布的《国家航空航天法》指出,"美国的政策是,太空活动应致力于

---

〔1〕 关于法律/政策二分法的精彩讨论可以在西奥多·J. 洛维(Theodore J. Lowi)教授在2002年11月《康奈尔法律与公共政策期刊》研讨会上的主题演讲中找到,该演讲后来发表于该期刊。Theodore J. Lowi, "Law vs. Public Policy: A Critical Exploration," *Cornell Journal of Law & Public Policy*, vol. 12: 493 (Summer 2003). 在讨论"法律"、"政策"和"行政"概念的演变时,洛维指出,"实际上,被定义为'国家意志的表达'的'政策',本质上是'政策'的定义,是对'立法者所做工作'的描述,而'行政'是对'政府所做工作'的描述。随着20世纪的消逝,政府特别是国家政府,规模变得越来越大,分化也越来越严重,出现了两个相关的平行发展:(1)政治/行政二分法被摒弃,取而代之的是一个持续的政治过程,一个'无缝网络',在这个过程的每一步都会制定法律(或政策);(2)法律与政策之间的界限也被抹去,从所有实际目的来看,这两者已成为同义词"。Lowi, "Law vs. Public Policy," *Cornell Journal of Law & Public Policy*, p. 496. While Lowi's discussion.

〔2〕 US Constitution, art. II, sec. 2 ("The President shall be Commander in Chief of the Army and Navy of the United States, and of the militia of the several States, when called into the actual service of the United States").

造福全人类的和平目的",[1]并在其案文中多次提到"和平"利用或"和平目的"。然而,国会仅在该法案"政策与目的"部分的一小段中指出,"要实现美国的总体福利和安全,就需要为航空和太空活动提供足够的经费",以及"与武器系统开发、军事行动或美国国防有关的特殊或主要活动……应由国防部负责并指导"。[2] 换句话说,在国会承认"和平目的"原则的同时,它还在考虑在太空环境中开展"军事行动",甚至"发展武器系统"!因此,虽然人们尚不清楚"和平目的"一词的含义以及国会关于美国太空军事活动的全部意图,但人们明显——事实上,非常明确地——认识到美国将出于国家安全甚至军事目的利用外层空间。无论国会关于"和平目的"与国家安全之间区别的最终意图是什么,从实际的角度来看,艾森豪威尔政府及随后的总统政府在太空军事活动方面均未从实质意义上受到《国家航空航天法》中相关表述的约束。国会在随后对该法的修正案中并没有澄清其关于"和平"利用的意图,也没有通过其他立法来制约这方面的行政或军事行动,这一事实很可能表明国会批准了这种活动。[3] 虽然美国随后的国内空间法律和法规很少涉及太空安全问题,或对"和平利用""和平目的"等国际空间法术语的解释,但下文将讨论在这一领域具有潜在影响的几个问题。

美国的国内太空法大多涉及外层空间的商业用途。一些涉及商业太空活动的关键立法包括最初的1984年《商业太空发射法案》(《公法98-575》)及其1988年修正案(《公法100-657》)[4]、1998年《商业航天法案》(《公法105-303》),[5]以及2015年《商业太空发射竞争力法案》(《公法114-90》),所有这些已成为《美国法典》第51编"国家和商业航天项目"的一部分(自1958年以来经过多次修订的《国家航空航天法》现已编入第51

---

[1] National Aeronautics & Space Act of 1958, § 102(a).

[2] National Aeronautics & Space Act of 1958, § 102(b).

[3] 事实上,在颁布与太空安全问题直接相关的立法(如2020财年《国防授权法案》,该法案组建了太空军,我们将在第四章详细讨论)时,国会的行动倾向于认可行政部门对太空安全相关国际法的解释。

[4] 现在主要载于51 USC §§ 50901-50923。

[5] 51 USC §§ 50101-50134(对原始法案略有修改)。

编）。[1] 这些国内空间法的规定表明,根据《外空条约》第6条的规定,美国有义务授权和持续监督非政府实体的太空活动。然而,它们同样没有阐述外层空间更广泛的安全或军事问题。可能有一个例外(尽管不太切题),就是相对较新的2015年《商业太空发射竞争力法案》中的一项条款。该条款赋予美国公民"获取、占有、运输、利用和出售"任何小行星或太空资源的权利。[2] 虽然这项规定只赋予了商业回收太空资源的权利,但《外空条约》第2条规定的与国家占有有关的更广泛更问题,不仅涉及资源开采,而且有可能涉及最终允许就地开采此类资源的采矿作业区域,这些问题牵涉国家对外层空间资源丰富地区的控制问题。此类国家控制问题最终可能涉及各国的愿望甚至需要以军事力量保护太空采矿/资源开采活动。也许更重要的是,2015年《商业太空发射竞争力法案》中的资源开采条款也表明,美国愿意以有利于其预期国家利益的方式来解释《外空条约》未定义或未制定的方面,就像美国和其他国家根据国际空间法处理军事导向的太空问题时所做的那样。

美国国内的一系列法律法规与外层空间军事用途和"和平目的"问题更加相关,其中一个例子是《国际武器贸易条例》(或ITAR)制度。《国际武器贸易条例》制度受美国联邦立法(特别是1976年《武器出口管制法》)[《美国法典》第22编第2778节(《公法94-329》)][3] 和总统行政命令(奥巴马总统在2013年签署的"第13637号行政命令"[4])的共同管制。简言之,《国际武器贸易条例》允许总统控制和限制"国防物品和国防服务"的进出口,这些物品或服务出口到某些国家可能损害美国的国家安全利益。[5] 此类指定的"国防物品"和"国防服务"被列入《美国联邦法规》第22篇第121部分所载的"美国军需品清单"。"美国军需品清单"上的项目包括某些航天器和相关外

---

[1] 51 USC §§ 20101-20164.

[2] 51 USC § 51303.

[3] 22 USC § 2778.

[4] Barack Obama, "Executive Order 13637—Administration of Reformed Export Controls," Mar. 8, 2013, available at https://www.govinfo.gov/content/pkg/DCPD-201300143/pdf/DCPD-201300143.pdf.

[5] See 22 CFR § 120.1.

层空间技术,如第十五类:航天器,包括卫星和太空飞行器,无论是用于开发、实验、研究或科学目的,还是最终用于商业、民用或军事用途,且:(1)专门设计用于减轻核爆炸的影响(如闪光)或用于探测核爆炸;(2)利用成像、红外、雷达或激光系统,实时自主探测和跟踪除天体以外的地面、空中、空间移动物体或导弹;(3)开展信号情报或监测情报活动;(4)专门设计用于卫星星群或编队,当这些星群或编队共同运行时,其会大致或实质上组成一颗具备其他项目特征或功能的虚拟卫星(如起到类似卫星的作用);(5)属于反卫星或反航天器(如动能、射频、激光、带电粒子)系统;(6)配有空对地武器系统(如动能或定向能武器);(7)具有光电遥感能力或特性。[1]

已经有很多文章写了关于《国际武器贸易条例》制度应用于外层空间技术的相关知识和效力。然而,这里的重点是,"美国军需品清单"提供了一个窗口,使美国能够了解到,何种军事或国防技术是合法的,可以由自己的私营公司或政府研究实验室开发。限制或至少严格控制各种类型的"反卫星"或"反航天器"系统或"空对地武器系统"等空间技术的出口,似乎预先假定这些技术正在——或至少可以合法地——由美国工程师和科学家开发。这意味着,在《国际武器贸易条例》的立法和监管发展过程中,人们认识到,根据美国对国际外层空间法的理解,一些相当重要的军事导向的技术(即使并非完全武器化的技术)是得到允许的。虽然在《武器出口管制法》或奥巴马总统"第13637号行政命令"中没有广泛讨论空间法或"和平利用"/"和平目的"原则,但美国对广泛允许外层空间用于军事用途的思想似乎促使这种广泛的、军事导向的空间技术被列入"美国军需品清单"。

如本部分开头所述,美国国内空间法在很大程度上回避直接讨论或监管美国对外层空间的军事利用。在某种程度上,美国法律已经探讨了"和平目的"原则,而且这些原则已经体现在美国政治领导人(以及美国国防部等组织)对美国外层空间利用政策的一贯表述中(如1958年《国家航空航天法》),但在大部分情况下,仍然没有对这些原则进行明确界定,而且这些原则并未

―――――――

〔1〕 22 CFR § 121.1, "Category XV."

对美国以军事为导向的太空活动提供有效的约束。美国国内的其他空间法（如《国际武器贸易条例》制度中与空间有关的规定和出口限制）可能没有明确讨论或提及美国对其国际空间法义务的基本看法，但似乎承认并支持美国对大体上宽松的太空军事环境的总体看法，以及对"和平利用"/"和平目的"的"非侵略性"解释，这是自20世纪60年代以来美国在太空军事问题上的行动特点。

四、结语

"太空时代"——通常是指从苏联发射"斯普特尼克1号"人造卫星到今天的这段时间——已经见证了太多改变世界的事件。随着外层空间向人类敞开大门，供人类利用和探索，以及人类进入和利用外层空间的能力创造了全新的可能性，外层空间和外层空间安全在美苏关系中扮演重要角色也就不足为奇了。本章表明，美国或至少是美国军方，在二战结束后不久就认识到外层空间的潜力和前景，但美国直到近10年后才制定了关于利用外层空间的国家政策。这些政策的设计师是艾森豪威尔总统，他高瞻远瞩，甚至在"斯普特尼克1号"人造卫星发射之前就已经开始制定美国的太空政策。我们已经看到，苏联历史性的卫星发射是如何促使艾森豪威尔政府进一步发展其外层空间政策的，使其最终在国际层面建立了一个旨在指导国际外层空间政策发展的联合国组织（联合国外空委），并在国家层面制定了多份国家太空政策文件，这些文件在后来的几十年塑造了美国太空政策和太空安全政策的框架。

在冷战的剩余时间里，美国的太空政策沿着国家和国际两条路线双轨发展，以维护其在外层空间方面的利益并确保其安全。美国的国家和国际活动可以被看作一个领域——在这个领域内，随着时间的推移，美国的太空政策在很大程度上坚定不移地朝着国家目标的方向发展。特别是在太空时代的初期，通过艾森豪威尔总统的努力，以及亨利·卡伯特·洛奇大使在联合国所做的工作,美国的政策更加侧重于国际主义。在其他时期,美国似乎在以同样的方式同时追求国家和国际路线。这一点在肯尼迪政府和约翰逊政府时期表现得尤为明显。当时美国以载人登月为目标,在外层空间与苏联"竞赛",目的是重建国家信心和自豪感,同时努力争取并实现国际社会就规范人类和国家外层空间活动的基本法律原则达成共识。到20世纪60年代末,美国在这两条路线上均取得了成功:批准及通过了《外空条约》,并成功实施了"阿波罗11号"载人登月任务。20世纪60年代末70年代初,随着其他外空条约(指《营救协定》《责任公约》和《登记公约》)的批准,国际外层空间法得到巩固,但随着对苏联的温和政策在福特政府时期开始瓦解,美国的外层空间政策开始转向民族主义。尽管后来的几任总统作出了试探性的努力(如卡特总统寻求缔结反卫星条约,奥巴马总统在其国家太空政策中重新使用了更多的国际主义措辞),但这种民族主义转向已形成一种趋势,美国的太空政策从那以后未有过明显偏离。在这种背景下,里根总统推动发展太空武器并更加侧重军事化地利用外层空间,虽然这种做法在当时无疑是美国"传统"太空政策的重大转变,但却代表了自艾森豪威尔总统以来美国历届总统太空政策逐步变化累积而发生"质变"的结果。尽管冷战结束带来了短暂的平静,但在小布什第二任期,民族主义色彩更浓厚的太空政策仍在继续。这种趋势似乎随着特朗普政府新组建美国太空军达到了顶峰。虽然特朗普总统有关太空军的公开言论带有民族主义色彩,有时还强调在许多军事理论家中广为流传的"太空主导"理论,但特朗普政府颁布的基本政策显然更加慎重——强调负责任的行为和国际合作的重要性,以及负责任的太空行为体之间需要更大程度的合作,以保护外层空间环境,使其用于有意义的目的。奇怪的是,与此同时,美国太空军的组建似乎证实了批评者对美国意图武器化并主宰外层空间的最大担忧,美国政府——从奥巴马政府开始,一直到特朗普政府,现在是拜登政府——正在认识到自1967年批准《外空条约》以来一直存在的自由放任的太空环境所构成的危险。在认识到这一点的同时,美国也在认真努力地制定更明确的负责任行为规范和原则,以管理国家在外层空间的活动。在特朗普和拜登政府期间,这些努力开始结出果实,美国的政策文件得到了更新,且更重要的是,国际社会采取了旨在建立此类规范的行动。美国的许多国际盟友也实施了这种努力行为,但由于俄罗斯和中国这两个最重要的航天国家持续反对,美国及其盟友的努力最终是否会成功仍有待观察。

第四章 美国太空军：组织、使命和法律影响

一、引言

正如本书前言和第三章所讨论的，美国21世纪太空政策最近最重要的发展成果之一就是美国太空军的创建。太空军是自1947年美国空军成立以来在美国创建的首个新军种，但由于其主要推动者是唐纳德·约翰·特朗普总统，因而在创建时备受争议。然而，正如我们在第一章中所了解到的，建立面向太空的军种绝非特朗普总统一人的幻想：在特朗普任总统时颁布《第4号太空政策指令》之前的近30年里，军事理论家和学者（特别是美国军事学院和大学的军事理论家和学者）一直在研究美国对太空军或太空军团[1]的潜在需求（本书附录C列出了有关面向太空的军种的参考

---

[1] 正如第一章所述，这两个概念在美国军事系统中的组织性差异在于"军团"是较大型组织的一个分支——就像美国海军陆战队是海军部下属的一个"军种"一样，而"军"（通常）是一个拥有独立的军事部门的独立军事分支。典型的例子是2019年之前作为空军部下属的独立军事部门的美国空军。然而，正如我们将在下文看到的，随着2019年太空军的成立，"军团"和"军"的概念之间的区别在很大程度上是无关紧要的，因为就像海军陆战队在海军部内运作一样，太空军主要在空军部内运作。

出版物和论文)。事实上,2020年《国防授权法案》中创建太空军的最终措辞与众议院两党一致通过的一项类似提案没有明显不同。该提案收录在2018年《国防授权法案》[1]的众议院版本中,旨在命令空军在其内部建立"太空军"。尽管2018年《国防授权法案》的最终版本中删除了该规定,但这表明太空军的创建并不是轻率的总统不切实际的幻想,而在很大程度上是两党共同推动的结果,因为早在特朗普总统有兴趣建立一支新军队前,两党就在推动军队扩大太空行动。

成立以来的两年时间里,美国太空军不断发展,已经远非网飞公司的太空军系列等流行文化产品中讥讽的滑稽组织[史蒂夫·卡瑞尔(Steve Carell)在其中饰演倒霉的空军将军,被迫领导新的太空组织]。最新的军事部门制定了新的军衔结构、制服/徽章和组织结构,并从美国空军手中获取了部分以太空为中心的军事基地的控制权。本章将以法律基础为起点,描述截至2022年年初太空军的现状,然后详述其组织和结构,目前的人员组成、使命和基本要素及其条令。

二、《第4号太空政策指令》和2020年《国防授权法案》:下令创建太空军

对美国太空军的任何研究首先都必须讨论作为该独立军种创建基础的法律和政策。一般来说,讨论的起点是特朗普总统的《第4号太空政策指

---

[1] See H. R. 2810, 115th Cong. , 1st Sess. , §1601, July 6, 2017, available at https://www.congress. gov/115/bills/hr2810/BILLS－115hr2810rh. pdf. 众议院的提案提出在"空军部的行政部门"内组建太空军,并规定设立一名与空军部长一起指挥军团行动的"太空军参谋长"。h. r. 2810 描述了太空军团的以下职责:(1)保护美国在太空的利益;(2)阻止太空中、来自太空和通过太空发动的侵略;(3)保证太空军获得充分战备,以使作战司令部司令能够参与并赢得战争;(4)组织、训练太空军,并为其提供装备;(5)在美国太空司令部司令的指挥下,执行太空军的太空行动。尽管与纳入2020年《国防授权法案》中的任务内容相比,众议院法案对太空军理论上将履行的任务的探讨要详细得多,但正如我们将看到的那样,这些职责与太空军受命执行的任务没有显著差异。

令》。继特朗普总统的太空政策指令之后,国防部提出了最终纳入2020年《国防授权法案》的提案。下面将对这两份文件进行讨论。

(一)《第4号太空政策指令》:下令创建太空军

正如本书前言中所述,大部分美国民众第一次听说特朗普总统打算建立太空军是在2018年夏天其签署《第3号太空政策指令》期间。8个月后,特朗普政府颁布了《第4号太空政策指令:建立美国太空军》,该指令规定了新组织的一些(潜在)结构。《第4号太空政策指令》的某些规定——如太空军"根据法规,最初设立在空军部"——反映在了后来的《国防授权法案》中;其他的规定,包括在国防部内建立一个与其他军事部门(空军、陆军和海军部门)同级的完整的"太空军部门",还尚未通过。[1] 然而,至关重要的是,《第4号太空政策指令》为国防决策者和立法者建立太空军提供了初始模板。

《第4号太空政策指令》的引言解释了特朗普总统下令建立太空部队的理由——早在他宣布之前,美国长期以来一直在提倡组建一支面向太空的军事分支。该指令宣称:"太空是美国的生活方式、国家安全和现代战争不可或缺的一部分。"[2]尽管美国"历来保持着相对于潜在对手的技术优势",但美国全球竞争对手能力的提升对这一传统优势构成的威胁与日俱增。事实上,美国的竞争对手正在"积极通过各种方法来阻止美国在危机或冲突中使用太空"。[3] 为了应对这一日益增长的威胁,《第4号太空政策指令》作出了建立太空部队的指令,以此作为国防部"调配太空资源,以遏止和应对太空威胁"的方法,"确保太空部队能够不受限制地进入太空以及在其中自由行动",并"在和平时期和各种冲突中为联合部队提供重要能力"。[4]

---

[1] President Donald J. Trump, "Text of Space Policy Directive – 4: Establishment of the United States Space Force," WhiteHouse. gov (Feb. 19, 2019), https://trumpwhitehouse. archives. gov/presidential-actions/text-space-policy-directive – 4 – establishment-united-states-space-force/[hereinafter "SPD – 4"].

[2] Trump, SPD – 4, sec. 1.

[3] Trump, SPD – 4, sec. 1.

[4] Trump, SPD – 4, sec. 1.

在肯定了外层空间的重要性并详细阐述了特朗普政府所认为的需要通过建立太空军解决的威胁之后,《第4号太空政策指令》探讨了与定义和立法相关的实际问题。正如本部分开头所指出的,该指令至少在最初阶段将太空军设想为空军部的一个军事分支——很像隶属海军部的海军陆战队。然而,《第4号太空政策指令》设想的是最终成立一个太空军部:一个未来的独立军事部门,"将负责美国太空军组织、训练和武装"。[1]

《第4号太空政策指令》在第3节"立法提案和目的"中描述了实际行动。在该节中,特朗普总统特别命令国防部长提交立法提案,将太空军建设为"空军部的一个新武装部队"。[2] 尽管《第4号太空政策指令》没有详细说明这项立法的细节,但该指令确实能够帮助说明总统建立太空军的基本意图。例如,太空军应该包括"战斗和战斗支援功能",以"开展迅速和可持续的进攻性和防御性太空行动以及所有领域的联合行动"。[3] 正如《第4号太空政策指令》中设想的那样,太空军是一个多用途军种,其行动不只限于简单地攻击潜在对手的太空能力和保护美国太空资产免受攻击或干扰,该军种的职责十分广泛,包括为美国的联合部队和盟友提供所需的太空服务。此外,特朗普总统详细列出了太空军必须优先履行的六大关键职责,具体如下:

(1)根据包括国际法在内的适用法律,保护国家在太空中的利益以及所有责任人和平利用太空的权益;

(2)确保在为美国国家安全、美国经济以及美国人民、合作伙伴和盟友服务时,太空的使用不受限制;

(3)阻止侵略,并保卫国家、美国盟友和美国利益免受来自太空的敌对行为的侵害;

(4)确保所需的太空能力能够得到整合,并可供所有美国作战司令部使用;

---

[1] Trump, SPD-4, sec.2(b).
[2] Trump, SPD-4, sec.3.
[3] Trump, SPD-4, sec.3.

(5)在太空内、向太空部署(或针对太空全方面部署)军事力量,以保卫美国的利益;

(6)培养、维护和提升专注于太空领域国家安全需求的专业人群。[1]

尽管这些优先事项着重强调了美国的太空优势,而且对于许多人来说,这些事项带有琼·约翰逊-弗里斯博士和其他人批判的"霸占"太空的民族主义态度,但美国仍然致力于构建外层空间法律框架;履行奥巴马总统的国家太空政策等文件中描述的"负责任"使用外层空间的概念;以及实现外层空间活动的国际化,使其不仅涉及美国,还涉及美国的"伙伴"和"盟友"。与过去的美国太空政策非常相似,在《第4号太空政策指令》中,国家安全与外层空间的军事用途之间似乎存在平衡关系,或者至少存在紧张关系。美国认为前者对于其整体安全以及与国际社会以负责任的行为共同维护一个自由开放的空间环境至关重要。此外,第3节的关键内容之一是要求国会批准建立太空军;鉴于国会的资金对新组织的运作十分必要,《第4号太空政策指令》的措辞中暗含警告:太空军将具备实现这些优先事项的能力……假如国会确实如此制定的话。

《第4号太空政策指令》的其余部分介绍了新的太空军在各方面的一般性、非特定发展方向。根据该指令引言部分所述的初步理由,第4节"范围"作出了以下规定:在新的太空军中整合与太空相关的现有军事力量和太空活动,以削弱官僚主义,并"将重复性工作降到最低"。《第4号太空政策指令》特别将美国政府的非太空军事组织——美国国家航空航天局、美国国家海洋和大气管理局和美国国家侦察局——排除在太空军的职权范围之外。该法案还提到了预算和领导问题,但这些问题在很大程度上留待未来的立法和预算提案解决。最重要的是,《第4号太空政策指令》有限地描述了拟议的太空军与其他军事和国家安全组织之间的关系。其中最主要的是美国太空司令

---

[1] Trump, SPD-4, sec.3.

部。该司令部是特朗普总统于2018年12月下令重建的美国军事作战司令部,专注于太空相关事务(见第三章)。[1] 尽管太空军拥有太空领域的管辖权,就像海军监管航海领域、空军监管空中领域一样,但美国太空司令部作为牵头的主要联合组织,通过可能发生在太空、地面或电磁波谱中的全球太空行动,领导联合部队的太空战。[2] 因冲突需要在外层空间、从外层空间或向外层空间开展联合部队行动时,太空军将像其他军种一样与美国太空司令部协调,鉴于太空军独特的太空专业知识,这需要更大的投入。

总体而言,特朗普总统的《第4号太空政策指令》阐述了拟议美国太空军的基本政策方向及太空军的基础创建框架。国防部长仍需要根据总统指令向国会提供的拟议立法来充实具体内容,但该太空政策指令提出的结构将是国会最终通过的立法提案中重点详述的内容。该结构如下:首先在空军部的主持下组建太空军,然后在未来可能的情况下将其扩大为独立部门。下文将研究该立法。特朗普总统是通过《第4号太空政策指令》向国防部下达总统指令,以创建自己在2018年6月发声支持的组织。事实上,在《第4号太空政策指令》颁布仅10个月后——大约在特朗普总统签署《第3号太空政策指令》时首次让人意外地宣布成立太空军事宜的18个月后,这位总统又签署了2020年《国防授权法案》,并正式成立美国太空军。

(二)2020年《国防授权法案》:太空军正式诞生

在特朗普总统的《第4号太空政策指令》发布之后,国防部没过多久就制定了与建立太空军有关的提案。到2019年2月底,也就是《第4号太空政策指令》发布仅9天后,国防部发布了一份长达20页的关于新军种计划的战略概要。正如《第4号太空政策指令》所建议的那样,这主要涉及太空军的初建

---

[1] 参见第三章。
[2] Trump, SPD-4, sec.7(a).

工作,即将其设为隶属空军部的一个军种。[1] 然而,未来成立独立的太空军部的可能性并未降低。事实上,美国国防部战略概要文件《美国太空军法》指出,"国防部的长期愿景是建立一个新的太空军事部门"。[2] 美国国防部战略概要文件《美国太空军法》重申了《第4号太空政策指令》中描述的六大优先事项,以及该指令提出的将大部分与太空相关的军事活动整合到太空军的建议。

虽然与《第4号太空政策指令》有相似之处,但美国国防部战略概要文件《美国太空军法》更详尽地阐述了未来太空军的某些方面。例如,为了满足特朗普总统规定的优先事项,该概要指出,太空军将在多个关键太空相关领域组建部队。这些领域包括:

> 太空态势感知;卫星运行和太空军全球性综合指挥及控制;旨在实现联合行动(包括导弹预警)的全球和战区太空军事行动;对陆军、空军、海军和网军的太空支援;太空运输和太空靶场运行;天基核爆炸探测;旨在获得太空优势的迅速和可持续的攻击性和防御性太空行动。[3]

此外,美国国防部战略概要文件《美国太空军法》就与太空军的创建相关的人员配置和人事相关事宜提出了更具体的提议。有趣的是,正如我们将在下文中看到的,虽然战略概要预见到太空军需要承担军队内部现有的以太空为重点的组织——尤其是空军太空司令部,该组织在太空态势感知、太空支援、太空作战等领域历来是美国主要的太空军事组织——的职能,但战略概要没有特别主张立即将这些组织改造成太空部队。相反,该概要提出,建立

---

[1] U. S. Department of Defense, "United States Space Force," February 2019, available at https://media. defense. gov/2019/Mar/01/2002095012/ – 1/ – 1/1/UNITED-STATES-SPACE-FORCE-STRATEGIC-OVERVIEW. PDF.

[2] Department of Defense, "United States Space Force," 3.

[3] Department of Defense, "United States Space Force," 4.

太空军需要5年过渡期。在此期间,国防部长将与各个军事部门合作,"确定将转入太空军的现有太空部队",并"防止所采取的转移方式破坏当前任务和采办计划,或对军事和文职人员产生不利影响"。[1]这种军种间的调动可能将整个太空相关部队从现有军种调动至太空军,因此是为新的太空军分配任务和人员的最极端的方法。其他更传统的人员征募方法,例如直接从文职系统委任军官、公开选拔制(另一种直接征募方法,与文职教育界采用的方法类似),以及使用激励工资、留用奖金和入伍豁免来吸引士兵和军官等也将得到使用。

无论是过去还是现在,国防部的战略概要文件都不是太空军建立的固定法律和政策,但本部分首先对该文件进行了简短讨论,以展示有关太空军的总体思路,该思路将用于与太空军成立相关的国会立法中。到2019年6月,该立法的初始版本已收入参议院于2019年6月27日通过的2020年《国防授权法案》的初始版本中。[2] 众议院于2019年9月17日通过的《国防授权法案》最终修正案同样包含《第4号太空政策指令》[3]规定的与建立面向太空的新军种相关的一系列条款。然而,在众议院版本中,该军种被称为"太空军团"。尽管参议院和众议院版本的立法都将新的太空军纳入空军部,但与参议院版本相比,众议院法案不仅更详细地阐述了与新太空军征募现有军事人员相关的人事事项,还较为简略地描述了与国防部的新军种相关的太空采办和新职责等问题。[4] 在接下来的两个半月中,2020年《国防授权法案》的众议院和参议院版本之间的差异被消除了。在2019年12月17日,众议院和参议院以相同的形式通过了该法案的待签版本。

---

[1] Department of Defense, "United States Space Force," 8.

[2] United States Senate, "Roll Call Vote 116th Congress—1st Session: On Passage of the Bill S. 1790, As Amended," June 27, 2019, available at https://www.senate.gov/legislative/LIS/roll_call_votes/vote1161/vote_116_1_00188.htm (last visited Dec. 21, 2021).

[3] Congress.gov, S.1790—National Defense Authorization Act for Fiscal Year 2020, "Text: S. 1790—116th Congress (2019-2020): Engrossed Amendment House (09/17/2019)," available at https://www.congress.gov/bill/116th-congress/senate-bill/1790/text/eah (last visited Dec. 21, 2021).

[4] See S.1790—National Defense Authorization Act for Fiscal Year 2020, "Text: S. 1790—116th Congress (2019-2020): Engrossed Amendment House (09/17/2019)," at Subtitle C, §§ 921-924.

最终,2020年《国防授权法案》于12月17日被国会通过,并随后于2019年12月20日由特朗普总统签署成法。与太空军相关的部分可见于D分编《美国太空军法》[1]之下。该法案的初版措辞不仅解决了新军种名称的问题(最终的名称是《第4号太空政策指令》和参议院版本的《国防授权法案》中指称的"太空军",而非众议院版本中提出的"太空军团"),还解决了如何最好地建立新组织的问题。与美国国防部战略概要文件《美国太空军法》提出的多年期选择性转移时间表不同,该法案仅通过将"空军太空司令部……更名为美国太空军(就成立了太空军)"[2]尽管将空军已成立35年的太空分部全部转变为新的军种可能比国防部在其2月的战略中计划得要快,但这符合国防部的期望,即让太空军承担空军太空司令部的职责和使命。

2020年《国防授权法案》将太空军的职能和职责描述如下。首先,太空军将"经过组织、训练和武装",以承担两项基本职能:确保"美国能够实现在太空中、从太空和向太空发起行动的自由"和提供"迅速和可持续的太空行动"[3]其职责包括"保护美国在太空的利益"、"阻止一切来自太空的、在太空的、针对太空的挑衅行为"和"开展太空行动"[4]正如我们在第三章讨论美国太空政策过程中所看到的,以上职能和职责反映了美国在外层空间行动自由和维持自身行动的安全太空环境方面的传统利益。《美国太空军法》中描述的职能和职责都较为笼统,只是大致认可特朗普总统在《第4号太空政策指令》中阐述的六个优先事项,而完全未提及美国国防部战略概要文件《美国太空军法》中描述的更具体的任务和职能。然而,国会立法中缺乏具体描述的情况并不少见。如此宽泛的描述,为行政机构(如国防部)在国会意图范围内落实相关内容留下了广阔空间。

2020年《国防授权法案》中的《美国太空军法》剩余部分探讨了军种领

---

[1] National Defense Authorization Act for Fiscal Year 2020, S. 1790, 116th Cong. §§ 951-961 (2019), available at https://www.govinfo.gov/content/pkg/BILLS-116s1790enr/pdf/BILLS-116s1790enr.pdf (last visited Dec. 21, 2021).

[2] 2020 NDAA § 952.

[3] 2020 NDAA § 952 (the newly-inserted 10 U.S.C. § 9081).

[4] 2020 NDAA § 952 (the newly-inserted 10 U.S.C. § 9081).

导、空军/太空军采办以及国防部内与太空政策相关的代表性问题。就太空军内部的领导而言,第953节描述了"太空军参谋长"一职——新军种的总指挥官。太空军参谋长由总统任命,任期4年(在战时或国会宣布进入国家紧急状态时可再延长4年),并且直接对空军部长负责,就像空军参谋长一样(美国空军高级现役军官、空军部长的主要顾问以及美国参谋长联席会议上的空军代表)。[1] 在该职位上,"太空军参谋长就与外层空间和太空军的活动/行动有关的事项向空军部长提出建议,并根据分配给联合或特设作战司令部司令的权力进行监督……由部长确定的太空军成员和组织;以及……履行法律之外的由总统、国防部长或空军部长分配给参谋长的其他军事职责"。[2]

2019年夏季曾任美国太空司令部司令的约翰·雷蒙德上将于2020年1月14日被任命为太空军参谋长。[3] 在撰写本书时(2021年12月),雷蒙德上将仍担任该职位——作为第一任美国太空军参谋长,其4年任期大约已过半。

《美国太空军法》第954节规定,在空军部长办公室内设立"太空军采办委员会"。根据该法案的设想,该委员会由空军太空采办和整合助理部长担任主席,其他成员包括空军部副部长、国防部太空政策助理部长、国家侦察局局长、太空军参谋长和美国太空司令部司令。太空军采办委员会负责监督和管理"空军的太空系统和计划的采办、整合,以确保国家安全太空企业实现一体化"。[4]

由于本章后续不会具体讨论太空军采办委员会,这里应该指出,在太空军成立两年后,与太空相关的采办在美国仍然是一个有争议的问题。关于太空军采办委员会的活动信息很少公开,而且,无论是由于持续的新冠疫情还

---

[1] 2020 NDAA § 953.

[2] 2020 NDAA § 953.

[3] Charles Pope, "Raymond sworn in as first Chief of Space Operations at White House event," *United States Space Force*: *Space Force News*, Jan. 14, 2020, https://www.spaceforce.mil/News/Article/2057219/raymond-sworn-in-as-first-chief-of-space-operations-at-white-house-event/.

[4] 2020 NDAA § 954 (2019).

是其他原因，尚不清楚该委员会自 2020 年 4 月以来是否一直在开会。[1] 往近里说，在 2021 年夏天，众议院拨款委员会对太空军的近况表示担忧，因为空军没有采取更积极的行动来解决长期存在的太空采办问题，也几乎没有确定太空军的未来行动与之前作为空军分支时有什么根本性差异。[2]

空军部和太空军本身已采取多项措施来解决这些问题，包括将历史悠久的空军太空司令部太空与导弹系统中心更名为新的"太空系统司令部"，并对其进行了适度重组。[3] 据称，太空系统司令部的行动将更好地整合美国军方和情报界的太空采办活动，并通过聚焦"设计和构建更为分布式的太空架构"来增强美国关键太空系统的韧性。[4] 此外，截至 2021 年 12 月上旬，空军太空采办和整合助理部长的提名人选（正如上一段所说的那样，任职者将担任太空军采办委员会的主席）最终得以确定，并已交由国会确认。[5] 这些工作是否最终会改善与太空相关的采办流程还有待观察。

---

[1] See Secretary of the Air Force Public Affairs, "Space Force Acquisition Council looks to safeguard space industrial base from COVID-19 impacts," *United States Space Force: Space Force News*, Apr. 29, 2020, https://www.spaceforce.mil/News/Article/2168917/space-force-acquisition-council-looks-to-safeguard-space-industrial-base-from-c/.

[2] U. S. House of Representatives, "Report of the Committee on Appropriations Together With Minority Views," Department of Defense Appropriations Bill, 2022, Report 117-88, 117th Cong., July 15, 2021, pg. 300, available at https://www.congress.gov/congressional-report/117th-congress/house-report/88 (last visited Dec. 21,2021).

[3] Nathan Strout, "Space Systems Command is more than a name change, says new commander," *C4ISRNet.com*, Aug. 25, 2021, https://www.c4isrnet.com/smr/space-competition/2021/08/25/space-systems-command-is-more-than-a-name-change-says-new-commander/.

[4] Strout, "Space Systems Command is more than a name change, says new commander," *C4ISRNet.com*.

[5] Sandra Erwin, "Changes ahead for Space Force procurement organizations," *SpaceNews.com*, Dec. 3, 2021, https://spacenews.com/change-is-coming-for-space-force-procurement-organizations/. It should be noted that the 2020 NDAA did not require that the Assistant Secretary of the Air Force for Space Acquisition and Integration to take charge of acquisitions for space systems and programs until October 2022. *See* 2020 NDAA § 956.

三、将理论变为现实：美国太空军的组建工作

如果没有执行指定使命需要的人员和物资，任何军种都不可能存在。美国太空军也不例外。如上所述，太空军的创建不需要美国政府从头开始做准备，而是美国空军太空司令部从空军下属的司令部摇身一变成为一个成熟的新军种（尽管如前所述，该司令部仍由空军部控制），使得太空军的最初发展看起来不过是国会的一纸新规。然而，这个在概念上看似轻松的转变实则掩盖了一个事实，即组建一个新的军种是一项复杂的工作——即使新组织的骨干是从现有军种中成批抽调的。本部分将详细介绍太空军从2020年《国防授权法案》中描述的理论组织演变为今天仍在不断发展的军种分支的过程。

（一）人员与组织

在2019年12月被特朗普总统任命后，约翰·雷蒙德上将不仅成了太空军的第一任参谋长，也成了太空军的第一位正式成员。[1] 在大约3个月的时间里，雷蒙德上将一直是新军种的唯一成员。2020年4月上旬，情况发生了变化，时任空军一级军士长罗杰·托伯曼（Roger Towberman）宣誓就任太空军总军士长——新军种的一个军衔。[2] 在接下来的几个月里，随着空军部内部不断计划将隶属空军太空司令部的部队和人员转移到太空军，太空军的成员数缓慢增长。到2020财政年度结束时（国防部的财政年度并非自然年，而是每年的10月1日到下一年的9月30日），新军种的成员数已增至

---

[1] Ryan Browne, "With a signature, Trump brings Space Force into being," *CNN.com*, Dec. 20, 2019, https://www.cnn.com/2019/12/20/politics/trump-creates-space-force/index.html.

[2] Sandra Erwin, "Top enlisted leader Towberman officially joins the U.S. Space Force," *SpaceNews.com*, Apr. 2, 2020, https://spacenews.com/top-enlisted-leader-towberman-to-officially-join-the-u-s-space-force/. 在托伯曼军士长宣誓就职仪式前不久，雷蒙德将军打趣道："今天，美国太空军只有一个人，那就是我。但现在我们已经确定了第二位成员，他就是托伯曼军士长。" Erwin, "Top enlisted leader Towberman officially joins the U.S. Space Force," SpaceNews.com.

85人。[1] 此时部队转移计划也已基本敲定：部队转移从2020年秋季开始，到2020年年底，太空军的成员人数已增至2400多人。[2] 到2021年9月底，随着空军太空相关部队以及一些参与卫星运行和信号情报的美国陆军及海军部队转移至太空军，太空军人员总数增至约6434人。国防部2022财政年度预算申请预计到2022年9月底，太空军将增加2000名成员。[3] 2020年12月，太空军宣布将其成员称为"守护者"。[4]

---

[1] Office of the Undersecretary of Defense (Comptroller)/Chief Financial Officer, "Defense Budget Overview—United States Department of Defense Fiscal Year 2022 Budget Request," May 2021, pp. 4–11, available at https://comptroller.defense.gov/Portals/45/Documents/defbudget/FY2022/FY2022_Budget_Request_Overview_Book.pdf (last visited Dec. 28, 2021).

[2] See Mark F. Cancian, "U. S. Military Forces in FY 2021: Space, SOF, Civilians, and Contractors," *Center for Strategic and International Studies*, Jan. 8, 2021, https://www.csis.org/analysis/us-military-forces-fy-2021-space-sof-civilians-and-contractors, and Meghann Myers, "Space Force is looking for a few good soldiers, sailors," *Military Times*, Feb. 3, 2021, https://www.militarytimes.com/news/your-military/2021/02/03/space-force-is-looking-for-a-few-good-soldiers-sailors/. 将部队和人员从其他军种转移到太空军并非完全没有受到争议。美国陆军尤其犹豫要不要放弃某些太空资产。例如，五角大楼的一位官员将导弹防御和预警行动被转移至太空军的行为描述为向太空军转移部队过程中的"最大的溃烂伤口"。Abraham Mahshie, "The Asset Transfer Fight," *Air Force Magazine*, Aug. 27, 2021, https://www.airforcemag.com/article/the-asset-transfer-fight/. 最终，尽管一些陆军部队和人员已经被（或计划被）转移，但国防部允许陆军保留已编号的太空作战军官，以及其"全球定位系统机动和太空导弹防御能力"。Abraham Mahshie, "Why the Army Clings to Its Space Troops: 'Translating Geek to Grunt,'" *Air Force Magazine*, Oct. 13, 2021, https://www.airforcemag.com/army-clings-to-space-troops-translating-geek-to-grunt/. 同样，尽管美国海军对太空部队的贡献一直被认为是相当有限的，但该军种也试图至少保留一些独立的太空作战能力。例如，海军最近创建了一个新的面向太空的职位——海上太空运营商。该职位的任职者将担任"海军的海洋空间整合和规划专员"。Diana Stancy Correll, "Navy forges maritime space officer designator," *Navy Times*, Sept. 2, 2021, https://www.navytimes.com/news/your-navy/2021/09/02/navy-forges-maritime-space-officer-designator/. 尽管存在以上人员和调动方面的争议，但到2021年年底，至少有11个陆军组织和4个海军组织计划将相关部队调至太空军。Sandra Erwin, "Space Force reveals which Army and Navy units are moving to the space branch," *Space News*, Sept. 21, 2021, https://spacenews.com/space-force-reveals-which-army-and-navy-units-are-moving-to-the-space-branch/.

[3] Office of the Undersecretary of Defense (Comptroller)/Chief Financial Officer, "Defense Budget Overview." *See also* "2021 USAF & USSF Almanac: Personnel," *Air Force Magazine*, June 30, 2021, https://www.airforcemag.com/article/2021-usaf-ussf-almanac-people/.

[4] Secretary of the Air Force Public Affairs, "U. S. Space Force unveils name of space professionals," *Space Force News*, Dec. 18, 2020, https://www.spaceforce.mil/News/Article/2452593/us-space-force-unveils-name-of-space-professionals/.

随着太空军成员的增加以及先前就已存在的军事部队的控制权继续转移至太空军,敲定太空军的组织结构势在必行。与所有政府组织一样,军事部门如果没有结构和层级,就无法有效或高效地运转——事实上,军事或情报机构中各个组成部分的结构和相互作用有可能确保成功、有序的行动,但也可能导致重大失误,进而威胁国家安全。2020年6月,太空军敲定了组织结构的初步方案,并宣布将组建三大司令部:太空作战司令部、太空系统司令部、太空训练和战备司令部。为了提高效率并整治下级司令部的官僚作风,太空军压缩了该层级的传统军事结构;太空军没有设立多个低级别的司令部(如美国空军由"联队"——通常由军衔为上校或上将的"联队指挥官"领导——组成,"联队"再下辖"大队"),而是将低级别的司令部组建为直接隶属主要司令部的"三角洲"部队(见图4-1)。[1]

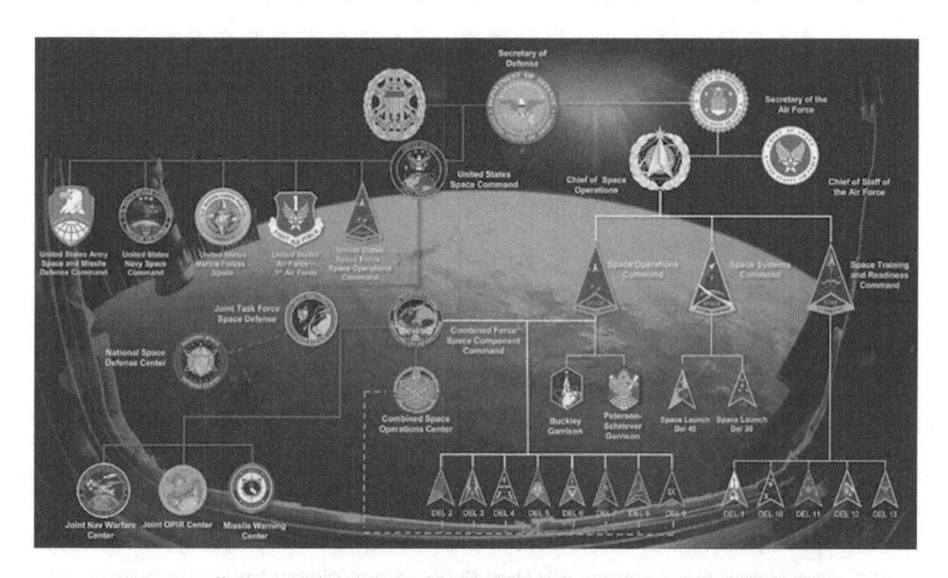

图4-1 截至2022年4月,美国国防部太空军和太空司令部的组织架构

截至2021年年底,太空军司令部和"三角洲"部队的组织结构如下。

---

[1] Sandra Erwin, "Space Force to stand up three major commands, lower echelons to be called 'deltas,'" SpaceNews.com, June 30, 2020, https://spacenews.com/space-force-to-stand-up-three-major-commands-lower-echelons-to-be-called-deltas/.

太空作战司令部：太空军的行动部门，负责太空作战以及部署战斗力。该司令部负责"组建和派遣战备良好的情报支援、网络支援、太空支援和战斗支援部队，并为其提供保障"，同时是美国太空司令部的太空军"勤务部"。[1] 太空作战司令部目前控制着以下8个三角洲部队：

第2三角洲部队——太空领域感知：第2三角洲部队负责组建并派遣特定和附属部队，以在战备良好的情况下执行太空领域感知行动，以"阻止侵略，并在必要时保卫美国和盟友免受在太空的、来自太空的及针对太空的攻击"。[2]

第3三角洲部队——太空电子战：第3三角洲部队负责"运用电子攻击、保护和支援能力，以保护和保卫太空域"。[3]

第4三角洲部队——导弹预警：第4三角洲部队负责"运行并保障高空持久红外卫星的三个星座和两类地面雷达，以进行战略和战区导弹预警"。[4]

第5三角洲部队——指挥与控制：第5三角洲部队"保持对作战环境和太空部队的全球感知，以实现数据驱动的决策"。[5]

第6三角洲部队——网络作战：第6三角洲部队负责"执行网

---

〔1〕 Space Operations Command（SPOC）, "About Space Operations Command," spoc. space-force. mil, https://www. spoc. spaceforce. mil/About-Us/About-Space-Operations-Command（last visited Dec. 28, 2021）.

〔2〕 Space Operations Command（SPOC）, "Fact Sheets—Space Delta 2," spoc. spaceforce. mil, July 24, 2020, https://www. spoc. spaceforce. mil/About-Us/Fact-Sheets/Display/Article/2334029/space-delta-2（last visited Dec. 28, 2021）.

〔3〕 Space Operations Command（SPOC）, "Fact Sheets—Space Operations Command," spoc. spaceforce. mil, Mar. 25, 2021, https://www. spoc. spaceforce. mil/About-Us/Fact-Sheets/Display/Article/2550627/space-operations-command（last visited Dec. 28, 2021）.

〔4〕 Space Operations Command（SPOC）, "Fact Sheets—Space Delta 4," spoc. spaceforce. mil, July 2020, https://www. spoc. spaceforce. mil/About-Us/Fact-Sheets/Display/Article/2334034/space-delta-4（last visited Dec. 28, 2021）.

〔5〕 Space Operations Command（SPOC）, "Fact Sheets—Space Operations Command."

络作战,以保护太空作战、网络和通信"[1],并"通过……空军卫星控制网络和太空任务系统的防御性网络空间能力来保障太空访问"[2]。该部队还负责"指挥和控制系统以及通用用户系统的规划、编程、整合、运营和维护,以支援美国太空司令部、美国空军作战中心和美国导弹防御局"[3]。

第7三角洲部队——情报、监视和侦察:第7三角洲部队负责"为太空领域的作战提供关键、即时和可操作的情报,以提升敌军侦察、识别和瞄准的太空能力"[4]。

第8三角洲部队——卫星通信和导航战:第8三角洲部队负责"为美国军方、联盟和跨部门合作伙伴以及商业/民用用户提供定位、导航、校时和卫星通信服务"[5]该部队还负责"执行美国军事卫星通信和全球定位系统星座的命令和控制",并"通过机组人员全天候的操作来提升部队的能力"[6]。

第9三角洲部队——轨道战:第9三角洲部队负责"开展保护和防御行动,并为国家决策当局提供应对方案,以阻止并在必要时消灭轨道威胁"。该部队还代表太空军"通过开展天基战场空间特征描述行动来保障太空领域感知",并"进行在轨实验和技术

---

[1] Space Operations Command(SPOC), "Fact Sheets—Space Operations Command."
[2] Space Operations Command (SPOC), "Fact Sheets—Space Delta 6," spoc. spaceforce. mil, July 2020, https://www.spoc.spaceforce.mil/About-Us/Fact-Sheets/Display/Article/2334044/space-delta-6 (last visited Dec. 28, 2021).
[3] Space Operations Command (SPOC), "Fact Sheets—Space Delta 6."
[4] Space Operations Command(SPOC), "Fact Sheets—Space Delta 7," spoc. spaceforce. mil, July 2020, https://www.spoc.spaceforce.mil/About-Us/Fact-Sheets/Display/Article/2334032/space-delta-7 (last visited Dec. 28, 2021).
[5] Space Operations Command(SPOC), "Fact Sheets—Space Operations Command."
[6] Space Operations Command(SPOC), "Fact Sheets—Space Delta 8," spoc. spaceforce. mil, July 2020, https://www.spoc.spaceforce.mil/About-Us/Fact-Sheets/Display/Article/2334040/space-delta-8 (last visited Dec. 28, 2021).

演示"。[1]

太空训练和战备司令部：负责太空军的教育、训练和条令制定工作，以及为训练新军种成员制定和开展军事演习。该司令部自称其使命为"通过创新的教育、训练、条令和测试，使美国太空军做好战备，从而在竞争和冲突中取胜"。[2] 太空训练和战备司令部目前控制着以下5个三角洲部队：

第1三角洲部队——训练：第1三角洲部队是太空训练和战备司令部专用于训练的三角洲部队。该部队负责"提供初始技能训练、专业作战人员后续训练以及高级训练活动和课程，以使美国太空军部队以及指定的联合和同盟伙伴做好战备，从而在竞争性的、恶劣的、行动受限的全域环境中取胜"。[3]

第10三角洲部队——太空条令、战术、经验教训和兵棋推演：第10三角洲部队负责"制定美国太空军的条令和战术"、"执行太空军经验教训计划"和"实施并支持兵棋推演"，为美国太空部队和盟友在外层空间环境中成功作战做好战备工作。[4]

第11三角洲部队——靶场和侵略者：作为太空军的训练"红队"，第11三角洲部队是一个假想的对手，为训练和演习提供"专业的对手模拟支持"。该部队还"根据测试和训练要求进行太空靶场

---

[1] Space Operations Command (SPOC), "Fact Sheets—Space Delta 9," spoc. spaceforce. mil, Sept. 2020, https://www. spoc. spaceforce. mil/About-Us/Fact-Sheets/Display/Article/2550598/space-delta - 9 (last visited Dec. 28, 2021).

[2] Space Training and Readiness Command (STARCOM), "What We Do," starcom. space-force. mil, https://www. starcom. spaceforce. mil/About-Us/What-We-Do/ (last visited Dec. 28, 2021).

[3] Space Training and Readiness Command (STARCOM), "Space Delta 1—Training," Aug. 2021, starcom. spaceforce. mil, https://www. starcom. spaceforce. mil/About-Us/How-We-Do-It/Space-Delta - 1 - Training/ (last visited Dec. 28, 2021).

[4] Space Training and Readiness Command (STARCOM), "Space Delta 10—Doctrine and Wargaming," Aug. 2021, starcom. spaceforce. mil, https://www. starcom. spaceforce. mil/About-Us/How-We-Do-It/Space-Delta - 10 - Doctrine-Wargaming/ (last visited Dec. 28, 2021).

行动"。[1]

第12三角洲部队——测试和评估：第12三角洲部队通过"对美国太空军能力进行独立测试和评估"以及"提供支持武器系统采办、运行验收和战备决策的准确、及时的专业信息"，从而使太空军能够在充满竞争的、恶劣的、行动受限的全域环境中取胜。[2]

第13三角洲部队——教育：第13三角洲部队负责"提供机构发展教育，培养新征募的美国太空军军官，并执行高级教育计划"。[3]

太空系统司令部：顾名思义，太空系统司令部主要负责采办、运行和维护太空军用于完成自身使命的太空实体系统和物体。用该司令部自己的话来说，太空系统司令部"负责为作战人员开发、获取、装备、部署和维护致命且高适应性的太空能力"。[4] 这涉及对一些关键活动的控制，包括"发起行动"、"开发测试"以及"军事卫星星座和其他国防部太空系统的维护和保养"。[5] 太空系统司令部目前控制着以下两个三角洲部队：

第30三角洲部队：该部队位于加利福尼亚州圣巴巴拉县的范登堡太空军基地（见下文），负责"管理国防部太空和导弹测试以及靶场运行"，并且还"在使用一次性和可重复使用的太空发射助推器将

---

[1] Space Training and Readiness Command (STARCOM), "Space Delta 11—Range and Aggressors," Aug. 2021, starcom.spaceforce.mil, https://www.starcom.spaceforce.mil/About-Us/How-We-Do-It/Space-Delta-11-Range-Aggressors/(last visited Dec. 28, 2021).

[2] Space Training and Readiness Command (STARCOM), "Space Delta 12—Test and Evaluation," Aug. 2021, starcom.spaceforce.mil, https://www.starcom.spaceforce.mil/About-Us/How-We-Do-It/Space-Delta-12-Test-and-Evaluation/(last visited Dec. 28, 2021).

[3] Space Training and Readiness Command (STARCOM), "Space Delta 13—Education," Aug. 2021, starcom.spaceforce.mil, https://www.starcom.spaceforce.mil/About-Us/How-We-Do-It/Space-Delta-13-Education/(last visited Dec. 28, 2021).

[4] Space Systems Command, "About Space Systems Command," ssc.spaceforce.mil, https://www.ssc.spaceforce.mil/About-Us/About-Space-Systems-Command (last visited Dec. 28, 2021).

[5] Space Systems Command, "About Space Systems Command."

卫星送入极地轨道时,提供安装所需的基础设施"。[1] 该部队还负责"保障民兵-3洲际弹道导弹部队发展评估计划的实施",并"提供安全发射……以满足商业和政府客户的要求"。[2]

第45三角洲部队:该部队位于佛罗里达州布里瓦德县的帕特里克太空军基地(见下文),控制着东部靶场——一个东南海岸边最远至南大西洋的大型太空发射场。该靶场包括位于卡纳维拉尔角的著名太空发射场,即现在的卡纳维拉尔角太空军基地(见下文)。为使对"国防部国家安全太空发射计划,美国国家航空航天局、美国国家海洋和大气管理局和海军军械试验战对海军战略系统计划"任务的支持以及商业支持能够落地,第45三角洲部队提供了"雷达、遥测和通信仪器等支援设备"。[3] 该部队控制着东部靶场的4个现役发射场,自称太空军的"首要三角洲发射部队",并在2020年执行了39次发射任务。[4]

尽管未来可能会创建或组建新的三角洲部队或司令部,但就目前而言,太空军随着自身的不断发展,需要做好下辖三大司令部和15个三角洲部队负责的多项太空任务和活动的管理及提质增效工作。

(二)基地

2020年,随着其他军种的人员继续转移至太空军,建立新军种的另一项主要任务——为太空军的行动和任务指定特定基地——也在进行中。2020年《国防授权法案》明确指出,《太空军法》"不要求将空军的任何场地设施、

---

〔1〕 Vandenberg Space Force Base, "History," Vandenberg. spaceforce. mil, https://www.vandenberg. spaceforce. mil/About-Us/History/(last visited Dec. 28, 2021).

〔2〕 Vandenberg Space Force Base, "History."

〔3〕 Space Launch Delta 45, "Space Launch Delta 45 History," patrick. spaceforce. mil, https://www.patrick. spaceforce. mil/history/(last visited Dec. 28, 2021).

〔4〕 Space Launch Delta 45, "Space Launch Delta 45 History."

基础设施或军事设施"的管控权交由太空军。[1] 然而,无论是国会授权的将空军太空司令部更名事宜,还是空军、陆军和海军预计或计划将更多面向太空的下辖单位转移至太空军的事宜,似乎都需要太空军对执行任务所需的基地和场地设施拥有实际管辖权。现有基地/场地设施向太空部队的转移原定于 2020 年年初开始,但由于全球新冠疫情而被推迟。直到当年年底,也就是 2020 年 12 月,当卡纳维拉尔角空军基地和帕特里克空军基地(均位于佛罗里达州)被更名为卡纳维拉尔角太空军基地和帕特里克太空军基地后,第一次正式转移才得以实现。[2]

在卡纳维拉尔角空军基地和帕特里克空军基地移交太空军后的几个月里,主要由空军控制的其他一些以太空为重点的军事设施也交由太空军管辖。范登堡空军基地是位于加利福尼亚海岸隆波克镇附近的重要太空发射和导弹测试设施,该基地于 2021 年 5 月正式移交至太空军。[3] 科罗拉多州奥罗拉的巴克利空军基地于 6 月被移交至太空军并更名。[4] 随后于 7 月更名的还有其他以太空为重点的空军基地——彼得森空军基地、施里弗空军基地和夏延山空军基地,这些基地都位于科罗拉多斯普林斯或其周围。[5] 截至 2021 年 12 月底,由于部队、人员和场地设施的转移,太空军在全球控制着以下 14 个军事设施:巴克利太空军基地(科罗拉多州奥罗拉)、卡纳维拉尔角太空军基地(佛罗里达州卡纳维拉尔角)、科德角太空军基地(马萨诸塞

---

[1] 2020 NDAA § 959.

[2] Rachel S. Cohen, "Cape Canaveral, Patrick Named First Space Force Installations," *Air Force Magazine*, Dec. 9, 2020, https://www.airforcemag.com/cape-canaveral-patrick-named-first-space-force-installations/.

[3] Michael Peterson, "Vandenberg afb gets new U. S. Space Force name," *Vandenberg Space Force Base*, May 14, 2021, https://www.vandenberg.spaceforce.mil/News/Article-Display/Article/2607448/vandenberg-afb-gets-new-us-space-force-name/.

[4] Buckley Garrison Public Affairs, "Buckley receives new name, commander," *Buckley Space Force Base*, June 4, 2021, https://www.buckley.spaceforce.mil/News/Article-Display/Article/2646938/buckley-receives-new-name-commander/.

[5] Angela Case, "Colorado Springs Air Force bases to be renamed for Space Force," *Fox 21 News*, July 22, 2021, https://www.fox21news.com/news/local/colorado-springs-air-force-bases-to-be-renamed-for-space-force/.

州伯恩）、卡瓦莱尔太空军基地（北达科他州卡瓦莱尔）、夏延山太空军基地（科罗拉多州科罗拉多斯普林斯）、克利尔太空军基地（阿拉斯加州克利尔）、卡恩纳点太空军基地（夏威夷州火奴鲁鲁县）、洛杉矶空军基地（加利福尼亚州洛杉矶）、新波士顿太空军基地（新罕布什尔州新波士顿）、帕特里克太空部队基地（佛罗里达州布里瓦德县）、彼得森太空部队基地（科罗拉多州科罗拉多斯普林斯）、施里弗太空部队基地（科罗拉多州科罗拉多斯普林斯）、图勒空军基地（格陵兰岛卡纳克）、范登堡太空军基地（加利福尼亚州圣巴巴拉县）。

应当指出的是，尽管彼得森太空军基地和施里弗太空军基地并不相连，但它们已经合并为彼得森－施里弗驻军基地——一个共享关键场地设施和服务的联合驻军基地，总部设在彼得森太空军基地。[1] 此外，上述所列的大多数小型场地设施由隶属大型基地的部队控制和运行。例如，夏延山、卡恩纳点、新波士顿太空军基地和图勒空军基地由隶属彼得森－施里弗驻军的部队运行和控制。[2] 同样，科德角[3]、卡瓦莱尔[4]和克利尔太空军基地[5]由隶属巴克利太空军基地的部队运行和控制。

---

[1] "Fact Sheet: Peterson-Schriever Garrison," *Schriever Space Force Base*, July 24, 2020, https://www.schriever.spaceforce.mil/About-Us/Fact-Sheets/Display/Article/2287613/peterson-schriever-garrison/(last visited Dec. 22, 2021).

[2] "Fact Sheet: Peterson-Schriever Garrison," *Schriever Space Force Base*.

[3] "Fact Sheet: 6th Space Warning Squadron," *Buckley Space Force Base*, https://www.buckley.spaceforce.mil/About-Us/Fact-Sheets/Article/2575788/6th-space-warning-squadron/(last visited Dec. 22, 2021).

[4] "Fact Sheet: 10th Space Warning Squadron," *Buckley Space Force Base*, https://www.buckley.spaceforce.mil/About-Us/Fact-Sheets/Article/2291696/10th-space-warning-squadron/(last visited Dec. 22, 2021).

[5] Julie Avey, "Clear Air Force Station renamed as Clear Space Force Station," *168th Wing Air National Guard*, June 16, 2021, https://www.168wg.ang.af.mil/News/Article/2661327/clear-air-force-station-renamed-as-clear-space-force-station/.

四、永远在上方：美国太空部队的条令

前面讲述了在美国空军与太空领域相关的活动范围内，航天和太空条令的一些历史发展。具体地说，上文参考了美国军方对"和平目的"这一反映美国太空政策的措辞的理解。[1] 空军于1982年发布了其第一份太空条令文件《空军手册1-6》。从那时开始至2022年，《空军手册1-6》开启了美太空军事理论为期40年的发展，并最终影响了新的太空部队军事理论，正如太空军职责任务，或从空军有关任务中直接继承，或已经/即将受其影响一样。太空军的新座右铭选择了一个拉丁语词汇 Semper Supra（意为"永远在上方"），因为该短语被认为代表"新军种在建立、维护和维持美国在终极高点的行动自由方面具有的职责"[2]——作战概念需要有军事条令作为基础。那么，这句格言及其含义——美国太空军将"永远在上方"保护美国的太空利益——如何转化为这个新军种的条令呢？

2020年6月，太空军发布了一份题为《太空力量：太空军条令》的"太空顶层文件"。用太空军参谋长雷蒙德将军的话来说，该文件"代表太空军首次对太空力量的理论进行了独立阐述"。[3] 迄今为止，这份65页的顶层文件是新军种发布的首份也是唯一一份条令文件。这在未来可能会发生变化——例如，太空军已经创建了第10三角洲部队，该部队致力于开发太空军条令和战术（见上文"人员与组织"一节），在新军种不断发展的过程中研究"经验教

---

[1] 参见第二章。

[2] Sandra Erwin, "Space Force unveils logo, 'Semper Supra' motto," *Space News*, July 22, 2020, https://spacenews. com/space-force-unveils-logo-semper-supraotto/#:~:text=USSF%20vertical%20logo.The%20Space%20Force%20motto%20%E2%80%9CSemper%20Supra%20%E2%80%9D%20means%20%E2%80%9Calways%20above, Air%20Force's%20advertising%20agency%20GSD%26M.

[3] United States Space Force, Spacepower: Doctrine for Space Forces, "Space Capstone Document," p. iii, available at https://www. spaceforce. mil/Portals/1/Space%20Capstone%20Publication_10%20Aug%202020. pdf（last visited Dec. 27,2021）.

训",以及实施/支持与太空相关的兵棋推演。[1] 然而,就目前而言,"太空力量"只对条令进行了必要的概述,以使读者了解美国军方和太空军本身对新军种职能的看法。

《太空力量:太空军条令》全面而简略地讨论了许多关键主题,包括对外层空间本身的描述。其第一章专门介绍了外层空间环境、轨道空间的危险以及其他物理和环境因素。虽然该章包含了对于试图了解外层空间环境的太空运营商而言重要的信息,但我们无须花费大量时间或篇幅从军事条令的角度来研读这一章。第二章"国家太空力量"在引言部分对一般国家力量、政治和政策在国际体系中的作用以及其他一般化的国际关系理论型信息(著名的国家权力工具组成公式DIME——外交力、信息力、军事力和经济力)进行了十分基础的讨论。此外,该章还讨论并定义了两个关键概念,这两个概念对于太空军如何融入美国在外太空的整体国家举措至关重要。首先,该章将"国家太空力量"的概念定义为"一个国家利用太空领域来追求繁荣和安全的总能力"。[2] 这种能力的评价方式是根据DIME框架对一个国家利用太空领域的能力进行对比分析。[3] 第二个概念是"联合的太空行动",其含义是"协调国家太空力量的所有组成部分来实现统一行动,从而保障国家利益"。[4] 例如,太空军("军事力量"类组织)的作用是通过为关键的国家和商业卫星以及太空系统("天基的经济来源")提供军事保护来促进联合太空行动,并由此增强美国在国际舞台上的外交实力。

在真正的军事条令框架内,[5]《太空力量:太空军条令》将太空军的条令要素分为三个层级的类别。"基础责任"是第一个也是最重要的类别,包含

---

[1] Space Training and Readiness Command, "Space Delta 10—Space Doctrine, Tactics, Lessons Learned, and Wargaming," Aug. 2021, https://www.starcom.spaceforce.mil/About-Us/How-We-Do-It/Space-Delta-10-Doctrine-Wargaming/.

[2] USSF, *Spacepower*, 13.

[3] USSF, *Spacepower*, 13.

[4] USSF, *Spacepower*, 13.

[5] 兰德公司将军事条令定义为"在军队追逐国家安全目标时指导军队行事的一套基本原则"。RAND Corporation, "Military Doctrine," 2021, https://www.rand.org/topics/military-doctrine.html (last visited Dec. 27, 2021).

"定义太空军事力量的重要贡献"和"美国太空军的核心目标"的三项主要责任。[1] 基础责任包括：

（1）保持太空领域的行动自由：几十年来，维护美国在太空领域的行动自由一直被认为是美国太空条令的重要组成部分——尽管"不受限制地进入太空和在太空中自由行动"直到最近才被定义为至关重要的国家利益。[2] 因此，维护这种行动自由是太空部队的基础责任也就不足为奇了。事实上，正如《太空力量：太空军条令》指出的那样，"太空部队的存在从根本上是为了保护、捍卫和维护这种行动自由"。[3] 从许多方面来说，描述这一基础责任的作用是回应外界先前的批评，即空军的太空条令过于强调"太空优势"——尽管《太空力量：太空军条令》承认并描述了"太空均势"、"太空优势"和"太空霸权"对于保护太空领域行动自由的重要性，但太空军的条令将这些条件视为需要依背景而定的特定情况。[4]

（2）实现联合杀伤力和效能：正如前面所述，"沙漠风暴"行动展示了太空力量在地面冲突中能够成倍增强地面部队的实力。在美军领导的联军将萨达姆·侯赛因的军队驱逐出科威特后的30年里，外层空间和太空系统在美军的联合行动中发挥的作用越来越大。描述该基础责任的条文不仅承认"太空能力加强了其他战争领域的

---

[1] USSF, *Spacepower*, 28.
[2] National Space Policy of the United States of America, Trump White House Archive, Dec. 9, 2020. http://trumpwhitehouse. archives. gov/wp-content/uplouds/2020/12/National-Space-Polllicy-pdf, at1.
[3] USSF, *Spacepower*, 29.
[4] USSF, *Spacepower*, 30. "太空均势"被定义为"没有任何力量在给定时间相对于另一种力量具有相对优势的情况"；"太空优势"是指"一种力量在太空中相对于另一种力量的相对控制程度，这将允许该力量能在不受对手禁止性干扰的情况下开展行动，同时在给定时间使对手丧失在该领域的行动自由"；"太空霸权"意味着"一方可以在相对不受惩罚的情况下开展行动，同时阻止对手在太空领域实现行动自由"。《太空力量：太空军条令》似乎是对琼·约翰逊-弗里斯博士等学者对"太空优势"条令/理论的批评的直接回应。该文件指出，"针对同级别的对手，太空霸权并不总是可取的，或者说，并不总是可以实现的，并且不应成为太空军事力量的无条件目标"。

行动以及每一个联合职能",还承认"美国必须依靠太空来部署或使用力量",并且"如果不依靠太空,美军现今甚至可能都无法做到这一点"。[1] 因此,太空军和美国太空司令部等其他美国太空军事组织必须"将太空能力全面有效地整合到联合训练、规划和行动中",并"在整个冲突区域中,作为团结一致的联合部队的一部分为全方位军事行动提供支援"。[2]

(3)提供在太空中、从太空和向太空投射力量的独立方案:虽然美国太空力量的应用旨在增强联合部队的实力,但这并不意味着所有太空行动都将是联合行动或旨在直接促进另一个作战领域(如陆地、海洋或空中)的行动。因为"太空部队通过在太空中、从太空和向太空投射力量来实现国家目标",所以对于太空部队来说,为"独立实现战略效果"以及向美国文职和军事领导层"提供多种方案",能够开展在外层空间中、从外层空间和向外层空间发起的行动同样重要。[3]

同样,这三项基础责任代表了太空军作为一个组织在美国总体军事力量结构中所需实现的首要目标。

这些基础责任的履行依靠五项"核心能力",即"太空部队需要成功或有效地向美国提供的一系列能力"。[4] 这些能力包括:

(1)太空安全:太空安全能力"通过为民间、商业、情报界和跨国合作伙伴安全进入太空创造条件,保护美国的繁荣和经济利益以及美国国际盟友的利益和安全"。[5] 太空安全涉及太空部队等军事组

---

[1] USSF, *Spacepower*, 29.
[2] USSF, *Spacepower*, 29, 31.
[3] USSF, *Spacepower*, 31–32.
[4] USSF, *Spacepower*, 33.
[5] USSF, *Spacepower*, 35.

织与民间、商业和国际合作伙伴之间的沟通合作，以促进所有相关太空参与者之间的合作与协调来处理威胁他们利益的活动。

（2）战斗力投射：战斗力投射涉及太空军和其他美国太空部队在防御性或进攻性太空行动中投射战斗力（定义为"必要时用于保护、防御或消灭威胁的可用力量"）的能力。防御性太空行动旨在"攻击前、攻击时或攻击后保护和维护友方的太空能力"，可分为"主动"或"被动"两类。主动防御行动旨在"破坏、消除或降低对手威胁的有效性"，而被动防御行动旨在"通过系统和架构属性提高生存能力"（如"强化"卫星的防御力以保护它们免受诸如网络或某些电子频谱的攻击）。[1] 进攻性太空行动旨在主动"瞄准对手的太空和反太空能力，以降低敌方部队在所有领域的效力和杀伤力"。[2]《太空力量：太空军条令》规定防御性和进攻性太空行动是基于效果或结果的，即这两种行动必须配合使用，以通过特定方式保护美国/盟军太空架构或损害/影响对手的太空能力。

（3）太空移动和后勤：太空移动和后勤是指"将军事装备和人员从地球送入太空领域以及从太空领域送回地球，以及通过太空领域运送军事装备和人员的能力"。[3] 这种能力对于维护太空领域内行动自由这一基础责任至关重要。太空移动和后勤可以涉及将卫星、其他太空系统/硬件或人员送入轨道的（相对）简单的发射能力；然而，该能力也可能涉及更复杂的轨道维护活动（继续向在轨站或设备提供燃料或补给品）和轨道回收活动（从太空领域回收人员或设备的能力）。[4]

（4）信息流动：信息流动被定义为"在军事行动范围内及时、快

---

[1] USSF, *Spacepower*, 36.
[2] USSF, *Spacepower*, 36.
[3] USSF, *Spacepower*, 37.
[4] USSF, *Spacepower*, 37.

速、可靠地收集和传输数据,以支持战术、战斗和战略的决策制定"。[1] 信息流动涵盖了自美国太空行动初期以来许多对美国至关重要的活动。早已纳入"情报、监视和侦察"综合信息采集系统的卫星侦察工作只是信息流动工作中涉及的关键技术之一。这种能力还包括点对点通信、广播通信,长途通信链路,受保护的战略通信,机器对机器接口,定位、导航和授时,核爆探测和导弹预警。[2]

(5) 太空领域感知:太空领域感知"包括有效识别、描述和理解与可能影响太空行动的太空领域相关的任何因素"。[3] 这种能力涉及大量的数据采集和分析,不仅涉及太空物理环境和轨道特定位置的太空系统/碎片(这种对太空领域中物理对象的跟踪和分析通常也被称为太空态势感知),还涉及太空作战的网络和认知维度。[4] 网络维度涉及太空中的物理节点/轨道,以及与电磁频谱上的波和频率的运动及影响相关的非物理信息。这些要素通过配合来协助美国太空部队提高确保通信线路、指挥和控制以及其他关键作战要素正常运行的能力。认知维度涉及操作太空系统的人员(包括朋友和敌人)的"决策过程、偏见、文化价值观和心理倾向"。[5] 太空领域感知的最终目标是"预测未来的结果和条件,这将反过来推动未来对领域感知的需求"。[6]

总体来说,这五项核心能力是太空军履行其基础责任的方法。

最后,为了成功运用核心能力,太空军内部需要专业分工。对这些专业的描述列于下述七大"太空力量专业"介绍中,其内容摘自《太空力量:太空军条令》(编号是后来编入的):

---

[1] USSF, *Spacepower*, 38.
[2] USSF, *Spacepower*, 38.
[3] USSF, *Spacepower*, 38.
[4] USSF, *Spacepower*, 39.
[5] USSF, *Spacepower*, 39.
[6] USSF, *Spacepower*, 40.

(1)轨道战：了解轨道机动以及进攻和防御火力，以保持进入该领域的自由。能够确保美国和太空联军可以继续为联合部队提供能力，同时阻止对手获得相同的优势。

(2)太空电磁战：了解频谱感知、频谱内的机动和频谱内的非动能火力，以阻止对手使用重要链路操纵物理访问通信路径，并了解这些路径如何为敌人带来优势。

(3)太空作战管理：了解如何适应太空领域，如何制定决策以保留任务，阻止对手进入太空，以及最终确保任务完成。能够识别敌对行动和敌方，以及进行战斗识别、瞄准和直接行动，以应对不断变化的威胁环境。

(4)太空准入和保障：了解、维持和延长太空领域行动所需的流程、支持和后勤工作。能够在太空中、从太空和向太空调配、应用和利用太空力量。

(5)军事情报：了解如何根据洞察力开展以情报为主导、以威胁为中心的行动。能够利用情报界来确保太空军事力量拥有保卫太空领域所需的情报、监视和侦察(ISR)能力。

(6)工程和采办：了解如何确保太空军事力量拥有世界上最好的太空领域防御能力。能够与其他国家安全太空组织、商业实体、盟国和学术界建立科学、技术和采办伙伴关系，以确保作战人员得到适合的装备。

(7)网络作战：了解如何保卫太空军事力量极其依赖的全球网络。具备利用关键太空网络和系统的网络安全和网络防御能力，以及运用先进进攻能力的技能。[1]

上述太空力量专业为太空军和其他美国太空部队提供了"实施核心能力

---

[1] USSF, *Spacepower*, 51–52.

所需的知识框架",以使它们能够完成基础责任。[1]

我们至少需要研究一下太空法对现行太空军条令原则的影响,如果我们不这样做,那么对该条令的讨论就是不完整的。正如我们在第二章和第三章讨论先前的空军和联合太空条令时看到的那样,太空法的原则,尤其是美国政府一贯奉行的"和平"利用太空的政策,对20世纪80年代和90年代的许多条令文件产生了重要影响。《太空力量:太空军条令》中通常不会完全忽略国际空间法和国际法;然而,与许多后来的空军和联合条令文件一样,《太空力量:太空军条令》更关注与行动有关的事务。这份65页的文件多次提到了与太空军行动有关的国际法。有些文件是对传统太空法原则的简要陈述。例如,在关于轨道属性的章节中,《太空力量:太空军条令》简要提到了国际空间法的"太空自由"以及卫星遥感历来被视为合法活动的事实。[2] 其他文件则更具规范性。在引言中,《太空力量:太空军条令》指出,太空军在太空领域应用太空力量"需要与美国政府、盟国和合作伙伴密切合作,并遵守国内法和国际法"。[3] 在这一点上,《太空力量:太空军条令》没有详细说明太空军必须如何根据国内法和国际法开展行动,或者这些法律将如何影响美国太空部队的行动。

《太空力量:太空军条令》后面有关战争性质的章节对此作出了一些解释。在这里,我们再次提到了《外空条约》引言部分所使用的"和平使用/目的"一词——尽管其陈述是对国际法的误述。《太空力量:太空军条令》在对不同环境下战争的持久性的讨论中指出:"根据国家法,美国承认使用太空的目的是维护和平,并做好保卫太空的准备,以使自身免受试图阻止其实现太空目标的敌对势力的侵害。"[4] 尽管《太空力量:太空军条令》规定的政策(美国对"和平目的"的解释使太空军和其他太空部队能够为轨道冲突的现实做准备)与美国20世纪60年代以来的相关政策是一致的,但我们之前已经看

---

[1] USSF, *Spacepower*, 50.

[2] USSF, *Spacepower*, 3.

[3] USSF, *Spacepower*, vi.

[4] USSF, *Spacepower*, 17.

到,实际上国际空间法并没有一项明确的要求指出,外层空间必须得到"和平"使用。目前尚不清楚《太空力量:太空军条令》将"和平目的"描述为一项国际法的要求仅是为了巧妙地陈述美国与"和平利用/目的"相关的长期政策,还是为了反映国防部对国际空间法的一些新意图或解释,但前者的可能性更大。尽管美国将"负责任的行为"作为一项外层空间行为原则在外交和国际上推行,并且最近的总统国家太空政策普遍提倡"和平利用"外层空间,但据作者所知,美国政府没有其他官方文件说明"和平利用"/"和平利用外层空间"是国际法的一项明确要求。

《太空力量:太空军条令》中,对国际法的引述最为详尽的部分是将太空部队描述为"外层空间领域的管家"的章节。该章节广泛引用了管理太空军外层空间活动的国际法和法律原则:

> 太空部队必须是太空领域的负责人。在设计任务、训练和执行"终结生命"的行动时,太空部队应根据《武装冲突法》、《外空条约》和国际法,以及美国政府和国防部的政策,尽一切努力推行负责任的行为规范。就像所有形式的战争一样,太空战的实施和潜在的附带损害是根据军事必要性、区别性和相称性原则来判断的。通过这种方法,太空部队可以平衡我们的战备责任与供子孙后代使用的太空环境的安全性和可持续性。[1]

同样,《太空力量:太空军条令》的文本中没有提供什么具体内容,引述的《武装冲突法》(美国军方现在通常称为"战争法"[2])内容及其主要的区分原则(参与武装冲突的军队只能以军事目标为目标,不能牵涉平民和民用物体)、军事必要性原则(军事行动必须服务于某种军事目的,即军事行动要么

---

〔1〕 USSF, *Spacepower*, 43.

〔2〕 *See*, for example the 2015/2016 *Department of Defense Law of War Manual*, available at https://dod.defense.gov/Portals/1/Documents/pubs/DoD% 20Law% 20of% 20War% 20 Manual% 20-% 20June% 202015% 20Updated% 20Dec% 202016.pdf? ver = 2016 - 12 - 13 - 172036 - 190.

使行动方获得明显优势,要么阻止敌方获得军事优势)和相称性原则(合法军事行动对民用物体造成的损害或平民伤亡与获得的军事优势成正比)承认这些法律要求适用于太空领域,但对其适用时间和方法鲜有讨论。类似地,与之前的空军和联合条令文件一样,《太空力量:太空军条令》对《外空条约》的提及表明,国际空间法将管辖——并在某种程度上限制——太空军的活动。然而,与《武装冲突法》一样,《外空条约》和其他国际空间法条约中概述的普遍性原则和法律要求将如何影响太空军的行动在很大程度上尚未得到检验。

五、结语和法律影响

尽管特朗普总统于 2018 年 6 月首次宣布成立太空军的消息遭到了某些群体的嘲笑,但太空军的创建是两党共同的行动,该行动以国会旨在建立面向太空的军种的提案为基础。正如我们在第三章中看到的那样,在拜登总统对太空军及其行动的支持下,这个新军种在特朗普政府向拜登政府过渡期间也一直得到行政部门的许可。尽管美国政府中仍有一些太空军的批评者[如加利福尼亚州民主党众议员贾里德·霍夫曼(Jared Huffman)在美国众议院提出了一项废除太空军的法案],但美国两党的广泛支持似乎足以确保该军种的持续发展。[1] 尽管从 2019 年年底到 2020 年年初的几个月内,也就是该军种的初创时期,雷蒙德将军一直是唯一的正式成员,但太空军现已发展为由 6400 多名成员组成的军种,拥有实体基地、15 个三角洲部队和专门的任务,并控制着可以说是世界上最复杂和种类最多的太空军事设备。太空军可能尚未发展到最终形式,但其存在这一事实证明了自 20 世纪 90 年代中期以来一直提倡建立该军种的理论家、政治家和军事战术家是有先见之明的。

然而,从法律和政策的角度来看,并不是每个人都相信太空军的创建具

---

[1] Tom Roeder, "Space Force abolished? House bill would do just that," *The Gazette*, Oct. 18, 2021, https://gazette. com/military/space-force-abolished-house-bill-would-do-just-that/article_7589e9f6 – 1bd5 – 11ec – 9112 – 0f98af62e60b. html.

有积极意义。琼·约翰逊-弗里斯博士表示,"出于军事、政治、组织和预算方面的原因,建立太空军不是一个好主意",这句话在本书前文中的其他类似语境中被引用过。[1] 琼·约翰逊-弗里斯博士通过引用特朗普总统强调美国有必要取得太空霸权的言论,认为太空军的创建是美国太空军事政策最冲动的决定所导致的结果(她之前在个人书籍《天上的野心:美国对太空霸权的追求和21世纪的太空战:武装天空》中批评过这一冲动的决定)——确实,这代表了"美国公然从20世纪40年代开始的太空军事化转向太空武器化"。[2] 她还推测,建立太空军将导致国防部内部出现混乱的官僚主义结构、"烟囱式"低效的太空工作架构,以及激进的预算成本。同样,麻省理工学院斯坦顿核安全研究委员以及轨道和天体物理学家、太空安全事务和导弹防御专家劳拉·格雷戈(Laura Grego)博士也认为,太空军"可能使太空成为更具争议性和危险性的环境",至少部分是因为它会"使国家安全官僚机构内部认为炒作太空武器威胁论是有利可图的,然后制造能够与之相抗衡的新武器"。[3] 格雷戈博士将这一效益低下的危险举措与她认为的更明智的路径进行了对比,即让美国"极力……通过与国际竞争对手谈判来限制"太空武器和潜在的有害太空活动。[4] 琼·约翰逊-弗里斯博士、格雷戈博士和其他提出类似观点的批评追溯了从太空时代初期就存在于美国太空政策(以及法律——从某种程度上来说)中的两难问题:考虑到对手可能也会部署自己的太空军事系统,如何在协商一致的太空环境规则与军事能力发展之间取得适当平衡,以对该环境施加一定程度的控制?

---

[1] Joan Johnson-Freese, "Prompt Essay: One Good Reason for Creating a Space Force," in Texas National Security Review, "Policy Roundtable: Does America Need a Space Force?," Sept. 18, 2018, available at https://tnsr.org/roundtable/policy-roundtable-does-america-need-a-space-force/ (last visited Dec. 29, 2021).

[2] Johnson-Freese, "Prompt Essay: One Good Reason for Creating a Space Force."

[3] Laura Grego, "The New U.S. Space Force Will Make Space More Dangerous, Not Less," *World Political Review*, Jan. 8, 2020, https://www.worldpoliticsreview.com/articles/28452/why-the-trump-space-force-will-make-space-more-dangerous (last visited Dec. 29, 2021).

[4] Grego, "The New U.S. Space Force Will Make Space More Dangerous, Not Less," *World Political Review*.

尽管琼·约翰逊-弗里斯博士、格雷戈博士等批评者——甚至是新军种的一些支持者[1]——认为太空军的创建将导致外层太空更加军事化和武器化，但大多数太空军的行动与美国多年来开展的行动和发展方向并没有明显的不同。如上所述，太空军承担了以前由空军太空司令部履行的职能，包括极为重要的太空交通管理和透明度行动。事实上，太空军"通过正式的数据共享协议，与来自25个国家的100多个政府、学术和商业伙伴组织共享关于太空物体位置的信息，并且用户名单正稳步增加"[2]。太空军还参与多项非武器化任务，包括在多个系统（或多类卫星星座）之间分配太空能力并提高其他太空系统的安全性/生存能力，以开发韧性更强的外层空间基础设施[3]。

不可否认的是，太空军在武器化领域的关注重点之一是轨道战，但这一专业部门产生于美国太空武器军事研究（正如我们所见，该研究至少可以追溯到美国太空政策在20世纪80年代里根政府时期的重大转型），旨在应对美国潜在竞争对手的外层空间武器化活动。例如，俄罗斯自2011年以来一直在开发一种新的共轨式反卫星系统——根据2020年7月的轨道测试（美国太空军事界观察到了这一次测试并提出了批评）[4]一种能够跟踪攻击其他卫星的卫星[5]。以上论述并不是为了确定最先开展太空武器化的国

---

[1] See Henry Olsen, "Opinion: The U. S. Space Force is preparing to militarize space. Good. ," *Washington Post*, Mar. 17, 2022, https://www.washingtonpost.com/opinions/2022/03/17/space-force-militarizing-good-thing/.

[2] John Lauder, Frank G. Klotz, William Courtney, "How to avoid a space arms race," *The Hill*, Oct. 24, 2020, https://thehill.com/opinion/national-security/522512 – space-arms-control-small-steps-can-begin-to-overcome-the-obstacles.

[3] Courtney Albon, "US Space Force aims for more resilient architecture by 2026," *C4ISRNet*, Feb. 17, 2022, https://www.c4isrnet.com/battlefield-tech/space/2022/02/17/us-space-force-aims-for-more-resilient-architecture-by – 2026/.

[4] Rachel S. Cohen, "SPACECOM Calls Out Apparent Russian Space Weapon Test," *Air Force Magazine*, July 23, 2020, https://www.airforcemag.com/spacecom-calls-out-apparent-russian-space-weapon-test/.

[5] Theresa Hitchens, "Russia Builds New Co-Orbital Satellite: SWF, CSIS Say," *Breaking Defense*, Apr. 4, 2019, https://breakingdefense.com/2019/04/russia-builds-new-co-orbital-satellite-swf-csis-say/.

家而简化因果关系,而是为了描述促成太空军创建的威胁性国际环境。这些事实也给格雷戈博士等太空军批评者提出的替代方案的可行性打上了问号。

在这一点上,对太空军的批评主要来自政策角度——新军种将加剧国际紧张局势,花费本来可以用于其他领域的宝贵预算资金,使本已效率低下的政府官僚机构的运行情况雪上加霜,以及其他类似的批评意见。然而,从法律角度来说,太空军的创建肯定没有违反任何现有的国家或国际空间法。正如我们在第二章中看到的,《外空条约》可能禁止任何国家在外层空间部署核武器或者大规模杀伤性武器,以及完全禁止天体上的军事活动,但条约中没有任何内容禁止任何国家对星际空间(或"外层空间")进行军事利用,甚至没有内容禁止它们在外层空间放置或使用常规武器。尽管太空军的行动肯定会涉及4项《外空条约》中确立的法律原则或要求,如与国际责任相关的原则(《外空条约》第6条),责任(《外空条约》第7条和《责任公约》全文)以及"合作与互助原则"、"适当顾及"和"有害干扰"(《外空条约》第9条)等在很大程度上未定义的概念,太空军是否在真正的法律意义上违反这些要求需要按照具体情况逐案分析。当然,国际上在制定与"负责任"的外层空间行为相关的非约束性原则/规范或习惯性规则方面取得的任何进展(或存在的任何不足)也会影响太空军的行动。

此外,美国并不是唯一一个发展面向太空的军种的国家。1992年苏联解体后,俄罗斯联邦建立了第一支基本上独立的"太空部队",以监控苏联军事卫星和导弹(应当指出的是,这支太空部队后来被合并为与俄罗斯空军和俄罗斯空天防御兵同级的俄罗斯航空太空军分支机构)。[1] 尽管中国的太空活动历史可能没有俄罗斯那么长,但该国作为一个太空大国的迅速崛起也影响

---

〔1〕 *See* Ministry of Defence of the Russian Federation, "Aerospace Forces," https://eng.mil.ru/en/structure/forces/type/vks.htm(last visited Dec. 29, 2021)(English Links to Russian Military Sites Defunct Post - 2022 Ukraine Invasion).

了其军事思想。[1] 中国在南亚的潜在竞争对手印度也已经确定,扩增军事性质的太空活动对于保护其国际利益是有必要的;在过去几年中,印度既测试了反卫星导弹,[2] 又建立了一个致力于太空战和卫星情报的联合军事组织——国防航天局。[3] 甚至法国也认识到与外层空间系统和活动相关的国家安全问题,并已通过在法国空军内部建立太空军事司令部来加强其太空的军事战备。2020 年 9 月,该司令部已更名为法国"空天军"。[4]

现在,让我们将上述发展与我们对国际法的总体讨论以及与外层空间的军事利用及"和平目的"原则有关的更宏观的问题再次联系起来。航天国家越来越有兴趣发展面向太空的军事组织并参与更重要的与太空领域利用有关的军事活动,这可能有助于根据国际法建立国家惯例。持续的国家实践是国际习惯法发展的一个重要环节(其他环节包括法律确信,或一种认为在国际法下实际上强加了合法权利或义务信念的特定举动、行为或情况)。即使参与制定《外空条约》和国际外层空间法制度的国家的初衷倾向于从非军事和纯粹和平使用的角度理解法律的组成部分,[5] 但越来越多国家的实际做法

---

[1] John Costello and Joe McReynolds, "China's Strategic Support Force: A Force for a New Era," *China Perspectives*, Institute for National Strategic Studies (Washington, D. C.: National Defense University Press, December 2018), available at https://ndupress. ndu. edu/Portals/68/Documents/stratperspective/china/china-perspectives_13. pdf.

[2] *See generally* Shounak Set, "India's Space Power: Revisiting the Anti-Satellite Test," Carnegie India, Carnegie Endowment for International Peace, September 2019, available at https://carnegieendowment. org/files/7-30-19_Set_India_ASAT_Test. pdf.

[3] Asian News International, "Defence Space Research Agency: Modi govt approves new body to develop space warfare weapon systems," *India Today*, June 11, 2019, https://www. indiatoday. in/india/story/defence-space-research-agency-modi-govt-approves-new-body-to-develop-space-warfare-weapon-systems-1546951-2019-06-11.

[4] *See* Jean-Claude Vecchiatto, "The latest developments of the French Space Military Command," *Bird & Bird*, Jan. 2021, https://www. twobirds. com/en/news/articles/2021/france/the-latest-developments-of-the-french-space-military-command (last visited Dec. 29, 2021); News Wires, "Macron announces creation of French space force," *France 24*, July 13, 2019, https://www. france24. com/en/20190713-macron-france-space-force.

[5] 正如我们所见,一些国家确实对重要的太空法原则的解释或看法有这个倾向,即使当时两个主要航天大国美国和苏联并没有。

倾向于将太空军事化。致力于外层空间事务的军事组织的发展有可能有违初衷。然而,正如我们所见,除了在轨部署大规模杀伤性武器或核武器之外,《外空条约》已经在很大程度上允许各国在星际空间开展军事活动。因此,越来越多的国家开始实施太空军事计划,这不仅体现出法律环境的宽松性(应该补充的一点是,形成这种环境的原因是《外空条约》中"和平目的"一词的"非侵略性"解释得到了越来越广泛的接受),还反映了越来越多的国家持续进行的国家做法有助于进一步巩固太空军事计划在国际法框架内的合法性。

上述一切都是为了表明,无论越来越多的国家参与者加强对外层空间的军事使用这一现象在国际政策上是好是坏,各国迄今为止在外层空间采取的军事行动大多是——如果不完全是——在现有太空法制度下的合法行为(有时,有人指控太空军事活动违反了外层空间法,如第五章中将更详细地讨论2007年的中国反卫星试验,然而,此类指控通常没有关注太空军事活动是否违反了《外空条约》第4条"和平目的"和军事用途规定)。从政策的角度来看,太空军事化和武器化的加剧肯定会带来严重后果。琼·约翰逊-弗里斯博士和格雷戈博士等批评者可能是正确的,因为美国发展以太空为重点的新军种使外层空间更有可能成为冲突或军备竞争的战场。然而,航天国家普遍承认,从军事的角度来讲,外层空间是不容忽视的。这就引出了一个问题,即美国是在引发太空军事化,还是只是与国际体系内的其他行为体一起对某个新领域的自然发展结果——尽管不容乐观——作出回应。

第五章 太空政策与"安全困境":美国是否注定遭遇太空冲突

一、引言

对美国21世纪太空政策(特别是涉及美国军方的政策)最激烈的批评认为,追求"控制太空"或"主导太空"的太空安全思想不太可能使美国更加安全。事实上,评论家称这种政策极易引发国际社会其他成员无法预料的反应,导致美国在外层空间面临更多强大的对手,最终削弱美国安全。例如,《原子科学家公报》前编辑、独立研究所研究员迈克·穆尔(Mike Moore)在其2008年出版的《暮光之战:愚蠢的美国太空主导权》(*Twilight War: The Folly of U. S. Space Dominance*)引言中写道:"认为太空冲突不可避免的信念存在一个真理怪圈:如果美国表现得好像太空冲突不可避免,那么太空冲突将真的不可避免。这将是一条自我实现的预言。"[1]后来,美国海军战争学院的国家安全事务教授琼·约翰逊-弗里斯博士提出了同样的观点:"军方已

---

[1] Mike Moore, *Twilight War: The Folly of U. S. Space Dominance* (Oakland, CA: Independent Institute, 2008), xvi.

广泛地假定并接受太空冲突的不可避免性。然而,这种假设越来越像是在创造一条自我实现的预言。"[1]她后来总结道:"目前美国强调的战争计划、主导权和控制权只会激怒潜在的对手,使先发制人打击美国太空资产成为令人信服的选择,而美国比对手更依赖这些资产。"[2]

本章将评估这些批评家的意见是否正确。美国,特别是在其建立太空部队专门执行外层空间安全行动后,是否正在使太空环境更不稳定?是否正如卡索邦等人在《傅科摆》中提出的那样,美国想象了一个并不存在的外层空间威胁环境,潜伏其中的对手试图超越美国的太空能力或破坏其宝贵的太空系统,因为表现得像这种威胁环境存在一样,从而真的将其创造出来?或者,更危言耸听的预言家詹姆斯·加文、伯纳德·施里弗、罗纳德·里根、唐纳德·拉姆斯菲尔德,以及2022年热议太空安全政策的史蒂文·夸斯特(Steven Kwasts)等是否有权利声称:相信太空不会被用于军事目的完全是天真的,如果美国不将其用于军事目的,其对手必然代替它这么做。以"安全困境"国际关系理论概述为切入点,本章将探讨美国的太空安全政策是否真正符合经典的"安全困境"范式。即使其太空安全政策不符合这一范式,基于美国与其潜在对手各自谋求太空优势的可能性,仍然必须考虑和应对相关重大风险。

二、国际关系理论中的安全困境

对于迈克·穆尔、琼·约翰逊-弗里斯和其他关注美国太空政策方向的学者来说,美国行为的背景,特别是在外层空间的军事行为反映出典型的"安全困境"。安全困境模型在国际关系理论中占有重要地位。该模型认为国家之间的冲突可能发生在一个悖论的基础之上,即一个国家并没有侵略意图,

---

[1] Joan Johnson-Freese, *Space Warfare in the 21st Century: Arming the Heavens* (Abingdon, UK: Routledge, 2017), 74.

[2] Johnson-Freese, *Space Warfare in the 21st Century*, 166.

只是为了确保自身安全采取某些举措或某种行动，却引发另一个国家的恐惧反应，导致另一个国家采取措施维护自身安全。约翰·赫兹（John H. Herz）最早用"安全困境"概念来描述此现象："团体或个人……必须（也往往）担心自身安全，尽量避免遭到其他团体和个人的攻击、统治或支配。为了防范这种攻击并保证安全，他们追求越来越强大的实力，以避免受制于他人的实力。这种做法反过来又使其他人感到愈加危险，迫使他们做最坏的打算。在这个充满竞争的世界里，没有人能感到完全安全，实力竞争随之而来，安全与实力积累的恶性循环正在上演。"[1]

这种悖论或困境最终导致战争，不是因为某个国家热切希望与其他国家开战或发生冲突，而是因为至少有一个国家认为，对抗是阻止对手积累实力和确保自身安全的唯一途径。

"安全困境"模型的另一位早期理论家赫伯特·巴特菲尔德（Herbert Butterfield）认为，由于参与者感受到的恐惧和自我正当性，安全困境情景导致的冲突比其他原因导致的冲突更加激烈："历史上最伟大的战争可能发生在两个大国之间，这两个大国都在一定程度上是道德的，都迫切希望防止冲突，但这样的争斗，往往不是美好、安静、合理的事情。双方为强烈的道德愤怒所刺激，都认为自己是正义的，迁怒于另一方让它没有除战争以外的其他任何选择。这正是'霍布斯式恐惧'情形的特殊之处，即一方可能深切地感受到其对另一方的严重恐惧，但无法了解这种恐惧，甚至无法理解为什么会如此恐惧；一方虽然知道自己并无意图伤害另一方，也无意从另一方获得任何东西，只是想保证自身安全，但它永远不可能正确意识到，对方看不到它的内心，永远不可能像自己一样确信自己的意图。双方都是如此，如同中国鲁班锁那样所有部件相互啮合——双方都看不到自己所处困境的本质，双方只认为对方充满敌意，不可理喻。"[2]

因此，恐惧和误解是安全困境理论的核心。巴特菲尔德、赫兹等安全困

---

[1] John H. Herz, "Idealist Internationalism and the Security Dilemma," 2 *World Politics* 2, 157 (Jan. 1950).

[2] Herbert Butterfield, *History and Human Relations* (New York: Macmillan, 1951), 21.

境理论专家[包括哥伦比亚大学教授罗伯特·杰维斯(Robert Jervis)]提出了构成典型安全困境情景的要素,尽管略有不同,但他们都同意这一点,并认为如果不对国家层面的恐惧和误解加以控制,极有可能导致灾难。[1]

  2009年,中国上海复旦大学国际关系教授唐世平博士在对安全困境理论新的研究中提出的要素和假设情景具有重要价值。通过深入研究巴特菲尔德、赫兹和杰维斯的早期理论,唐世平提出安全困境的8个主要特征:(1)国际无政府状态("'安全困境'的本源是国际政治的无政府状态"[2]);(2)不确定性/恐惧("无政府状态之下,国家不能确定彼此当前和未来的意图","结果,国家往往会对彼此产生恐惧"[3]);(3)无意/非恶意(真正的安全困境"起源于无意",即困境的双方是"防御性现实主义国家",唐世平将其定义为"两国只想要安全,并非故意要威胁其他国家"[4]);(4)实力积累("由于对彼此意图的不确定性和恐惧,国家诉诸权力或能力的积聚,以此作为防御的手段,而这些能力不可避免地包含某些进攻性的能力"[5]);(5)自我强化["'安全困境'的动力是自我强化的,并且经常导致(非意图性的和恶劣的)螺旋式的情境,诸如关系的恶化、军备竞赛和战争"[6]];(6)参加者适得其反的行为("'安全困境'的动力倾向于采取增加安全的措施……适得其反:积累了不必要的进攻性能力反而更不安全"[7]);(7)悲剧结果("'安全困境'所产生的恶性循环会导致悲剧的结果,诸如不必要的以及可以避免的战争"[8]);(8)严重程度调节("'安全困境'的严重程度可由物质因素和社会心理因素调节"[9])。唐世平提出的主要特征融合了巴特菲尔德、赫兹和杰维斯关于

---

[1] See Shiping Tang, "The Security Dilemma: A Conceptual Analysis," 18 *Security Studies* 3, 589 – 593 (2009).

[2] Tang, "The Security Dilemma," 18 *Security Studies* 3, 594.

[3] Tang, "The Security Dilemma," 18 *Security Studies* 3, 594.

[4] Tang, "The Security Dilemma," 18 *Security Studies* 3, 594.

[5] Tang, "The Security Dilemma," 18 *Security Studies* 3, 595.

[6] Tang, "The Security Dilemma," 18 *Security Studies* 3, 595.

[7] Tang, "The Security Dilemma," 18 *Security Studies* 3, 595.

[8] Tang, "The Security Dilemma," 18 *Security Studies* 3, 595.

[9] Tang, "The Security Dilemma," 18 *Security Studies* 3, 595.

安全困境的理论。引发困境的关键因素依然是一方在见到另一方积累力量和能力时感到的恐惧和不确定性。

除了简明扼要地解释安全困境的主要特征,唐世平还探讨了安全困境可能适用的多个情景。如果国家之间发生冲突或战争,那么它们必然在某些事情上存在分歧,因此他从国家之间的利益冲突着手,将可能的利益冲突分为两类:一类是"客观上虚假的",即冲突参与国家主观认为的、实际并不存在的利益冲突;另一类是"客观上真实的",即冲突参与国家之间真实的利益冲突。[1] 根据冲突参与国家认为是否可通过国际合作、双边互动或其他非暴力方法解决利益冲突,以及利益冲突实际上是否"可以调和"(利益冲突在客观和主观上是否"可以调和"),将这两类利益冲突进一步细分。[2]

唐世平认为,客观上存在不可调和真正利益冲突的情况下,一方或双方都承认冲突的不可调和性,因此通常不存在真正的安全困境。[3] 在这种情况下,一国为强化其对利益冲突的立场而采取的任何行动都必然是恶意的,行为国知道其行为目的是损害另一方,这就是问题所在。根据唐世平的观点,在客观上虚假、可调和的真实冲突中,误解的风险、不确定性/恐惧的影响以及有关国家的错误举动都可能引发安全困境,当一个国家或两个国家认为客观上虚假、可调和的真正利益冲突不可调和时,尤其如此。

三、美国太空安全政策与国际社会

(一)真实的安全困境

对美国太空安全政策的批评——特别是认为美国对太空军事用途的重视创造了一个外层空间不稳定和威胁的"自我实现预言"——这个价值连城的问题直截了当:美国对外层空间的做法以及其他国家对这种做法的反应是

---

[1] Tang, "The Security Dilemma," 18 *Security Studies* 3, 600.
[2] Tang, "The Security Dilemma," 18 *Security Studies* 3, 600.
[3] Tang, "The Security Dilemma," 18 *Security Studies* 3, 600, 602.

否代表了真实的安全困境？显而易见，多数美国政策制定者和评论家对这一问题给出了明确肯定的回答。然而，玩一个发现行动和反应的游戏是相当简单的（特别是在事后看来），对未来的预测也几乎同样容易。毕竟，如果未来事情未像预期的那样发生，预言家们可用无数的变量和因素来解释他们预测失败的原因。只有在能够客观地分析美国是否处于（或以前就已发现自己处于）"安全困境"的情况下，与"自我实现预言"相关的理论才有用。唐世平对"安全困境"的特征分析为研究这一问题提供了很好的切入口。如果太空安全领域构成真实的安全困境，那么肯定可以找出哪个国家对此负有最大责任，更重要的是，我们可以努力制定政策，阻止这种情况下的自我维持性质，并有望避免冲突。如果太空安全不是真实的安全困境，这种方式虽然可能无法完全消除太空冲突或竞争的威胁，但可以为解决太空冲突提供不同的选择。

另外，需要注意的是，两个或更多国家之间的"安全困境"可能不只涉及单一的潜在冲突赛场或领域。以涉及美国与中国的"安全困境"情景为例，外层空间将只是总体多领域对抗的一个方面。双方的太空政策和活动将与一系列其他因素共同产生影响，如地面和海上军事行动、经济政策、政治策略等，这些因素有助于延续或消除"安全困境"。鉴于审查影响两个或更多国家之间安全局势的每个潜在军事、政治、外交、国家和国际因素的复杂性，本章将重点分析外层空间领域的"安全困境"。

明确回答"安全困境"问题还存在难点。在国际关系背景下，美国的太空政策至少可分为两个历史时期，再过几年，这两个时期的长度将大致相等。第一个时期从20世纪50年代中期（如第三章开头所述，最早可能始于20世纪40年代中后期）延续到1991年苏联解体，可称为美国太空安全政策的冷战时期。这一时期的特点是美国与苏联在外层空间的两极竞争，但从未发生直接冲突。第二个时期从1991年延续至今，可称为冷战后时期。尽管在20世纪90年代美国曾短暂享受单极太空主导权，但在这一时期，其他国家和私人太空机构获得了更多进入外层空间的机会，最终形成了多极太空格局，但美国仍然保持着主导地位。采用唐世平提出的"安全困境"主要特征中的三个因素对这两个时期进行分析,即国际无政府状态、不确定性/恐惧和实力积累,可梳理出它们对美国太空安全政策的潜在影响。选择这三个因素的主要原因:一是在作者看来,这三个因素代表了"安全困境"可能存在所必需的核心因素。二是由于冷战最终并没有导致美苏之间冲突的自我强化,而且目前美国与其他国家的外层空间关系也没有导致这种冲突,因此没有必要对唐世平提出的其他"安全困境"因素进行实质性分析。唐世平提出的自我强化、参加者适得其反的行为、悲剧结果、严重程度调节因素均与进行中的"安全困境"有关;只有当国际无政府状态、两个或更多国家之间的不确定性/恐惧以及这些国家之间的实力积累促使它们进入"安全困境"时,这些因素才会产生影响。此外,唐世平提出的第三个因素"无意/非恶意"还没有得到考证,因为在作者看来,美国以及其他国家都不能被看作只关心自身安全的"防御性现实主义国家"。

尽管上一段描述的参数可能影响是否存在真实的"安全困境"的判断(至少在唐世平描述的整体"安全困境"理论下),但研究唐世平提出的国际无政府状态、不确定性/恐惧和实力积累因素为了解冷战期间和之后的国家行为提供了重要的见解。未来的发现可能听起来较为简单,但对外层空间领域的未来行动具有重大影响:尽管无法客观地证明现实主义、自由主义、制度主义或任何其他国际关系理论是否正确,这些理论对国家行动的影响程度取决于诸多因素,但《傅科摆》中卡索邦等人认为最主要的因素是洞察力。

(二)冷战时期美国的太空安全政策

如第三章所述,20世纪40年代中期,二战结束后不久,美国军方开始考虑在轨卫星的用途,但直到近10年后美国才首次发布与外层空间安全相关的国家政策,分别是艾森豪威尔总统期间的《国家安全委员会第5520号文件》,苏联人造卫星"斯普特尼克1号"发射后的《国家安全委员会第5814/1号文件》和《国家安全委员会第5918号文件》。"斯普特尼克1号"是美国冷战时期太空安全政策的开端,被苏联赶超压制的担忧迫使美国加速开展外层空间研究。在最初,冷战似乎呈现出各种"安全困境"的特征并发生于国际环境中,这符合现实主义的"安全困境"理论,但美国和苏联成功地度过了大约45年的低层次冲突,并没有陷入"安全困境"理论家预测的自我强化致命冲突周期。这是为什么?本部分考察了唐世平提出的三个因素——国际无政府状态、不确定性/恐惧和实力积累,表明即使国际环境和美苏双边关系最初符合"安全困境"的理论家描绘,但双方能够找到减少冲突的国际主义方法。接下来将具体通过国际关系理论分析,推翻"安全困境"理论的关键假设。[1]

1. 国际无政府状态

唐世平"安全困境"的第一个特征要素是"国际无政府状态",这实际上是"安全困境"理论从赫兹到唐世平期间所有发展的重要内容之一。国际体系实际是否处于无政府状态是国际关系理论本身的核心的问题,因此无政府状态可能是"安全困境"所有特征要素中最难考察的一个。国际理论家和政治哲学家已就这个问题争论了数个世纪,甚至上千年。公元前5世纪的希腊历史学家、将军、《伯罗奔尼撒战争史》的作者修昔底德(Thucydides)是最早阐述国际无政府状态理论的人之一。在修昔底德的《米洛斯对话》中,雅典人试图向民众解释他们对美利安岛的征服,不是出于国际权利、道德或合法性的传统理由,而纯粹是因为拥有征服实力和能力:"对我们自己来说,我们不会用似是而非的借口来搪塞你们——无论是因为我们推翻了米堤亚人,而有权拥有我们的帝国,还是因为你们对我们做了错事而攻击你们,我们也不会发表令人难以置信的长篇大论……因为你们和我们一样清楚,在这个世界里,正义只是权利平等者之间的问题,强者可以为所欲为,弱者只能听任摆布。"[2]

修昔底德描述的雅典人的话具有古典历史的戏剧性,甚至诗意,但他所

---

[1] 需要指出的是,"安全困境"理论的支持者可能用唐世平提出的第八个因素——"严重程度调节"来解释美苏如何避免冲突。See Tang, "The Security Dilemma," 18 Security Studies 3, 595. 至少可以从两个方面反驳此论点。第一,它假设"安全困境"确实存在,这意味着唐世平和其他理论家提出的其他因素必须存在,而且只能减轻当前"安全困境"的严重程度,而不能消除"困境"本身。第二,这种论点基于某些国际关系理论假设,但在冷战期间美国与苏联的关系中这些假设不成立。

[2] Robert B. Strassler, ed., *The Landmark Thucydides* (New York: Free Press/Simon & Schuster, 1996), 352.

表达的情感自《伯罗奔尼撒战争史》以来的2500年里几乎没有变化。例如，肯尼思·华尔兹（Kenneth Waltz）在其政治理论经典著作《人、国家与战争》中以更为学术的方式重述了修昔底德的观点："在众多主权国家之间，没有可执行的法律制度，每个国家都根据自己的理由或愿望来判断自身受到的伤害以及野心，冲突（甚至战争）必然会发生。为了从这种冲突中获得有利的结果，国家必须依靠自己的手段，不断提高其相对效率。"[1]

华尔兹可能缺少修昔底德的诗意，但他们表达了相同的内涵。美国前国家安全顾问和国际政治家亨利·基辛格（Henry Kissinger）对包括外层空间领域在内的大国政治十分熟悉，他以类似的语言更精辟地将19世纪的现实政治描述为"基于权力和国家利益算计的外交政策"，他本人在很大程度上赞同现实政治理论。[2]

修昔底德、华尔兹、基辛格是国际政治"现实主义"学派的代表。本书经过对现实主义理论的初步分析，认为现实主义"强调人性对政治的限制和国际政府的缺失"。[3] 现实主义理论将国际体系描述为"权力和利益的世界"，在这个世界中，国家是主要参与者，在无政府环境中尽最大努力追求自己的真实（或感知的）利益。[4] 从这一描述和上文关于"安全困境"的讨论来看，很明显，"安全困境"理论本身属于更全面的国际现实主义理论。尽管这两种理论不一定同时兴盛或衰落（可以设想一种情景，其中现实主义的总体理论准确地描述了国际体系，但"安全困境"理论无法准确这样做），但如果国际体系不是无政府状态，或者国际体系内的国家不认为其是无政府状态，那么现实主义和"安全困境"都无法准确地描述或预测国家行为。

除现实主义国际关系理论外，许多其他理论也对国际体系作出了不同的解释，如国际体系不是基于无政府状态和自身利益，而是基于相互依存关系。

---

[1] Kenneth N. Waltz, *Man, the State and War: A Theoretical Analysis* (New York: Columbia University Press, 1959), 159.

[2] Henry Kissinger, *Diplomacy* (New York: Simon & Schuster, 1994), 137.

[3] Jack Donnelly, *Realism and International Relations* (Cambridge: Cambridge University Press, 2000), 9.

[4] Donnelly, *Realism and International Relations*, 9.

总体上，这些国际关系理论被归入"理想主义"。理想主义认为，由于国家在国际体系中相互依存，通过国际法、规范或制度对国家行动进行约束，将给所有人带来更大的利益和繁荣。[1] 理想主义的首要目标是合作，而不是竞争。理想主义世界观涵盖了许多理论或亚理论，论述这些总体思想的各个方面。例如，"自由主义"有时被认为与"理想主义"同义，假定"个人、组织和团体"也是国际关系中的重要主体，国家行为受到这些次级主体的影响。[2]

自由主义的另一个重要理论是国家之间的经济相互依赖，这也是"自由主义者"传统上被认为支持自由贸易和开放市场的原因之一。[3] "制度主义"是"理想主义"的另一个亚理论，称为"新自由制度主义"或"自由制度主义"。[4] 与现实主义将国际环境描述为完全无政府状态相反，制度主义认为，

---

[1] See "Political Realism in International Relations," *Stanford Encyclopedia of Philosophy*, May 24, 2017, https://plato.stanford.edu/entries/realism-intl-relations/.

[2] Thanh Phan, "Article: Realism and International Cooperation in Competition Law," *Houston Journal of International Law*, 40:297, 307 (Fall 2017). 与"自由"国际关系理论的"自下而上"性质相关的类似论点，参见哈佛大学教授安德鲁·莫劳夫奇克关于"国内社会"的论述，即一个国家内部的"理性个人和私人团体"是国家在国际事务中行动的主要推动因素。Andrew Moravcsik, "Liberal International Relations Theory: A Social Scientific Assessment," Paper No. 01-02, Weatherhead Center for International Affairs, Harvard University, April 2001, available at https://datascience.iq.harvard.edu/files/wcfia/files/607_moravscik.pdf.

[3] See Phan, "Realism and International Cooperation," *Houston Journal of International Law*, 306-307.

[4] See Stephen McGlinchey, Rosie Walters & Christian Scheinpflug, eds., *International Relations Theory* (Bristol, England: E-International Relations Publishing, 2017), 25; Anne-Marie Slaughter, "Liberal International Relations Theory and International Economic Law," 10 *American University Journal of International Law and Policy* 2, 724 (1995). 事实上，关于制度主义是一种独立的国际关系理论，还是属于"自由主义"，仍存在激烈的争论。"自由主义"至少在传统上是与现实主义竞争的主要理论。如上文所述，自由主义理论认为国际事务具有道德层面：个人权利很重要，如果满足某些条件（特别是大多数国家存在"自由"或民主治理），人与国家就可以和谐相处，国家和国际制度能够在国家之间限制政治权力并保护个人权利。See McGlinchey, Walters & Scheinpflug, eds., *International Relations Theory*, 4, 22. 自由主义思想的这一最新内容与制度主义理论类似。就自由主义与制度主义之间的差异而言，制度主义与现实主义一样，认为国家是国际舞台上的主要行为者，而国家自身的利益是国家行动的主要动力[如上文所述，这与潘清（Phan）和莫劳夫奇克解释的自由主义观点相反，他们认为民间社会中的个人和团体是国家利益和行动的主要动力]，制度只是通过为国家在国际体系中的行动提供利益或增加成本来改变国家对其利益的感知。See Slaughter, "Liberal International Relations Theory and International Economic Law," 10 *American University Journal of International Law and Policy* 2, 724-727.

"国内和国际制度在促进民族国家之间的合作与和平方面发挥着核心作用"。[1] 根据制度主义理论,国际制度促进建立"规则、规范、原则和决策程序",以"降低交易成本……促进国家之间的合作"。[2] 制度主义的基本思想是通过国际协定以及促进或监督此类协定的国际制度来提供利益,增强稳定性,使国家之间相互依赖。本章其余部分将主要讨论和对比关于国家外层空间行动的制度或国际约束(如联合国通过的国际空间法)以及此领域可能的现实主义活动。因此,在对安全困境背景下外层空间的现实主义活动和制度主义活动进行对比时,将始终使用"制度主义"一词。

所有这些都是我们正在探讨的唐世平"安全困境"理论中一个因素的冗长背景:美国与苏联之间的关系相对于它们的外层空间计划,是否更贴切地反映了现实主义的无政府、权力利益理论,或是制度主义的约束,甚至是乌托邦式理论。对此,可以说,在冷战的不同时期,这两种国际关系理论在美苏关系中都有体现,但这一答案似乎不甚令人满意。尽管冷战时期的太空安全是以现实主义态势结束的,但在冷战时期的大部分时间里,制度主义基本上占据上风。这可能部分解释了在冷战期间,虽然外层空间是肯定的竞争领域,但从未成为冲突领域的原因。

苏联发射"斯普特尼克1号"人造卫星时,联合国刚刚成立10多年,世界陷入美国与苏联二元意识形态冲突,新生的战后国际法框架无法阻止朝鲜、以色列/巴勒斯坦、中南半岛等地区的重大战争。由于苏联坚决不妥协退让,联合国未能阻止苏联发展核武器以及快速推进弹道导弹/火箭计划,这对美

---

[1] Tana Johnson & Andrew Heiss, "Liberal Institutionalism" in Thomas G. Weiss and Rorden Wilkinson, eds., *International Organization and Global Governance* (London: Routledge, 2018), 2nd ed., 123.

[2] Slaughter, "Liberal International Relations Theory and International Economic Law," 10 *American University Journal of International Law and Policy* 2, 725. 斯劳特进一步解释:"国际体制也以各种方式加强对国际协定的遵守。它们减少了欺骗的动机,提高了声誉的价值,建立了'国家可遵循的合法行为标准',并促进了监督。从而它们形成了'基于互惠原则的分散执法的基础'。" Slaughter, "Liberal International Relations Theory and International Economic Law," 10 *American University Journal of International Law and Policy* 2, 725 [citing Robert O. Keohane, *After Hegemony: Cooperation and Discord in the World Political Economy* (Princeton, NJ: Princeton University Press, 1984), 244].

国构成巨大威胁。由于外层空间活动前所未有的新颖特质,除对抽象的未来空间法原则进行理论探讨的少量学术论文外,没有形成关于外层空间的国际法或政策。[1] 在这种背景下,从制度主义视角来看,苏联的外层空间活动没有不正当性,也不需为此付出国际代价。尽管存在像联合国这样的国际组织,但外层空间领域(甚至整个地面国际政治领域)处于类似现实主义政治理论假设的无政府环境中。

此外,苏联预感的外空领域的国际利益也推动了苏联的太空计划。在整个20世纪50年代,苏联全力推动洲际弹道导弹计划,以对抗它们认为的美国及其盟国的威胁。到1957年,二战后美国依托在欧洲建立的广泛的军事基地网络,在苏联周边部署了大量"中程导弹和轰炸机"。[2] 苏联领导人当然不相信国际制度足以阻止美国的军事进攻。在"斯普特尼克1号"发射前的几个月,特别是在1957年8月苏联成功测试R–7洲际弹道导弹后,苏联第一书记尼基塔·赫鲁晓夫特意吹嘘苏联的导弹能力,但不过是虚张声势以阻止美国的军事行动。尽管苏联的R–7洲际弹道导弹取得了成功,但苏联当时并没有大量的导弹储备。[3] "斯普特尼克1号"至少在三个方面使苏联收获了巨大的利益。首先,它提高了苏联的威望,在国内增强了苏联公民对其国家共产主义意识形态至高无上的信念。其次,它表明苏联的火箭有足够能力发射物体进入地球大气层外,从而证实了赫鲁晓夫关于苏联在导弹技术上优于美国的吹嘘。最后,这是一场声势浩大的国际宣传,沉重打击了美国及其西方盟友的心理防线,震惊了不结盟国家,极大地增强了苏联及其盟友的信心。在一个没有绝对规则的国际体系中,苏联基于其预感的国家利益(特别是对美国的恐惧,将在下文进一步讨论)任意发展具有外层空间能力的导弹,这与无政府状态国际体系现实主义和"安全困境"的描述非常接近。

为应对"斯普特尼克1号"发射和苏联导弹发展,美国在不同层面采取

---

[1] See Stephen E. Doyle, "Nandasiri Jasentuliyana Keynote Address on Space Law: A Concise History of Space Law," *International Institute of Space Law* (2010), 1–6.

[2] Moltz, *Politics of Space Security*, 91.

[3] Moltz, *Politics of Space Security*, 90–91.

了不同的行动策略。在纯粹无政府主义体系中,美国将进行"自助"——发展自己的导弹、太空系统和军事武器;通过间谍、破坏或军事手段对抗苏联的威胁;与其他国家结盟以"制衡"苏联。在某种程度上,美国确实采取了这些举措。特别是在外层空间领域,"斯普特尼克1号"的发射促使美国制定官方国家太空政策以及加快光电侦察间谍卫星开发。美国还加强了洲际弹道导弹的研究和核试验,但这已超出了本书的研究范围(另见下文"不确定性/恐惧和实力积累")。如果美国在其技术和国家政策发展中奉行的是现实主义政策,那么其在国际层面上采取的则是另一种截然不同的战略。实际上,美国没有回避国际组织和国际法,也没有偏向自助和权力制衡政治,而是转向联合国,共同努力塑造一个国际框架,并为外层空间领域建立组织保障。

在"斯普特尼克1号"发射之前,美国就一直在向联合国施压,要求制定与外层空间有关的国际法规。早在1957年1月,即"斯普特尼克1号"发射9个月前,美国驻联合国代表亨利·卡伯特·洛奇就将外层空间技术的发展与国际军备控制联系起来,向联合国大会建议外层空间技术试验应接受国际检查。[1] 在"斯普特尼克1号"发射后,洛奇再次呼吁对太空物体进行国际检查,他提出设立技术委员会,由技术委员会负责检查工作,该委员会将保证"外层空间完全用于和平用途"。[2] 苏联拒绝了洛奇的提议,但美国在推动卫星和火箭发展的同时,并没有放弃利用国际制度来管理外层空间的想法。1958年9月,洛奇提出了新的建议:建立"外层空间领域国际合作计划",包括成立特设委员会,"就联合国大会可采取哪些具体举措来促进人类在这一领域(和平利用外层空间)的进步,确保太空只用于全人类的利益,进行……研究并提出建议"。[3]

如第二章所述,美国的努力最终取得了成果,联合国外空委成立并成为

---

[1] See Henry Cabot Lodge, "Statement by Ambassador Lodge, January 14" in U. S. Department of State, The Department of State Bulletin, Vol XXXVI, No. 920, 227 (Feb. 11, 1957).

[2] Lodge Speech, 25.

[3] Lodge Speech, 25.

常设机构。[1] 此处不再赘述上文关于联合国外空委的讨论以及联合国外空委在发展外层空间国际法律制度方面扮演的角色,但值得再次强调的是,联合国外空委确实作出了不可估量的贡献。首先,其成员进行了早期探讨和辩论;其次,通过了不具有约束力的《法律原则宣言》;最后,通过了具有约束力的国际条约——《外空条约》、《营救协定》、《责任公约》和《登记公约》。在制定和批准这些制度的过程中,联合国外空委起到了举足轻重的作用。随着国际社会就美国和苏联关注的许多与外层空间有关的问题(特别是空间武器化问题)达成共识,联合国外空委及其拟制的《外空条约》代表了国际制度主义对国际无政府状态思想的彻底胜利。正如詹姆斯·克莱·莫尔茨(James Clay Moltz)所指出的,美国和苏联"努力建立制度化的多边空间安全框架"所带来的信任、规制和新合作将体现出"重大的'附带'价值",促成了《反弹道导弹条约》和《限制战略武器协定》的最终签署。[2]

美国成功推动了联合国外空委等二级国际组织的创建并参与制定与外层空间有关的国际法律原则,最重要的是,让苏联及其盟友坐到谈判桌前,让他们认识到外层空间活动国际准则的重要性。从修昔底德、华尔兹或基辛格的现实主义视角来看,这些成就是难以达成的。美国为何要寻求制定与外层空间有关的国际法规,将和平的希望寄托于不可信的苏联将遵守这些准则?从现实主义的角度来看,唯一可能的解释是,美国希望建立某种有利于其自

---

[1] 参见第二章。

[2] Moltz, *Politics of Space Security*, 125. 美国与苏联于1972年5月谈判签署的《反弹道导弹条约》限制了双方发展和部署反弹道导弹系统的能力。Treaty on the Limitation of Anti-Ballistic Missile Systems, May 26, 1972, U. S. -u. s. s. r., 23 u. s. t. 3435, t. i. a. s. No. 7503 [hereafter Anti-Ballistic Missile Treaty]. 后来在2001年9月11日遭受恐怖袭击后,美国于2001年12月退出此条约。乔治·布什总统称"未来恐怖分子或流氓国家的导弹袭击"风险是退出此条约的主要原因。"U. S. Withdrawal From the ABM Treaty: President Bush's Remarks and U. S. Diplomatic Notes," Dec. 13, 2001, Arms Control Association, https://www.armscontrol.org/act/2002-01/us-withdrawal-abm-treaty-president-bush%E2%80%99s-remarks-us-diplomatic-notes.《反弹道导弹条约》是更大范围"限制战略武器谈判"的一部分。1969年至1979年,限制战略武器谈判可分为两个阶段,最终达成了《限制战略武器协定》(或称《第二阶段限制战略武器条约》)。Treaty Between the United States and the Union of Soviet Socialist Republics on the Limitation of Strategic Offensive Arms, June 18, 1979, 79 *Department of State Bulletin* 24 (1979).

身利益的国际法律框架，以提升其国际形象，或以牺牲其苏联对手的利益为代价，为自己的行动披上合法的外衣。这种理论源自对国家姿态和正当性的现实主义解释，正如国际法教授杰克·戈德史密斯（Jack Goldsmith）和埃里克·波斯纳（Eric Posner）指出的那样，国家通常"为他们的行为提供法律或道德上的正当性理由，尽管他们的行为明显非常自私利己。他们的法律或道德上的正当性理由取决于他们的利益，因此当利益改变时，解释也会改变。与此同时，国家经常指责其他国家违反国际法和准则，旨在损害对手信誉"。[1]

各国经常像戈德史密斯和波斯纳描述的那样，试图歪曲或曲解各种理由以符合其利益，但以同样的现实主义理由解释美国推动国际外层空间法发展这一行为存在一些缺陷。首先，即使从现实主义的角度来看，此理论的基本推理也是错综复杂的。毕竟，既然国际法或一个国家在国际组织中的声誉很重要，那么仅凭这一点就足以质疑现实主义关于国家至上、国际组织无足轻重和国际体系无政府状态的关键假设。其次，现实主义不仅追求建立国际法律制度，而且寻求建立新的二级国际组织维护这一制度，这种策略似乎极其不切实际，且需要在很长一段时间内开展大量但收效甚微的工作。最后，怎样解释美国与苏联关于外层空间法的看法极其一致，且双方首先愿意在《法律原则宣言》中，其次在《外空条约》等国际公约中反映这些信念？这是巧合吗？

考虑到所有这些因素，尽管美国政策制定者通过发展导弹和外层空间以对冲风险，但联合国外空委成立后将美国和苏联，甚至整个国际社会从20世纪50年代末到20世纪70年代中期的行动完全置于制度主义的国际关系框架内，显得更加有意义。美国的确在继续发展携带核武器的洲际弹道导弹，发展和发射空中摄影侦察间谍卫星，并在1963年签订《部分核禁试条约》之前进行轨道核武器试验，以及少量反卫星和其他军事空间系统研究。尽管如此，美国关于制定外层空间国际法的努力确实是真实存在的。美国推动成立

---

[1] Jack L. Goldsmith & Eric A. Posner, *The Limits of International Law* (Oxford: Oxford University Press, 2005), 169.

联合国外空委,之后多年努力与苏联(以及联合国外空委其他参与比较有限的成员国家)合作制定国际外层空间法,美国根深蒂固的信念可追溯到杜鲁门政府战后提出国际管制核武器的"巴鲁克计划"[1]——国际法律框架和组织是防止重演二战恐怖的最佳途径。美国对国际秩序的信念没有错付:外层空间从未成为冷战的战场,美国、苏联和联合国外空委建立的国际法律框架是国际法中存续时间最长和接受范围最广的国际规则之一。[2] 美国可能通过持续发展(军民两用)外层空间技术做两手准备,但在冷战时期的大部分时间里——从艾森豪威尔总统最初拒绝太空军事化到肯尼迪总统和约翰逊总统推动制定与外层空间有关的法律原则和正式条约,尼克松总统批准《责任公约》、支持起草《月球协定》以及与苏联的外层空间合作,福特总统和卡特总统寻求达成外层空间领域的国际协议与合作如《登记公约》和卡特失败的反卫星条约提案(尽管他们加大了美国的反卫星技术研究力度),表明对国际主义政策、国际和双边协议长期效力的坚定信念是美国太空政策的主旋律。[3]

在联合国外空委成立和国际外层空间法开始制定 20 多年后,里根政府才改变美国的太空安全政策,美国开始放弃先前的国际主义观点。如第三章所述,里根在其国家太空政策中强调外层空间在军事和安全方面的重要性,提出研究外层空间武器、在外层空间应用军事力量的可能性,以及部署(不仅是

---

[1] 1946 年 6 月向联合国提交的巴鲁克计划"试图建立一个国际组织,在联合国的主持下为国际社会有效地管理原子能的发展"。David W. Kearn, "The Baruch Plan and the Quest for Atomic Disarmament," *Diplomacy & Statecraft* 21:41-67, 42 (2010). 这是美国提出的一个激进的提议,从现实主义的角度来看,这是不可想象的,因为当时美国是唯一制造出核武器的国家。依照巴鲁克计划,美国将同意放弃其核武器,以换取建立一个超国家组织。此组织将根据授权和平利用原子能的全球框架,"防止潜在的违反",制裁确实违反这一框架的国家;"积极与各国合作,发展和平民用原子能能力"。Kearn, "The Baruch Plan and the Quest for Atomic Disarmament," *Diplomacy & Statecraft* 21:41-67, 50. 尽管巴鲁克计划最终因苏联(当时正在发展自己的核武器)的反对而失败,但它清晰地表明美国对战后国际秩序的信念,以及美国对国际法和国际组织的重视,而不是谋取赤裸裸的自身利益。

[2] 事实上,各国至今仍在陆续加入《外空条约》和其他四项与太空有关的国际公约。See copuos Legal Subcommittee., *Status of International Agreements relating to activities in outer space as at* 1 January 2019, 58th Sess., U.N. Doc. A/ac.105/C.2/2019/crp.3 (Apr.1, 2019).

[3] 参见第三章。

发展)可实战的反卫星系统。[1] 这些政策与"战略防御倡议"轨道反导平台建议宣告了艾森豪威尔总统阻止太空武器化和军事化目标的终结。尽管政府律师运用了法律技巧进行美化掩饰,但国际法律学者、里根政府的国内批评者和苏联外交官广泛批评"战略防御倡议"轨道反导平台的开发和测试违反了《反弹道导弹条约》[2]。与前任总统相反,里根总统的太空政策显然是现实主义的:终止自卡特政府时发起反卫星条约的努力,实施战略防御倡议,并以上文所述方式改变美国太空安全政策。里根政府明确倾向民族主义、自助政策,而不是国际主义、制度主义政策。奇怪之处在于里根现实主义和反国际主义的政策倾向源于里根明确的理想主义(甚至是威尔逊主义)信念——美国民主作为政府制度的优越性和共产主义的邪恶和落后。里根认为苏联是一个"邪恶帝国",其意识形态要求在追求目标时采用欺骗手段:"……苏联领导人公开宣称,他们承认的唯一道德将推进他们的事业,即世界革命……道德完全服从于阶级斗争的利益。消灭旧的剥削社会秩序和团结无产阶级所必需的一切都是道德的。我认为,许多有影响力的人拒绝接受苏联学说,这一基本事实表明历史上许多人不愿意看清极权主义的本来面目。我们在20世纪30年代就看到了这种现象,今天更是司空见惯……"

C. S. 路易斯(C. S. Lewis)在其《魔鬼家书》中写道:"现在,最大的罪恶不是发生在狄更斯喜欢描写的肮脏'犯罪窝点'里,甚至不在集中营和劳动营中。我们在这些地方看到的只是最终结果。在铺着地毯、光线充足、干净温暖的办公室里,那些穿着雪白衬衫、剪着指甲、脸颊刮得光滑、温文尔雅的人构思和安排(动议、附议、延续和记录)了这种罪恶,他们甚至不需要提高

---

[1] 参见第三章。

[2] See John E. Parkerson, Jr., "International Legal Implications of the Strategic Defense Initiative," 116 *Military Law Review* 67, 96 – 129 (Spring 1987). 战略防御倡议的支持者和反对者之间的主要争论在于《反弹道导弹条约》的规定是否实际上适用战略防御倡议。至少在理论上,战略防御倡议是作为一种基于激光或光束的武器系统提出的,这种系统没有该条约第2条"反弹道导弹系统"定义中描述的"拦截导弹"或"发射器"。See Parkerson, "International Legal Implications," 99 – 100; Anti-Ballistic Missile Treaty, art. ii. 然而,《反弹道导弹条约》第3条禁止有超过两个地面反弹道导弹基地,被认为对战略防御倡议系统轨道部署造成了重大限制。See Parkerson, "International Legal Implications," 100 – 107; Anti-Ballistic Missile Treaty, art. iii.

嗓门。"因为这些"平静的人"不必"提高嗓门",他们有时用兄弟情谊般、和平似的安抚的语气说话,像之前的其他独裁者一样,总是宣称这是"他们最后的领土要求",有些人会希望我们接受他们的要求,顺应他们的侵略冲动。如果我们从历史中吸取到一点教训,那就是对我们的对手采取头脑简单的绥靖政策或一厢情愿的想法是愚蠢的。这意味着背叛我们的过去,挥霍我们的自由。[1]

因此,尽管里根从未明确地将国际体系描述为无政府状态,但他坚信国际法或国际机构声誉检查无法约束苏联,苏联领导人的任何相反主张都不可信。[2] 里根的现实主义观点不仅指导了他的太空政策,也指导了他的政府对苏联的各项政策,包括武装阿富汗圣战者和尼加拉瓜反政府武装、支持波兰的反共团结工会运动以及建立美国的军队。

里根总统对苏联的看法(至少从国际关系理论来看)是否正确,以及政府的行动(特别是实施战略防御倡议)在多大程度上促成美国在冷战中取得最终胜利,都存在争议。然而,里根对国际环境的看法和他认为国际法不足以防止苏联侵略的信念所带来的现实主义政策显然产生了深远的影响。里根

---

〔1〕 Ronald Reagan, "Remarks at the Annual Convention of the National Association of Evangelicals in Orlando, Florida," *Reagan Foundation*, Mar. 8, 1983, available at https://www.reaganfoundation.org/media/50919/remarks_annual_convention_national_association_evangelicals_030883.pdf (last visited Apr. 26, 2020).

〔2〕 里根毫不掩饰他的现实主义观点。例如,他在纪念联合国成立40周年大会上发表的演讲中提道:"总统先生、秘书长先生、尊敬的各位来宾、尊敬的各位代表,我非常荣幸在纪念联合国成立的大会上发言。40年前,世界醒来,开始相信仇恨的控制终于被打破,开始相信和平的火炬将被自由牢牢抓住。40年前,世界渴望再次做一个天真的梦,用天真的信任来相信理想。信任的梦想是值得的,但40年来,太多的梦想破灭,太多的承诺被打破,太多的生命消逝。令人痛心的是,在世界许多地方,使用暴力获取、行使和维护权力仍然是长期存在的现实。《联合国宪章》让子孙后代免遭战祸的愿景仍未实现。它仍然震撼着我们的灵魂,温暖着我们的心灵,但它也要求我们保持坚定、清醒、持续和确信的现实主义——一种理解联合国各国并不团结的现实主义。"Ronald Reagan, "Address to the 40th Session of the United Nations General Assembly in New York, New York," *Reagan Foundation*, Oct. 24, 1985, https://www.reaganfoundation.org/media/128611/assembly.pdf (last visited Dec. 30, 2021).需要指出的是,虽然里根在这次演讲中多次提到"现实主义",但他很可能是指这个术语的传统意义,即看到并接受事物或情况的本来面目,而非国际关系理论中更专业的定义。即使如此,里根认识到国际上国家之间的不团结,他们未能受到所谓超国家组织联合国的约束,这使他的思想与现实主义国际关系原则完全一致。

政府时期美国太空安全政策的关键内容已经成为美国太空政策的永久组成部分，特别是加强发展甚至部署太空武器，建立专门处理太空军事务的军事指挥部，以及将外层空间视为"作战领域"。里根的总统任期标志着太空安全政策的转折点，特别是在2001年，国防部长唐纳德·拉姆斯菲尔德主持的太空委员会发表报告后，里根的太空观点在现代美国国家太空政策中得到巩固。

里根总统更现实的世界观不应成为冷战即将结束时存在更显著无政府主义国际秩序的理由。尽管对于苏联入侵阿富汗，里根总统采取了更激烈的反苏政策，包括太空安全政策，以及违背《反弹道导弹条约》实施战略防御倡议，但美国和苏联都没有完全放弃国际法、国际协定或利用国际体系。在担任总统的第一年，里根继续与苏联进行——最初是在卡特总统任期即将结束时开始的——削减战略武器（特别是中程弹道导弹）条约谈判。在这一问题上，里根同意遵守美国未批准的《第二阶段限制战略武器条约》中关于核武器限制的内容，到1985年12月该条约到期时为止。实际上，里根十分厌恶该协议。[1]作为对苏联入侵阿富汗的回应，卡特总统撤回了参议院审议《第二阶段限制战略武器条约》的提议，但苏联仍然同意遵守其条款。里根面临强大的国内和国际压力，这要求他采取同样的决定。此外，尽管里根总统对联合国持强烈批评态度，但他毫不犹豫地利用联合国提供的重要平台来对比美国和苏联，并试图让苏联接受国际监督。[2]虽然里根不相信国际法能够约束苏联的行动，但他也不愿意美国完全放弃遵守国际法而丢失道德制高点——即使

---

〔1〕 第175页脚注2提到的《第二阶段限制战略武器条约》要求削减核军备，并限制发展新的导弹系统和计划。Treaty Between the United States and the Union of Soviet Socialist Republics on the Limitation of Strategic Offensive Arms, June 18, 1979, 79 *Department of State Bulletin* 24 (1979).

〔2〕 例如，里根总统首次在联合国大会上的演讲主要关注与苏联的战略武器削减谈判（新一轮谈判即将开始），强调美国愿意削减军备并多次试图提出裁军方案："在过去的7个月里，美国提出了一系列基础广泛、全面地降低战争风险的建议。我们提出了和平议程的四个要点：销毁陆基中程导弹；战略弹道导弹弹头削减1/3；大幅减少北约和华沙条约组织的地面和空中部队；消除意外战争风险的新保证措施。今天，我们敦促苏联与我们一起努力。我们的行动不仅是为了自己，也是为全人类。去年11月18日，我宣布了美国在军备控制协定中的目标。目标必须是公平的，在军事上是有意义的。目标必须确

对于战略防御倡议,里根也试图在国际法与战略防御倡议对《反弹道导弹条约》精神(如果不是文本的话)的明显违反之间取得平衡,要求"以符合我们在《反弹道导弹条约》下义务的方式"发展战略防御倡议系统,这看起来似乎自相矛盾。[1]

此外,就目前讨论而言,最重要的是里根总统没有试图退出或大幅修改国际外层空间法律框架。里根的两项国家太空政策——更激进的《第42号国家安全决策指令》和(稍微)更温和的《第293号国家安全决策指令》都承认国际外层空间法的主要原则,并重申了美国早期的政策思想,如将外层空间用于"和平目的",这些内容通常视为国际空间法框架的一部分。尽管《第42号国家安全决策指令》无疑代表了美国发展和使用外层空间政策的一个巨大变化,但其中的政策实际上都没有违反《外空条约》或其他国际外层空间法。就算战略防御倡议研究成功,除可能违反《反弹道导弹条约》外,战略防御倡议也不太可能违反外层空间法律制度。从前文关于《外空条约》第4条军备控制条款的讨论可以看出,如果战略防御倡议系统的轨道反导平台没有配备核武器或"大规模杀伤性武器",那么它们在轨道上的部署将是完全合

保较低层次力量的稳定,而且必须是可核查的。美国及其盟国提出了具体、合理、公平的建议。今年2月,我们在日内瓦的谈判小组向苏联提出了一项中程核力量条约草案。我们提出取消部署'潘兴(Pershing)'Ⅱ弹道导弹和地面发射巡航导弹,以换取苏联取消部署 SS-20、SS-4 和 SS-5 导弹。此项建议将一举消除双方最关切的那些制度。美国还期待在两周内开始与苏联就削减战略武器进行谈判。我们将努力通过这些会谈使我们在寻求和平的道路上取得真正进展。"Ronald Reagan, "Remarks in New York, New York, Before the United Nations General Assembly Special Session Devoted to Disarmament," Reagan Library, June 17, 1982, https://www.reaganlibrary.gov/research/speeches/61782a (last visited Dec. 30, 2021).

[1] Ronald Reagan, nsdd-85, Eliminating the Threat from Ballistic Missiles, Mar. 25, 1983, available at https://aerospace.csis.org/wp-content/uploads/2019/02/NSDD-85-Eliminating-the-Threat-From-Ballisitc-Missiles.pdf (last visited June 15, 2022).

法的。[1]此外，即使是里根政府时期拟定的与外层空间有关的军事政策，也明确引用了《外空条约》和其他国际空间法的规定，其中最著名的是《空军手册6-1：军事太空条令》。[2]这些事实表明，至少自批准《外空条约》以来，美国一贯接受其所理解的外层空间法，并认为其行动（包括其扩大外层空间军事用途，甚至武器化用途的新意愿）完全在国际外层空间法框架的可接受范围之内。

这一切表明，尽管罗纳德·里根担任总统期间呈现出越来越多的现实主义思维和与苏联的现实主义式对抗，但在冷战的最后几年，美国并未完全放

---

[1] 需要指出的是，这一假设基于对"大规模杀伤性武器"（主要参考国际法的其他领域）的传统理解，即"能够无差别造成大量人口死亡或大面积财产破坏的核、化学、生物或放射性武器"。Parkerson, "International Legal Implications," *Military Law Review*, 87 (internal citations omitted). 约翰·帕克森少校对"大规模杀伤性武器"的这一理解与美国几位主要政治领导人在《外空条约》批准听证会上的看法一致，特别是国防部副部长塞鲁斯·万斯和美国驻联合国大使阿瑟·戈德堡。See Parkerson, "International Legal Implications," 86-87. 但万斯和戈德堡都提到具有类似核武器的毁灭能力的武器也可能被称为"大规模杀伤性武器"。至少在理论上，战略防御倡议的轨道平台未计划用于装备核武器或使用其他化学、生物或放射性武器，根据《外空条约》第4条的规定，它们可能被视为常规武器。这不仅是帕克森少校的看法，许多其他研究这一问题的美国法律研究人员也如此认为。See generally George Bernhardt, Sandra M. Gresko, and Thomas R. Merry, "Star Wars versus Star Laws: Does SDI Conform to Outer Space Law; The Reagan Legacy and the Strategic Defense Initiative: Note," *Journal of Legislation*, vol. 15, iss. 2 (1989), pp. 251-273. 尽管如此，考虑到通过利用战略防御倡议，在摧毁已入轨但尚未飞抵预定目标的洲际弹道导弹时所产生的轨道碎片（至少在理论上）可能造成广泛潜在影响，战略防御倡议"成功"防御性打击可能产生的多级影响是否有资格导致类似核武器的破坏程度，这是一个悬而未决的问题。例如，1962年7月美国的"海星1号"在轨核试验导致"在试验后几个月内损失了7颗卫星"，原因是它们暴露在电离辐射下的时间增加了。Epaminondas G. Stassinopoulos, "The STARFISH Exo-atmospheric, High-altitude Nuclear Weapons Test," Supplemental Speaker Notes, Hardened Electronics and Radiation Technology (HEART) 2015 Conference, Chantilly, VA, April 22, 2015, available at https://nepp.NASA.gov/files/26652/2015-561-Stassinopoulos-Final-Paper-Web-HEART2015-STARFISH-supplemental-TN26292.pdf. 如果轨道武器在轨道上的结果对其他空间物体和轨道环境的破坏性或危险性（特别是从长期来看，考虑到碎片在轨道上可持续存在的时间长度）与核武器类似，那么轨道武器是否应被视为"大规模杀伤性武器"——即使他们在地面传统上属于"常规"（非化学、非生物、非核和非放射性）武器？这是一个有待回答的问题。

[2] 《空军手册6-1：军事太空条令》第1-9节标题为"国际法"，包含10项内容，记述了《外空条约》、《部分核禁试条约》、《反弹道导弹条约》和《联合国宪章》的主要法律原则；此条明确引用了后三份国际文件，但未引用《外空条约》，而是将其列入文件末尾的"军事太空条令主要参考书目"。See AMF 1-6, *Military Space Doctrine*, 3-4, 12.

弃国际主义和制度主义原则。双边谈判、与国际组织的互动和利用国际组织、遵守国际法（或根据国际法进行抗辩）以及继续遵守国际外层空间法律框架都持续到里根政府任期结束。里根的继任者乔治·布什总统对国际主义表现出了更强的接受意愿，例如在海湾战争中努力为军事行动建立严格的国际联盟，以及通过美国和国际社会的工作应对苏联解体。从艾森豪威尔总统时期的美苏竞争到布什总统时期的苏联解体，国际体系不是现实主义理论所假设的那样简单、无政府的状态。国际体系远不是任何一方都可以为所欲为的"霍布斯式"舞台，而是能够制衡约束国家行为的机制，不管这种约束有多轻微。即使在冷战现实主义特征最强的时期，如"斯普特尼克1号"的发射和苏联真正开始发展导弹以及20世纪80年代发生的更明显的国际对抗，二战后的国际框架以及与外层空间领域有关的《外空条约》和其他国际空间法形成的空间法框架仍然发挥了效力。

2. 不确定性/恐惧和实力积累

在上文关于"国际无政府状态"的讨论中，我们认识到冷战期间美国与苏联外层空间的关系不太符合"安全困境"理论。美苏关系从未陷入真正的"安全困境"自我强化的冲突循环。即使缺乏真正"安全困境"所要求的"国际无政府状态"，考察唐世平"安全困境"中另外两个因素仍然非常重要。在"安全困境"情景中，因不确定彼此行动和意图而相互恐惧，有关国家将通过积累实力和增强能力以保障自身安全。即使不存在真正的无政府状态国际体系，这两个因素也可能导致国家之间的重大冲突，包括军备竞赛和可能类似"安全困境"的冲突周期，但它们无法满足唐世平和其他"安全困境"理论家描述的所有因素。由于不确定性/恐惧和实力积累这两个因素彼此密切相关，我们将它们放在一起考察。关于国际体系的性质以及冷战时期的太空政策是否事实上代表了无政府状态国际环境中的行动和反应，可能需要深入研究，但毫无疑问的是，美国和苏联双方都不确定彼此的太空计划甚至产生了恐惧。这种不确定性/恐惧在多大程度上导致增加或改善外层空间能力（无论是照相侦察卫星能力，还是更直接的军事空间能力）政策因总统政府而异，但正如我们所见，提升美国空间能力、保障美国太空安全是一项从艾森豪威尔总统时期持续到现代的政策。

"斯普特尼克1号"人造卫星的发射让许多美国人意识到,苏联是一个强大的对手。正如苏联政治家吹嘘的那样,他们可利用火箭技术向美国发射导弹,而不是向太空发射卫星。尽管"斯普特尼克1号"本身不对美国构成直接军事威胁,但这次卫星发射极大地震撼了美国公众:二战英雄、第82空降师前师长詹姆斯·加文将军称"斯普特尼克1号"的发射是一次"技术珍珠港事件"。[1] 艾森豪威尔总统很可能事先得到了关于"斯普特尼克1号"的警告,也相信当时美国在太空技术上的进步远超苏联。

他后来承认,在"斯普特尼克1号"发射后的几个星期,甚至几个月里,许多美国人突然担心防御体系已经崩溃,而且同样毫无理由地担心整个教育系统存在缺陷。有人怀疑,苏联人很快就会甚至已经在智力上超过美国。[2]

"斯普特尼克1号"发射后不到10天,媒体就创造了"人造卫星外交"一词来描述苏联利用"斯普特尼克1号"作为宣传工具,吸引不结盟国家加入苏联阵营,并将其作为压制敌人的技术手段的行为。[3] 更糟糕的是,"斯普特尼克1号"对美国在欧洲盟国中的形象造成了严重影响:"苏联人造卫星'斯普特尼克1号'发射后,西欧的民意调查结果显示,法国、意大利、德国,甚至英国民众都相信苏联在科学发展方面比美国优秀,并认为苏联在总体军事力量上领先于美国,尽管差距较小。"[4] 但艾森豪威尔的民主党政治对手,特别是参议院

---

[1] Gavin, *War and Peace in the Space Age* 16.

[2] Dwight D. Eisenhower, *The White House Years: Waging Peace* 1956–1961 (Garden City, NY: Doubleday, 1965), 216.

[3] *See* Associated Press, "Sputnik Diplomacy," *New York Times* (Oct. 13, 1957), available at https://timesmachine.nytimes.com/timesmachine/1957/10/13/96960759.html? pageNum ber = 190 (last visited Apr. 21, 2020). 一篇关于所谓"外交"的文章激烈地评论了苏联在"斯普特尼克1号"发射后的欺凌行为,愤怒地说道:"如果傲慢和报复的精神不存在于俄罗斯共产党人中,那么'斯普特尼克1号'帮助他们产生了这种精神。如果这种精神本存在于他们身上,'斯普特尼克1号'并没有削弱或消除它。" Associated Press, "Sputnik Diplomacy," *New York Times* (Oct. 13, 1957).

[4] Moltz, *Politics of Space Security*, 92 [citing Dodd L. Harvey & Linda C. Ciccoritti, *U. S. -Soviet Cooperation in Space* (Washington: Center For Advanced International Studies, University Of Miami, 1974), 49–50; Walter A. McDougall... *the Heavens and the Earth: A Political History of the Space Age* 2nd ed. (Baltimore, MD: Johns Hopkins University Press, 1997), 240–241].

多数党领袖林登·约翰逊,发动国会委员会来调查苏联怎样在太空领域超越美国,将"斯普特尼克1号"的发射作为共和党未能保护美国国家安全的证据,加剧美国和全球公众的恐惧反应。

尽管公众对"斯普特尼克1号"的反应以及对民主党对手准备不足的危言耸听的指责,试图转向他们的政治优势,但艾森豪威尔政府的反应却出人意料地平静。艾森豪威尔总统十分清楚美国军方火箭和卫星项目,轻描淡写地称"斯普特尼克1号"只是"空中的一个小球",对美国既不构成军事威胁,也不构成情报威胁。[1] 事实上,艾森豪威尔政府私下对苏联首先发射卫星感到高兴,因为这使艾森豪威尔期望的太空自由飞越权实际上成为事实。[2] 国防部长查尔斯·威尔逊(Charles Wilson)形容苏联的发射只是一个"巧妙的科学把戏",并向美国人保证"没有人会在你睡觉的时候从卫星上向你扔任何东西,所以不要担心"。[3] 就连战略空军司令部司令、以仇视苏联军事力量而闻名的空军将军柯蒂斯·勒梅也认为人造卫星"只是一大块铁器",[4](显然独立于同意他立场的艾森豪威尔总统)拒绝了空军工作人员要求抗议"斯普特尼克1号"飞越美国的呼吁。[5]

当然,这并不是说"斯普特尼克1号"和苏联的太空、火箭计划对美国太空计划的发展没有影响,也不是说美国作为国家对苏联成功的太空发射漠不关心。美国国内公众和国际盟友要求美国作出回应。为此,艾森豪威尔设法支持国家的军事和民用太空计划,将美国第一次卫星发射的任务交给陆军。

───────────

〔1〕 Delbert R. Terrill, Jr., *The Air Force Role in Developing International Outer Space Law* (Maxwell Air Force Base, AL: Air University Press, 1999), 29-30, available at https://media.defense.gov/2010/Sep/22/2001330058/-1/-1/0/AFD-100922-019.pdf (last visited Apr. 24, 2020).

〔2〕 参见第三章。

〔3〕 U.S. House of Representatives, *Toward the Endless Frontier: History of the Committee on Science and Technology, 1959-1979* (Washington, D.C.: U.S. Government Printing Office, 1980), 4-5.

〔4〕 Sharon Weinberger, *The Imagineers of War: The Untold History of DARPA, the Pentagon Agency that Changed the World* (New York: Knopf, 2017), 33.

〔5〕 See Terrill, *The Air Force Role in Developing International Outer Space Law*, 29. 空军参谋人员问勒梅"鉴于'斯普特尼克1号'飞越美国侵犯了美国主权,美国是否应该抗议",勒梅直截了当地否定并回答说:"我们也要在他们的国家上空飞行,不是吗?" Terrill, *The Air Force Role in Developing International Outer Space Law*, 29.

1958年1月，陆军使用改进的"木星-C"火箭发射"探索者1号"，实现了这一目标；1958年7月，根据《国家航空与航天法案》，美国国家航空航天局成立。[1] 艾森豪威尔还要求空军和中央情报局努力开发照相侦察间谍卫星。这项工作当然是成功的，但由于其高度机密的性质，不能公开讨论，因此丝毫未能减轻美国或国际社会对苏联能力的忧虑。事实上，1960年约翰·肯尼迪当选总统在某种程度上被认为是一场政治胜利，反映了安全困境理论中固有的不确定性/恐惧因素。在与时任艾森豪威尔副总统的理查德·尼克松竞选总统的过程中，肯尼迪接受了林登·约翰逊两年前在国会对国家安全的批评，抨击尼克松对苏联发展导弹和太空技术未能作出应对，而且艾森豪威尔政府未能填补与苏联的"导弹技术差距"。尼克松难以反驳肯尼迪的指控。即使他知道不存在这样的"导弹技术差距"，他也不能这样说，否则将暴露美国当时的秘密卫星监视能力。[2] 肯尼迪最终当选总统，他的政府采取了在外层空间超越苏联的更强势立场，可被视为不确定性/恐惧导致发展或增强国家自身能力的行动的经典例子。恐惧是对苏联能力、"导弹技术差距"和苏联对太空的统治的恐惧，不确定性指美国公众无法知道艾森豪威尔和尼克松知道的情报，因此无法理性地看待与恐惧相关的风险。肯尼迪政府以及肯尼迪遇刺后上台的约翰逊政府在发展"太空竞赛"技术的同时，通过联合国外空委和联合国在国际层面制定的外层空间法，避免了可能导致的真正"安全困境"。

与美国相比，对美国意图的不信任和恐惧（以及至少在太空时代开始时保持技术优势的愿望）在很大程度上影响了苏联的决策。苏联第一书记后来在回忆录中写到，苏联庆祝他们成功开发了先进的火箭助推器和火箭，使他

---

[1] See Moltz, *Politics of Space Security*, 95-96.

[2] James Clay Moltz describes Nixon's dilemma thus：尼克松知道这些指控（肯尼迪关于"导弹技术差距"的指责），甚至美国政府关于苏联能力的一些声明都是错误的。然而，情报上的限制使他无法透露苏联事实上没有大规模的导弹储备。但这种感知到的美苏能力不平衡极大地影响了美国的国内政治，为肯尼迪提供了一个有力的理由。尼克松试图辩称尽管美国在操作上遇到挫折，但美国在太空技术上仍处于领先地位。然而，考虑到"日冕计划"的秘密性，现在心存疑虑的美国公众很难接受他的解释。Moltz, *Politics of Space Security*, 106.

们能够开发洲际弹道导弹和外层空间运载火箭,作为对美国"侵略"的必要威慑:"从斯大林害怕我们随时会被帝国主义敌人攻击时起,我们已经走了很长一段路。我们不再感受到斯大林的恐惧;我们不再通过他的眼睛看世界。现在轮到我们的敌人感到瑟瑟发抖……当然,我们试图从率先向太空发射火箭这一事实中获得最大的政治优势。我们想对美国军国主义者施加压力,同时也想影响更理性的政治家的思想,这样美国就会开始更客气地对待我们。"[1]

斯大林众所周知的偏执可能使苏联的恐惧比国际体系中的普通国家更加极端,斯大林和赫鲁晓夫领导下的苏联会对其国际敌人感到恐惧和不信任。无论是斯大林的信任,还是苏联与纳粹德国的互不侵犯条约,都没有阻止阿道夫·希特勒(Adolf Hitler)的军队在1941年6月入侵苏联。希特勒的入侵导致2300多万苏联人死亡,[2]几乎推翻了苏联政权。现在美国成为苏联明确的全球意识形态对手,并且拥有毁灭性的新型原子武器。在战后时期,苏联对希特勒的背叛记忆犹新,对美国意图的不确定性/恐惧自然驱使苏联发展自己的核武器和核武器运载手段。

赫鲁晓夫在他的回忆录中吹嘘,苏联的洲际和外层空间导弹发展让美国陷入了困境。上文中我们谈到苏联的太空和火箭活动在美国引发的国际政治影响以及其对美国国家军事/科学发展的推动。但是,苏联,至少在最初时期,不会在太空合作的问题上与美国接触。赫鲁晓夫后来解释说:"我相信在那个时候('斯普特尼克1号'发射后的几年里),美国可能愿意与我们合作,但我们不愿意与他们合作。为什么?虽然我们可能在太空探索方面领先美国人,但在核武器方面仍然落后于他们。美国拥有更多的弹头、更多的空军基地、更多的轰炸机……美国人对我们的导弹助推器非常好奇。他们显然对

---

[1] Nikita Sergeevich Khrushchev, *Khrushchev Remembers*: *The Last Testament* (Boston, MA: Little Brown & Company, 1974), Strobe Talbott, trans. & ed. , 53.

[2] *See* "World War ii Casualties," *Centre Européen Robert Schuman*, http://www.centre-rob ert-schuman. org/userfiles/files/REPERES% 20-% 20module% 201 - 2 - 0% 20 - % 20explanatory% 20notes% 20 - % 20World% 20War% 20II% 20casualties% 20 - % 20EN. pdf (last visited Apr. 20, 2020).

太空合作感兴趣,但这只是获取我们秘密的借口。我们知道,如果让他们看到我们的火箭,他们很容易就能复制出来。凭借强大的工业和高超的技术,他们能够生产我们助推器的复制品,很快就会比我们拥有更多火箭。这将对我们的安全构成威胁……我们需要时间来测试、完善、生产和安装助推器。一旦站稳脚跟,为我们国家的防御做好准备,就可以开始与美国的太空合作。这种合作可能对双方都有利。毕竟,外层空间足以容纳每个人。"[1]

赫鲁晓夫的解释完全符合不确定性/恐惧和实力积累这两个"安全困境"因素。如果像赫鲁晓夫和其他苏联领导人经常声称的那样,发展核武器、导弹、火箭和外层空间技术是一种防御措施,完全是为了保护苏联免受攻击,那么苏联在20世纪50年代和60年代初的行为似乎符合唐世平提出的两个要素。

然而,如果不确定性/恐惧和实力积累这两个"安全困境"因素对美国(影响较小)和苏联(影响较大)在太空时代早期的行动都有影响,那么两个关键因素的发展至少会将不确定性(甚至恐惧)降低到更易于管理的水平。第一,美国推动成立联合国外空委,并在联合国努力说服苏联及其盟国参加,标志着至少在外层空间活动方面,冷战双方之间的不确定性/恐惧因素开始发生重大转变。到1962年年底,古巴导弹危机一触即发,美国和苏联进行的多次高空核试验损坏了卫星并干扰了地面无线电频率,这一系列事件使敌对的双方相信,如果要避免灾难性核冲突,就必须加强合作。[2] 此外,在外层空间领域,美国和苏联军方研究和发展太空武器特别是核武器,引起人们的担忧:"以空间为基础的武器系统……引发了非常真实的空间军备竞赛忧虑,由于预算原因,这一前景并不吸引人,而且持续评估认为太空本身并没有明显增加'军事威慑',这一前景更不可行。"[3]这些事件和因素最终促使苏联更多地参与联合国外空委的事务,最终为国际外层空间法律框架的发展奠定了基础。美国和苏联通过联合国外空委走到一起,彼此意识到双方在外层空间法

---

[1] Khrushchev, *Khrushchev Remembers: The Last Testament*, 54.

[2] See Moltz, *Politics of Space Security*, 127 – 142.

[3] Handberg, *Seeking New World Vistas: The Militarization of Space*, 58.

的主要原则方面有许多共同的关键信念,这为加强信任与合作提供了基础。由此开始制定的《外空条约》于1967年生效,美国和苏联都是此条约的签署国,为空间的最重要军事用途规定了明确的国际规制,并为国家在外层空间的行为规定了明确的准则。在接下来的8年里,关于保护宇航员和航天器、国际责任和空间物体登记的后续国际协议补充了这一法律框架,有助于最大限度地减少围绕各国空间行为的不确定性,增进美国和苏联之间的信任,从而减少"安全困境"式事件升级或对抗的可能性。

第二,美国和苏联先后开发出照相侦察和其他信号、电子情报收集卫星,[1]为冷战敌对双方提供了解决"安全困境"不确定性的"绝招"。利用卫星图像提供的情报,双方可能无法理解对方的意图,但可以准确地探测对方的军事能力,包括部队集结/调动、军事基地、导弹发射井等。这种情报是减轻政治领导人的恐惧和降低双方采取适得其反或升级行为风险的关键。1967年3月,约翰逊总统高度评价艾森豪威尔政府时期开发的日冕项目卫星(并承认尼克松在1960年选举中对约翰逊的竞选伙伴肯尼迪总统的反驳一直是正确的),认为其使我们有机会了解卫星技术在缓解冷战紧张局势方面的重要性:"我不想强调,但我们已经在太空计划上花费了350亿~400亿美元。但是太空摄影的价值是整个项目成本的10倍。因为今晚我们知道敌人有多少导弹,事实证明我们之前的猜测大错特错。我们在做原本无意义的事

---

〔1〕 上文已提到美国的日冕卫星计划;其他早期的美国情报卫星项目包括海军研究实验室的GRAB("银河辐射实验背景")卫星,代号为"告密者"(Tattletale),旨在收集苏联雷达信号。See generally Robert A. McDonald and Sharon K. Moreno, "Raising the Periscope… Grab and Poppy:America's Early elint Satellites," Center for the Study of National Reconnaissance, National Reconnaissance Office, September 2005, available at https://www.nro.gov/Portals/65/documents/history/csnr/programs/docs/prog-hist-03.pdf. 在苏联方面,"天顶"(Zenit)型侦察卫星(类似于科罗纳卫星,从轨道上返回胶卷舱)和一些电子侦察卫星也具备这些功能。See Asif A. Siddiqi, "Soviet Space Power During the Cold War" in *Harnessing the Heavens*:*National Defense through Space*, Paul G. Gillespie and Grant T. Weller, eds. (Chicago:Imprint Publications, 2008), 140-141; National Intelligence Estimate, "Soviet Military Intentions and Capabilities in Space," NIE 11-1-80, August 6, 1980, available at https://www.cia.gov/readingroom/docs/DOC_000 0284010.pdf.

情。我们在建造原本不需要的东西。我们怀着原本不必要的恐惧。"[1]

约翰逊的评价表明了许多美国政治和军事领导人在20世纪60年代早期一直采用的"安全困境"式思维，包括肯尼迪总统和约翰逊总统。正如唐世平和其他"安全困境"理论家所提出的那样，"恐惧"一直在引导美国"做事"和"建造"，即为了应对苏联构成的威胁，增强相对实力。由于卫星照片侦察提供的清晰和透明信息，这个循环被打破。在苏联方面，卫星摄影侦察能力的发展也被证明是说服苏联领导层与美国的国际协议可以独立核实的关键，最终使得苏联更愿意与美国进行条约谈判。[2]

冷战的波动导致不确定性/恐惧和实力积累行为的多次回归。例如，福特政府时期美苏关系恶化，20世纪70年代初苏联恢复反卫星试验，促使福特政府和卡特政府实施加强美国反卫星计划的政策。[3] 我们在进行"国际无政府状态"讨论时提到，里根政府倾向于现实主义——里根总统提出的战略防御倡议，代表了冷战期间"行为—反应"式实力积累的急速回归。如第三章所述，里根计划开发一种技术先进的反弹道导弹"盾牌"，保护美国免受苏联洲际弹道导弹的攻击。战略防御倡议的思想具有"安全困境"式技术进步的所有经典特征：即使像里根和其他支持者所声称的此举是出于和平、防御的目的，但是一套有效的战略防御倡议系统将使美国具有绝对战略优势，这让潜在对手无法接受。苏联不出意外地对战略防御倡议作出了激烈反应："对里根总统在1983年3月23日的讲话，苏联的第一反应是坚决

---

[1] Peter L. Hays, *Space and Security*: *A Reference Handbook* (Santa Barbara, CA: abc-clio, 2011), 28 [quoting William E. Burrows, *Deep Black*: *Space Espionage and National Security* (New York: Berkley Books, 1988), Ⅶ].

[2] 在描述赫鲁晓夫首次审查苏联卫星获取的情报时，詹姆斯·克莱·莫尔茨写道："1962年4月，搭载四相机'天顶2号'系统的'宇宙4号'卫星发回了第一批图像，到7月下旬，一艘返回的宇宙飞船提供了第一批可用的美国地点照片。虽然直到1964年苏联的卫星系统才实现全部功能，但其最初的能力也给赫鲁晓夫提供了大量信息。突然间，他意识到美国两年来已享有这一能力，他认识到照片侦察的潜力，能帮助核查在美国领土上的条约履行情况，而不必让核查人员进入苏联领土"。1962年9月4日，在给肯尼迪总统的一封秘密信件中，赫鲁晓夫提议："让我们立即签署一项关于停止在大气层、外层空间和水下进行核试验的协议。"Moltz, *Politics of Space Security*, 129.

[3] 参见第三章。

反对。里根总统在这次讲话中宣布了后来被称为战略防御倡议的计划。苏联领导人立即指责美国试图剥夺苏联战略力量对美国的第一次打击进行有效报复的能力。"[1]

除了担心核力量平衡被打破,苏联还担心美国将战略防御倡议作为攻击苏联的天基武器系统。历史学家、南加利福尼亚州大学历史学教授彼得·韦斯特威克(Peter J. Westwick)认为:"苏联人对战略防御倡议的进攻能力深感焦虑。除了通常认为的将剥夺苏联战略力量对美国第一次打击进行有效报复的能力外,他们更担心新一代天基粒子束武器可以随时打击苏联领土目标。"[2]

在他们对核"恐怖平衡"遭到破坏的恐惧和对可能的太空打击武器的担忧之间,苏联对战略防御倡议的反应很可能属于"行动—反应"式实力积累。

根据经典"安全困境"理论,从宣布战略防御倡议到成功部署和实施之间的这段时间极其危险。在"安全与实力积累的恶性循环"中存在一个机会窗口:如果苏联真的担心战略防御倡议会永久改变冷战现有的安全平衡,使其有利于美国,则在战略防御倡议投入使用之前,苏联可能考虑发动第一次打击,但是战略防御倡议计划并没有导致核冲突。从苏联的角度来看,战略防御倡议构成了威胁,但苏联领导人在很大程度上不愿与美国展开新一轮技术竞赛,当然最终也未试图抢在部署战略防御倡议之前采取军事打击。事实上,苏联对战略防御倡议的反应在某些方面与艾森豪威尔对"斯普特尼克1号"的反应类似,但程度更为有限:苏联采取了一种双重策略,一方面,将战略防御倡议与军备控制联系起来,推动在国际层面解决这一问题;另一方面,寻

---

[1] Pavel Podvig, "Did Star Wars Help End the Cold War? Soviet Response to the SDI Program," *Science & Global Security* 25:1, 5 (2017).

[2] Peter J. Westwick, "'Space-Strike Weapons' and the Soviet Response to SDI," *Diplomatic History* 32:5, 958 (November 2008).

求技术发展,以应对战略防御倡议系统的威胁。[1] 最终,随着戈尔巴乔夫(Gorbachev)对苏联权力结构实施的"重组"改革、苏联人越来越相信战略防御倡议在技术上不可行、苏联在军备控制方面作出的额外的让步、冷战的结束,任何与美苏在战略防御倡议问题上的潜在对抗,都变得不再重要。冷战的最后一次潜在不确定性/恐惧和实力积累事件并没有导致"安全困境"式的军备竞赛或对抗,而是苏联在走向解体期间的有限外交和技术反应。

3. 与美国冷战时期太空政策有关的结论

从上文的讨论可以清楚地看出,尽管冷战时期美苏外层空间活动存在"安全困境"理论的某些因素,特别是在不确定性/恐惧与科学或军事发展之间的周期性因果关系方面,但冷战时期的太空安全政策总体进程不符合唐世平、赫兹和巴特菲尔德的"安全困境"理论。不仅冷战本身未演变成真正"安全困境"所特有的自我强化冲突循环,美国和苏联在外层空间领域的有限互动也是如此。与现实主义和"安全困境"式国际关系理论中典型的行为——反应、权力导向和自助行为相反,美国和苏联认识到,它们在外层空间对抗中失去的比得到的多。尽管这种认识很难促成真正的外层空间合作(一个重要的例外是尼克松政府期间计划并在福特政府期间完成的阿波罗-联盟任务),但双方有意愿在国际层面合作,建立起延续至今的外层空间法律框架。美苏关系还受益于大国卫星技术的发展,卫星探测技术保证了条约在某种程度上

---

[1] 在里根总统的战略防御倡议演讲后几个月,苏联向联合国提出的禁止"在外层空间和从空间对地球使用武力"的条约,体现了苏联在国际层面的努力。See Westwick, "'Space-Strike Weapons' and the Soviet Response to SDI," *Diplomatic History* 32:5, 963 (citing Proposed "Treaty on the Prohibition of the Use of Force in Outer Space and from Space Against the Earth," Aug. 19, 1983), and in their goals at international nuclear and space negotiations. 如韦斯特威克所述,"1985 年,参加日内瓦核与太空会谈的苏联代表团收到了三项主要指示:禁止反卫星武器、禁止天基导弹防御系统、禁止'旨在从太空打击大气层和地球目标'的武器"。Westwick, "'Space-Strike Weapons' and the Soviet Response to SDI," *Diplomatic History* 32:5, 963. 与此类似,在双边层面,战略防御倡议成为里根和戈尔巴乔夫在雷克雅未克峰会上的重要症结——一些人认为在后来的会谈中,里根利用了这一症结让苏联作出更多让步。See generally Vivek Viswanathan, "Fallout From Reykjavik: Reagan's Stand and the Fate of Arms Control," *New York History* 87:1, 135–143 (Winter 2006). 在国内技术发展方面,苏联继续发展和试验激光武器,甚至曾进行过一次失败的激光武器卫星试射。See Westwick, "'Space-Strike Weapons' and the Soviet Response to SDI," *Diplomatic History* 32:5, 972.

得到遵守,从而使双边关系得以发展。

上述原因使冷战时期的太空竞赛,特别是美国的太空安全政策未演变成"安全困境"式的对抗,但影响冷战时期太空安全政策进程的一个关键因素不容忽视,即领导力。在苏联解体近30年后,美国和苏联最终认识到外层空间活动需要某种程度的合作,外层空间法得以发展,苏联和美国在外层空间领域紧张局势得到缓解,这很容易被视为历史的必然。但从20世纪50年代末到冷战结束期间,如果美国或苏联领导人作出不同政策决定,就可能导致外层空间使用、探索和军事化的结果截然不同。凭借军事经验和在二战期间作为盟军最高司令对国际联盟的熟悉,艾森豪威尔总统是第一位考虑美国需要严厉太空政策的总统,他强烈认为有必要确保外层空间成为一个非武器化(尽管不完全是非军事化)的国际合作领域。在第三章中,我们已经看到艾森豪威尔的观点怎样塑造了美国的太空政策,包括太空安全政策。在苏联发射"斯普特尼克1号"人造卫星时,如果担任美国总统的不是艾森豪威尔,或者艾森豪威尔持有不同的观点,又或者其更多地受施里弗将军或加文将军等激进外层空间策略支持者的影响,美国太空安全政策的整个进程可能会大不相同。同样,如果因为苏联的不妥协态度和古巴导弹危机,肯尼迪总统放弃艾森豪威尔政府启动的联合国外空委国际谈判努力,或者因为苏联对北越的支持,约翰逊总统停止美国对《外空条约》的支持,整个国际外层空间法框架将永远无法建立。

个人领导力的影响也体现在里根总统身上。他(尽管部分是因为美苏关系在福特政府时期开始恶化并在卡特政府期间变得更糟)几乎单枪匹马地改变了美国的太空安全政策,使其更加注重以军事和安全为导向,甚至可能有利于太空武器的发展。事实上,由于里根的世界观和对共产主义的强烈仇恨,以及反映其反共立场的国家政策,包括战略防御倡议等太空安全政策,自古巴导弹危机以来,美国在里根政府期间可能比其他任何时候都更接近于与苏联开展现实主义对抗。

在讨论"安全困境"的背景下,领导力提供了国际环境现状和未来之间的关键联系。回到第一章提到的文学作品《傅科摆》,领导人和决策者的信念和看法在某种程度上塑造了现实,使世界成为现在这个样子。尽管制度主义者认为国际组织和机构可以约束国家行为的观点当然有正确的一面,但如果一个国家领导人,如阿道夫·希特勒、约瑟夫·斯大林、萨达姆·侯赛因、巴沙尔·阿萨德或弗拉基米尔·普京,拒绝承认这些约束,那么这些约束在很大程度上是无效的。当这种情况发生时,国际社会或其某些成员可能通过武力(如萨达姆·侯赛因入侵科威特)或不通过武力来执行国际行动。国际法和国际组织能否约束国家行动,在很大程度上取决于世界各国领导人对这些法律和组织的信念,这一点在外层空间法领域的体现程度不亚于在禁止侵略或非法战争等任何其他国际法律原则领域。

(三)后冷战时期美国的太空安全政策

随着冷战结束和1991年苏联解体,美国突然发现自己成为新单极世界中的唯一超级大国。在外层空间,美国也无可匹敌。到20世纪80年代后期,昂贵的技术项目已经使苏联的太空计划举步维艰,最著名的是"能源号"(Energiya)助推器和"暴风雪号"(Buran)航天飞机,其旨在超越美国国家航空航天局航天飞机计划的能力[1]。由于苏联的解体,苏联的太空计划陷入彻底的混乱。苏联的太空计划能幸存下来,成为俄罗斯联邦的国家空间计划,部分原因是美国和俄罗斯政府之间签署了新的国家合作协议以及相关私营企业的建立。[2] 10多年来,美国享受了空前绝后的太空主导权。

然而,正如美国的老对手尼基塔·赫鲁晓夫在他的回忆录中所说,"一个国家不可能永远保持在太空探索领域的领导地位"。[3] 21世纪初,美国自20世纪90年代以来在外层空间的实际垄断开始改变。冷战结束10年后,当美国面临跨国伊斯兰恐怖主义的意外威胁和中东近20年的域外战争带来的挑战时,外层空间即将以新的方式民主化。进入太空环境的成本逐步降低,必要技术构成的壁垒逐渐消失。航天飞行能力较小的国家通过购买和运营电

---

[1] See Moltz, *Politics of Space Security*, 216–218, 226.
[2] See Moltz, *Politics of Space Security*, 230–237.
[3] Khrushchev, *Khrushchev Remembers: The Last Testament*, 55.

信和遥感卫星来增加进入太空的机会，朝鲜和伊朗等国家正积极发展太空发射能力。所谓"新太空"运动加速发展，私营航天公司推出各种商业计划，将太空发射、太空旅游、卫星运营、在轨制造和其他太空行为转变为有利可图的行业，其中一些主要企业成立于21世纪初。最重要的是，从"安全困境"的角度来看，真正的太空竞争重新显现。不仅俄罗斯联邦在外层空间找到了立足点，并开始重新确立自己作为太空大国的地位，而且在俄罗斯和美国之间也很快加入了另一个强大的国际竞争对手——中国。

1970年4月，中国利用东风洲际弹道导弹系统技术制造的国产航天运载火箭长征1号成功将一颗卫星送入轨道，成为外层空间的重要力量。[1] 在接下来的33年里，中国又进行了78次卫星发射，其中只有12次发射未能将卫星有效载荷送入预定轨道。[2] 2003年10月，中国成功地将首位宇航员——中国人民解放军空军中校杨利伟送入轨道，实现了令人瞩目的巨大成就。[3] 这一巨大成就使中国成为继苏联和美国之后第三个进行载人航天活动的国家。

自中国实现首次载人航天飞行以来的16年里，俄罗斯、中国以及伊朗和朝鲜等其他美国的潜在对手的太空能力持续增长。伊朗利用从朝鲜获得的弹道导弹技术，成功开发"使者号"（Safir）运载火箭和"神鸟号"（Simorgh）太空运载火箭。朝鲜独立发射了几颗小卫星进入轨道。这两个国家还在干扰和欺骗技术方面取得了进展，这些技术可用于干扰、改变或模拟卫星信号。俄罗斯已经恢复其太空计划，保持强大的太空发射能力，并发展了一系列反太空能力，包括电子战、动能杀伤，甚至潜在的轨道能力。[4]中国的太空能力自2003年以来突飞猛进，自实现首次载人航天飞行以来，中国已经测试了直

---

[1] Mark A. Stokes with Dean Cheng, *China's Evolving Space Capabilities: Implications for U. S. Interests*, Report Prepared for the U. S.-China Economic & Security Review Commission, Apr. 26, 2012, 14, available at https://www.hsdl.org/? view&did=708400 (last accessed May 5, 2020).

[2] See Marcia S. Smith, Congressional Research Service, *China's Space Program: An Overview* (2003), 1.

[3] See Joan Johnson-Freese, *Space as a Strategic Asset* (New York: Columbia University Press, 2007) 1, 10.

[4] See Defense Intelligence Agency, *Challenges to Security in Space*, 23-30.

升式反卫星系统（2007年），后续又进行了多次载人航天飞行（2011年和2016年），在月球远端着陆了一辆月球车（2019年），并计划到2022年运行一个永久载人空间站，到21世纪30年代中期进行载人登月。

后冷战世界环境的变化是否更能体现唐世平、巴特菲尔德和赫兹的现实主义"安全困境"理论？苏联的解体是否使外层空间环境，甚至整个国际体系，比冷战时期更动荡？后文将在后冷战背景下重新审视唐世平的国际无政府状态、不确定性/恐惧和实力积累的"安全困境"因素，以确定这些问题的答案，特别是关于一些太空安全文章撰写者预测的美国与中国之间的所谓"安全困境"。

1. 国际无政府状态

在上文讨论中，我们发现冷战期间国际体系的运作方式远比传统现实主义和"安全困境"理论所描述的更加复杂和国际化。这就引出了一个关键问题：为什么冷战后的国际体系会发生变化？联合国的地位比冷战开始时更加牢固。经济、教育和文化全球化以相互联系和互利的方式将世界聚集在一起。回到我们的主要议题，国际空间法的法律框架仍然牢固。四项主要外空条约的缔约国（更不用说任何重要的航天国家）都没有退出这些国际协定，甚至不太受欢迎的《月球协定》也定期获得新的缔约国（《月球协定》包含关于天体资源开采的国际主义/地方自治主义条款，主要航天大国拒绝签署此协定）。鉴于外层空间法律框架的弹性和世界其他国家对外层空间法的广泛接受，当前出现更加无政府状态国际体系的可能性比冷战时期更小。

正如我们前文所指出的，国际体系的性质因其参与者的看法和信念而具有可塑性，并且在某种程度上取决于这些看法和信念，其可能表现出更现实主义或更国际主义/制度主义的特征。后冷战时期世界在国家和国际层面的各种变化是否改变了其他国家对国际体系的认知，特别是对外层空间和外层空间安全的认知？的确有一些迹象表明如此。首先，美国成为世界上唯一超级大国，新角色改变了它对外层空间和国际法律环境的看法。相较于其潜在对手而言，出于安全目的垄断外层空间是美国的一项不对称天基优势，在海湾战争期间首次表现出来。外层空间军事支持产生了显著的力量倍增效应，鼓励了美国太空安全政策中"制太空权"和"太空主导权"理论的持续发展。

与此同时,后冷战国际关系理论强调自由民主地减少冲突和创造繁荣的效果,特别是在"9·11恐怖袭击事件"之后,法律理论开始淡化国际法的重要性,导致美国对国际组织越来越不信任,不愿意受国际法约束。国际法对全球事件应对不力进一步加剧了这种情况。其次,当今外层空间环境日益多极化,似乎在鼓励更多的国际合作的同时,在某种程度上矛盾地增加了与太空安全政策相关的风险。在冷战期间,仅有两个超级大国从事重大的外层空间行动,因此外层空间的国际法律框架相当容易管理。随着进入太空的机会持续大幅增加,不仅重要的航天大国继续开展空间活动,而且较小的国家和私营企业也具备了空间活动能力。威胁空间物体的风险将会激增,包括空间碎片或意外碰撞造成的损害,以及恶意干扰。最后,中国的外层空间能力稳步提升,直接威胁美国在冷战后无可匹敌的外层空间霸权。尽管美中之间的争夺并不一定预示着它们对国际环境认知的彻底转变,但对大国竞争、所谓"修昔底德陷阱"的担忧日益增加。正如我们将在下文看到的那样,双方为解决彼此的不确定性/恐惧而参与的活动有可能将世界推向更加无政府主义、现实主义的方向。特别是一方或双方可能选择追求制衡另一方的"自助"方法,而不是效仿冷战战略,利用和建立国际框架来解决有争议的外层空间问题。

对第一点,即冷战后美国对外层空间和国际法律制度的认知发生了变化,我们从外层空间开始讨论。我们之前已谈到海湾战争以及天基导航、制导和通信能力帮助美国领导的联军战胜伊拉克军队的情况。此次战争对美国军方利用太空的深远影响怎么强调都不为过。如琼·约翰逊-弗里斯所述,海湾战争"是情报、监视和侦察、通信和精确制导武器使用等领域更加依赖和利用军事空间资产的第一步……"[1]海湾战争的惊人结果导致与外层空间战有关的政策和理论不断发展,美国更加果断地推动发展防御性和进攻性外层空间。美国空军2004年的《空军条令文件2-2.1:反太空行动》详细描述了"防御性反太空行动"(通过主动和被动行动,保护友军空间相关能力免受敌人攻击或干扰,保持美国/友军利用空间为自己牟利的能力)和"进攻性

---

[1] Johnson-Freese, *Space as a Strategic Asset*, 19.

反太空行动"（阻止对手利用空间）。[1]尽管《空军条令文件2－2.1：反太空行动》的基本含义与以前的太空军事文件没有根本不同，但"作为一份非机密文件，它传达了空军保护美国太空资产和拒绝潜在对手使用太空的意图……比以往任何时候都更加清晰"。[2]海湾战争结束后，美国空军认为外层空间的巨大力量倍增效应为应对未来任何冲突设立了一个关键目标：建立和保持"太空优势"，其定义是"一方相对另一方在空间中有支配地位，允许前者及其相关的陆、海、空、天和特种作战部队在特定时间和地点进行作战，而不受对方力量的禁止性干涉"。[3]

从我们对美国国家太空政策的探讨中，特别是从里根政府开始的研究中，可以清楚地看出，美国在冷战结束之前就开始出现更多地接受太空武器的趋势。除核武器和大规模杀伤性武器外，外层空间法律制度并不禁止外层空间武器。尽管《反弹道导弹条约》可能禁止在太空部署反弹道导弹武器（里根政府的观点与此相反），但美国的立场是允许发展部署在轨道上的常规武器系统。里根总统当然对苏联持强硬态度，并致力于发展战略防御倡议系统；然而，冷战以及与苏联进行外空军备竞赛的前景，给太空的实际发展带来了一定的风险。在战胜萨达姆·侯赛因后的几年里，当美国审视外层空间的前景时，这些风险已经消失了：就在海湾战争结束后的10个月里，1991年12月苏联解体；由于预算问题和其他更紧迫的国家优先事项，俄罗斯联邦继承的苏联空间计划在很大程度上受到阻碍；至少在当时，其他国家没有能力在太空挑战美国。由于太空支援军事力量的显著优势得到证实，在宽松的国际环境下，美国军方推动提升太空能力的行动并不令人惊讶。这并不代表美国对国际外层空间法的认知发生了根本转变，但美国将其对《外空条约》的解释以及对外层空间的"和平利用"发挥到极致，同时削弱与可能挑战或制衡其行动的强大对手相关的机会成本。

------

〔1〕 Department of the Air Force, Air Force Doctrine Document (AFDD) 2－2.1, *Counterspace Operations*, Aug. 2, 2004, 3, available at https：//fas. org/irp/doddir/usaf/afdd2_2－1. pdf (last visited May 12, 2020).

〔2〕 Johnson-Freese, *Space as a Strategic Asset*, 19.

〔3〕 Department of the Air Force, AFDD 2－2.1, 1, 55.

观点转变不仅限于外层空间法律和政策,还包括国际体系的性质和国际法的作用。冷战结束后,美国发现自己扮演了一个前所未有的角色:随着其主要竞争对手苏联的崩溃,美国成为单极世界中唯一的超级大国。苏联共产主义被打败,美国赢了。苏联解体使美国决策者重新评估美国在世界中的地位,也引发了学术界对国际政治理论的重新评估。最著名(或声名狼藉)的政治学家弗朗西斯·福山(Francis Fukuyama)认为,自由民主对苏联共产主义的胜利代表了"历史的终结",或者说,"人类意识形态进化的终点以及西方自由民主作为人类政府最终形式的普及化"。[1] 福山认为,自由主义和民主的"理想"将"长期统治物质世界",因为它们有能力创造经济繁荣和减少冲突。[2] 尽管福山的理论受到严厉批判,但在整个 20 世纪 90 年代美国各种政治思想的发展中,特别是在新保守主义运动中,他的"民主和平理论"等核心思想发挥了重要作用。随着 2000 年乔治·布什当选总统,新保守主义运动开始主导美国政治。[3] 新保守

---

[1] Francis Fukuyama, "The End of History?," *The National Interest*, No. 16, 4 (Summer 1989).

[2] Fukuyama, "The End of History?," *The National Interest*, No. 16, 4.

[3] 福山与新保守主义意识形态的关系极其复杂。通常认为,他的历史终结理论对新保守主义思想的发展产生了直接影响。福山本人与主要的新保守主义者和新保守主义组织有联系,包括新美国世纪计划,并在新美国世纪计划写给克林顿总统和布什总统的几封信上签名,主张更迭伊拉克政权。See Project for a New American Century, "Open Letter to President George W. Bush," Sept. 20, 2001, available at https://web. archive. org/web/20131018052135/http://www. newamericancentury. org/Bushletter. htm (last visited May 12, 2020); Project for a New American Century, "Open Letter to President William J. Clinton," Jan. 26, 1998, available at https://www. noi. org/wp-content/uploads/2016/01/iraqclintonletter1998 – 01 – 26 – Copy. pdf (last visited May 12, 2020). 直到 2004 年,福山还表示,他"仍然认为自己是一个彻底的新保守主义者"。Nikolas K. Gvosdev & Damjan de Krnjevic-Miskovic, "The Neoconservatism of Francis Fukuyama," *The National Interest*, Aug. 4, 2004, https://nationalinterest. org/arti cle/the-neoconservatism-of-francis-fukuyama – 2725. 即使在当时,福山与布什政府的政策和其他新保守主义思想家仍有明显的公开分歧。2004 年 6 月,他的一篇文章尖锐地批评了查尔斯·克劳萨默(Charles Krauthammer)为新保守主义和伊拉克战争辩护(Francis Fukuyama, "The Neoconservative Moment," *The National Interest*, June 1, 2004, https://nationalinterest. org/article/the-neoconservative-moment – 811)。到 2006 年,他基本上脱离了这场运动。同年 3 月,福山出版了《美国处在十字路口:民主、权力与新保守主义的遗产》,更详细地评论了布什政府政策,其中他否定了新保守主义,至少当时是这样理解的:"无论其复杂的根源是什么,新保守主义现在已经不可避免地与布什政府实施的先发制人、政权更迭、单边主义和仁慈霸权等概念联系在一起。在我看来,与其试图恢复这个词的意义,不如放弃这个标签,阐明一个完全不同的外交政策立场。" Francis Fukuyama, *America at the Crossroads: Democracy, Power and the Neoconservative Legacy* (New Haven, CT: Yale University Press, 2006), 7.

主义是现实主义与理想主义的奇怪的混合体,它既强调威尔逊(和福山)的观点,即自由民主是最好的政府形式,民主化将减少国际冲突,增强经济繁荣;也强调现实主义的观点,即国家(在真正的新保守主义思想中,主要是指作为世界上唯一超级大国的美国)应该追求自己的国家利益[1](事实上,新保守主义认为,必须追求国际民主化及其带来的好处,因为这是美国的直接国家利益[2],也是一个理想主义和现实的目标,这是一种奇怪的融合,说明不同国际关系理论之间的界限并不明晰)。新保守主义原则导致布什政府作出一系列重大政策决定,这些决定至今仍困扰着美国、中东和南亚:2001年10月入侵阿富汗取得初步成功后,美国决定在阿富汗实施一项国家建设和民主化计划;2003年3月决定入侵伊拉克;2006年推动巴勒斯坦选举。

冷战后的20年里,除了"民主和平理论"与新保守主义的国际关系理论相结合,还出现了与国际法在世界舞台上的作用(在某些情况下,国际法本身单独存在)相关的新法律理论,这些理论塑造了美国对其在国际体系中的作用的认知和态度。例如,法学教授杰克·戈德史密斯和埃里克·波斯纳在他们的著作《国际法的局限性》中提出了一种理论,即在大多数情况下,国际法(就其存在的程度而言)在国际体系中对国家行为的作用很小。"许多国际习

---

[1] 很难简单地定义或描述新保守主义思想,因为该运动的各种分支都声称是"真正的"新保守主义。这里提供了两种描述。福山本人指出了新保守主义思想的"四项共同原则":"对民主、人权以及更广泛的国家内部政治的关注;认为美国的力量可以用于道德目的的信念;对国际法和国际机构解决严重问题的能力持怀疑态度;最后一种观点认为,雄心勃勃的社会工程往往会导致意想不到的后果,并往往破坏其自身的目标。"Fukuyama, *America at the Crossroads*, 4–5. 同样,斯蒂芬·麦格林奇(Stephen McGlinchey)博士在描述早期新保守主义思想,特别是新保守主义外交政策的特征时写道:"欧文·克里斯托(Irving Kristol)(新保守主义的创始人之一)描述了(新保守主义的)三大核心支柱:强烈的爱国主义思想;全面拒绝任何类似或指向世界政府的东西,包括全面拒绝联合国和北约……最后是政治家应该明确区分朋友和敌人的观点。这些原则与强烈的摩尼教道德融合在一起,迫使美国为了共同利益而使用其权力,而不是雪藏它。" Stephen McGlinchey, "Neoconservatism and American Foreign Policy," *Politikon* 16.1, 22 (2010).

[2] 英国保守主义/新保守主义专栏作家道格拉斯·默里(Douglas Murray)在关注新保守主义思想时写道,"世界在漂流,但为了我们的安全,它需要停泊",它触及了全球民主化的需要以及民主化对现有民主社会安全(国家利益)的重要性之间的两面性。Douglas Murray, *Neoconservatism: Why We Need It* (New York: Encounter Books, 2006), 46.

惯法只是国家之间利益的巧合",虽然双边或多边条约可能"比国际习惯法更有效地促进合作与协调",但这类条约的效力将取决于"国家利益的构成、国家权力的分配、集体行动的逻辑和不对称信息"。[1] 事实上,国家称其应履行国际义务或其对手未能遵守国际义务等"国际法律言辞常常与国际法无关,而是被用来掩盖受利己主义因素驱动的行为,或使这些行为合理化"。[2] 延斯·大卫·奥林(Jens David Ohlin)的书批判地回应了戈德史密斯和波斯纳,他在导言中这样总结他们的论点:"国际社会充满了为自身利益行事、完全无视国际法的国家。即使在大多数情况下,各国似乎在遵守国际法,但实际上是出于自身利益,而不是出于需要遵守国际法的想法。因此,许多国际法都是虚幻的——它只是自私的国家行为。当自身利益与国际法相冲突时,国家没有道德义务遵守国际法。"[3]

但奥林对这一段的结论特别重要:他断言《国际法的局限性》本质上是"一份表达了布什政府的许多理念和政策的知识分子宣言"。[4]

我们不去分析美国在乔治·布什政府下对国际法的认知以及与国际社会的关系,因为这可能使我们偏离对外层空间和国际无政府状态"安全困境"因素的讨论。正如奥林不以为意地指出的那样,布什政府总体上希望淡化或忽视国际法,以推进它所认为的美国利益,这在某种程度上可从小布什政府的国家太空政策中看到。虽然他的国家太空政策没有否定现有的国际空间法制度,但其特别不情愿在国际层面制定任何新的外层空间法规——第二段描述了美国太空政策的主要原则,国家太空政策规定,"美国将反对制定旨在禁止或限制美国进入或使用太空的新法律制度或其他限制"。[5] 除拒绝新的国际空间法律制度外,小布什政府还从国家利益的角度来制定美国的太空政策。美国政府必须"确保美国在太空和通过太空进行不受阻碍的行动,以捍

---

[1] Goldsmith & Posner, *The Limits of International Law*, 225.

[2] Goldsmith & Posner, *The Limits of International Law*, 226.

[3] Jens David Ohlin, *The Assault on International Law* (Oxford: Oxford University Press, 2015), 9–10.

[4] Ohlin, *The Assault on International Law*, 10.

[5] 2006 National Space Policy, 2.

卫其在太空的利益",甚至国际太空合作也必须"符合美国国家安全利益",必须是对美国和其他国家"互利"的太空活动,"进一步和平探索和利用太空",最重要的是,"推进美国国家安全、国土安全和外交政策目标"。[1] 正如戈德史密斯和波斯纳所说,布什政府的太空政策似乎仅在口头上支持现有的国际法,同时在美国国家利益背景下制定美国与外层空间有关的目标(和行动),并拒绝建立任何新的国际空间法制度。

尽管在奥巴马政府时期,美国的态度转向接受国际法,但这对美国太空政策的影响有限。事实上,奥巴马总统任期内的重大全球事件使国际组织和国际法的效力受到怀疑。奥巴马总统在其2011年《国家太空战略》中删除了许多布什政府使用的更具民族主义色彩的措辞(包括拒绝为外层空间制定新的国际法),但如上文所述,这并不能说奥巴马的国家太空政策与前任政府相比发生了重大变化。此外,奥巴马政府并没有显著改变美国阻止联合国通过"防止外空军备竞赛"决议的传统,也没有表现出比往届政府更强烈地参与俄罗斯和中国所提出的太空武器条约的意愿。在奥巴马执政期间,国际法在外层空间领域之外的世界舞台上面临严峻挑战。面对叙利亚激烈的"阿拉伯之春"冲突,国际机制无能为力;来自叙利亚、伊拉克、北非和世界其他冲突地区的难民潮;俄罗斯最初对克里米亚的"混合式"入侵,最近对乌克兰的全面入侵;伊斯兰国在叙利亚东部和伊拉克北部废墟中的崛起,都表明二战后的国际秩序疲于应对21世纪不断变化的新威胁。因此,特朗普政府转向布什政府对国际法的怀疑和对国际机构的不信任态度,甚至更甚,也就不足为奇了。尽管二战后发展起来的国际法律框架并不总是能够防止冲突或引导冷战超级大国和平共处,但具有讽刺意味的是,在一个本应稳步走向自由民主全球化的后冷战世界,国际体系实际上似乎比以往任何时候都更加多极化和呈现无政府状态。

多极化恰恰是现代后冷战世界的第二个特征,这可能使人们对国际外层空间环境的看法转向更加无政府主义和现实主义。本部分的开头描述了外

---

[1] 2006 National Space Policy, 2, 7.

层空间环境中急剧增加的参与者,以及较小的州甚至私营企业不断增强的外层空间能力,使外层空间如美国军方所描述的那样,日益"拥挤、争夺和竞争激烈"。[1] 国防部所谓"拥挤、争夺和竞争激烈",听起来可能是很简洁的描述,实则意义重大,原因有两点:第一,它们以及用来描述它们所代表概念的语言是以现实主义的方式构建的:国家("争夺"太空)或私营企业("竞争"太空)的相对力量是一个深刻的问题,当然,特别强调保持美国太空力量和私营部门的相对能力和竞争力。准确地说,"拥挤"是对所有外层空间使用者的威胁,但最主要的关注点显然是它对美国空间行动的影响。第二,与"拥挤"的例子一样,"拥挤、争夺和竞争激烈"中的每一个特征都代表了现代外层空间环境的一个真实存在且重要的方面。

空间"拥挤"是外层空间概念,特别是对于特定地球轨道而言,因活跃的卫星、火箭、空间站和相关的空间碎片而变得更加拥挤。对于普通人来说,考虑到太空的浩瀚,这种说法似乎是荒谬的。当空间物体以超过每小时 1.7 万英里的速度绕地球运行时,如果与航天器相撞,即使是轨道上的油漆斑点也可能损坏窗户或仪器。[2] 与"拥挤"加剧相关的风险是深远的。2011 年国防部在《国家安全空间战略》中指出,"除了大约 60 个国家和政府联合体拥有并运营卫星,还有众多商业和学术卫星运营商。这种拥挤程度——加上运行使用、结构故障、涉及太空系统的事故以及不负责任地测试或使用产生碎片的破坏性反卫星武器,正在使所有寻求利用太空的太空行动更加复杂"。[3]

2011 年,国防部正在跟踪超过 2.2 万个空间物体,但估计可能有数十万块空间碎片因太小而无法跟踪。[4] 9 年来,空间碎片的数量只增不减。据欧洲航天局估计,大约有 3.4 万个大于 10 厘米的空间物体,大约有 90 万个在 1 厘米至 10 厘米之间的物体,以及有超过 1.2 亿个小于 1 厘米的物体正围

---

[1] 2011 National Security Space Strategy, 1.

[2] *See* Mark Garcia, ed., "Space Debris and Human Spacecraft," *NASA*, Sept. 26, 2013, https://www.nasa.gov/mission_pages/station/news/orbital_debris.html.

[3] 2011 National Security Space Strategy, 2.

[4] 2011 National Security Space Strategy, 1.

绕地球飞行。[1] 另外两项特征几乎不需要额外的解释,它们的存在是显而易见的。例如,随着市场壁垒降低,外国航天公司、空间技术制造商和其他企业进入竞争日益激烈的全球航天工业市场,太空环境越来越"竞争激烈",美国竞争优势也在下降。[2] 同样明显的是,特别是从现实主义的角度看待外层空间环境时,可以预见"未来10年,随着越来越多的国家和非国家行为体发展反太空能力,对美国太空系统的威胁以及对太空环境稳定和安全的挑战将会增加",这意味着太空环境"争夺激烈"。[3]

从安全角度来看,国家和私人外层空间使用量的急剧增加引起了美国的关注。冷战期间,美国只有一个太空竞争对手。苏联是美国的超级大国竞争者和最大的对手,并且始终是美国在太空领域唯一需要关注的国家。特别是在开发了照相侦察和其他先进的遥感卫星(如探测火箭发射的预警系统)之后,美国和苏联都很容易知晓对方在外层空间的活动。现在面对数千颗活跃的卫星,数百万块潜在的空间碎片,以及每年十几个国家的发射活动,美国探测和跟踪其太空系统的潜在威胁变得更加困难。此外,人们似乎越来越认识到,美国对《外空条约》中"和平目的"一语的解释以及《外空条约》允许在轨道上使用常规非核武器是一把"双刃剑",它允许其他国家发展自己的太空军事系统,甚至轨道武器。正如第三章所讨论的,这可能是美国最近的太空政策,特别是奥巴马总统2010年《国家太空战略》和2011年《国家安全太空战略》开始强调外层空间允许用途中"责任"概念的一个原因。[4] 最后,虽然外层空间法律制度规定了禁止干涉其他国家外层空间活动,以及对轨道损害或空间物体破坏的赔偿责任制度,但在实践中很难确定对轨道损害负有责任的国家,无论这种损害是故意的还是意外的,更不用说分析和确定过失。这对国家寻求保护其外层空间资产造成了重大困难。随着空间行为体数量的增

---

[1] European Space Agency, "Space debris by the numbers," *esa.int*, https://www.esa.int/Safety_Security/Space_Debris/Space_debris_by_the_numbers (updated Feb. 2020) (last visited May 13, 2020).

[2] 2011 National Security Space Strategy, 2.

[3] 2011 National Security Space Strategy, 2.

[4] 参见第三章。

加,以及美国认识到自己可能无法依靠现有的国际外层空间法律框架来保护其空间资产,美国似乎正从依赖国际法和国际体系(如外层空间法律框架)转向更现实的"自助"战略,强调提高探测和应对外层空间威胁的军事能力。美国的行动直接体现了美国的认知,即太空环境无政府状态正变得越来越严重,越来越不受现行国际法律制度的监管,或者用美国军方的话说,越来越"拥挤、争夺和竞争激烈"。

中国日益强大,美国对中国的不信任加剧,甚至产生恐惧,主要基于现实主义的国际关系理论。这些理论认为美国和中国之间存在制衡,甚至存在几乎不可避免的对抗。这类理论中最具代表性的是哈佛大学肯尼迪政府学院教授、政治学家格雷厄姆·艾利森(Graham Allison)关于"修昔底德陷阱"的论文。前文提到,修昔底德是最早提出国际现实主义理论的政治思想家之一。基于修昔底德对伯罗奔尼撒战争起源的现实主义解释,"雅典的崛起,以及由此在斯巴达引发的恐惧,使得战争不可避免",艾利森精心打造了一个国际关系理论,重点关注"崛起"和"统治"大国之间冲突的可能性。[1] 简单地说,艾利森的理论认为,"当一个崛起的强国威胁要取代占统治地位的强国时,最有可能的结果是战争"。[2] 艾利森和他在肯尼迪政府学院贝尔弗科学与国际事务中心的团队收集了16个历史案例,他们声称这些案例支持了这一理论及其推论,即如果有关各方认识到正在发生的事情并采取"富有想象力的治理方法"来避免冲突,"崛起"和"统治"大国之间的战争不一定是不可避免的。艾利森引用的16个案例中有4个案例没有导致"崛起"

---

[1] Graham Allison, "The Thucydides Trap: Are the U. S. and China Headed for War?," *The Atlantic* (Sept. 24, 2015), https://www.theatlantic.com/international/archive/2015/09/united-states-china-war-thucydides-trap/406756/. *See also* Graham Allison, *Destined for War: Can America and China Escape Thucydides' Trap?* (Boston, MA: Houghton Mifflin Harcourt, 2017). 艾利森对修昔底德的话的表述的另一种翻译可以在《里程碑式的修昔底德》中找到:"雅典实力的增强以及由此在斯巴达引起的恐慌,使得战争不可避免。"Strassler, ed., *The Landmark Thucydides*, 16.

[2] Harvard Kennedy School Belfer Center for Science and International Affairs, "Can America and China Escape Thucydides's Trap? —The Book," *Special Initiative: Thucydides's Trap*, belfercenter. org, https://www.belfercenter.org/thucydides-trap/overview-thucydides-trap (last visited May 13, 2020).

与"统治"大国之间的战争。[1] 艾利森的理论在许多方面仅是"安全困境"的轻微修改版,因为"修昔底德陷阱"冲突源于("崛起"大国)实力积累引发的("统治"大国)螺旋式上升的恐惧。

无论是在外层空间还是在更广泛的陆地国际体系中,"修昔底德陷阱"理论很明显适用于美国和中国之间的关系。中国的经济和军力增长对目前全球主导大国美国提出了挑战。

正如琼·约翰逊-弗里斯指出的那样,在外层空间领域,"修昔底德陷阱"的比喻尤为贴切。艾利森在德国挑战英国海军力量的案例中指出,英国的评估认为,最重要的是能力,而不是意图。同样,美国军方确定的太空呈现出"拥挤、争夺和竞争激烈"的特征,是基于对潜在竞争者能力的评估,潜在竞争者主要指中国。[2]

虽然对"修昔底德陷阱"的全面分析超出了本书的研究范围,但对我们的研究来说,它的意义主要是意识形态上的。具体来说,它对国际现实主义的接受、对大国竞争的推动以及内在的现实主义平衡与冲突动态,反映了后冷战思维的突出特点,它在中美关系中的应用特别表明了现代向现实主义思维的回归。

---

[1] Harvard Kennedy School Belfer Center for Science and International Affairs, "Can America and China Escape Thucydides's Trap? —The Book," *Special Initiative*: *Thucydides's Trap*. 艾利森的案例包括法国大革命战争和拿破仑战争(英国作为"统治"大国,大革命期间和之后的法国作为"崛起"大国)、克里米亚战争(法国和英国作为"统治"大国,俄罗斯帝国为"崛起"大国)、一战(英国为"统治"大国,由法国和俄罗斯支持,德国作为"崛起"大国)、二战(有些难以理解地算作两次案例,第一次是苏联、法国和英国作为"统治"大国,德国作为"崛起"大国,第二次是美国作为"统治"大国,日本作为"崛起"大国)等。See Harvard Kennedy School Belfer Center for Science and International Affairs, "Can America and China Escape Thucydides's Trap? —Case File," *Special Initiative*: *Thucydides's Trap*. 艾利森列举了4个"崛起"/"统治"大国冲突未导致战争的案例:15世纪葡萄牙与西班牙的竞争(葡萄牙作为"统治"大国,西班牙作为"崛起"大国),20世纪初英国与美国的全球海军霸权和平交接(英国作为"统治"大国,美国作为"崛起"大国),美国与苏联的冷战(美国作为"统治"大国,苏联作为"崛起"大国),以及冷战后德国的统一及其和平融入欧洲共同体(英国和法国作为"统治"大国,德国作为"崛起"大国)。Harvard Kennedy School Belfer Center for Science and International Affairs, "Can America and China Escape Thucydides's Trap? —Case File," *Special Initiative*: *Thucydides's Trap*.

[2] Johnson-Freese, *Space Warfare in the 21st Century*, 57.

关于国际体系的性质和外层空间法律框架维护航天国家之间有益的和平互动的相对能力的感知,可能正在推动世界关系朝着更强的现实主义、更弱的国际主义的方向发展,特别是在太空安全方面。有趣但有点讽刺的是,后冷战多极世界发展增强了一种感知,即国际体系呈无政府状态,国家利益是国际关系中的主要激励因素。用修昔底德的话来说,国家要么"为所欲为",要么"听任摆布",而不显著依赖国际法或国际组织。尽管二战后建立的国际体系仍然存在,而且经过协调一致的努力,完全可以通过制度主义措施促进更大的国际合作,但本部分所述的因素表明,与冷战时期相比,国际现实主义在当前的国际关系思想中似乎占有更突出的地位。

2. 不确定性/恐惧和实力积累

除国家感知对国际体系本身的影响外,重新审视后冷战背景下不确定性/恐惧和实力积累等"安全困境"因素表明,即使没有超级大国作为对手,美国也在不同程度上继续根据不确定性/恐惧作出与太空安全政策有关的决策。尽管美国在20世纪90年代享有相对的太空霸权,但其对在太空中被超越的担忧始终存在,最终导致拉姆斯菲尔德太空委员会对美国太空安全进行研究,并对美国太空系统的安全性和生存能力发出强烈的警告。如前文所述,中国等新外层空间大国的崛起加剧了美国的恐惧。所有这些导致美国重新努力保持在外层空间的优势,最近美国太空军的创建标志着美国意图保持优势的高潮。与此同时,在世界各地,其他国家以不同程度的赞同、愤怒和警觉注视着美国在外层空间的举动。为了应对美国的举动和(正如拉姆斯菲尔德太空委员会所指出的)其对太空系统日益增长的依赖,美国的竞争对手开始发展自己的手段来对抗美国的太空系统。

随着克林顿政府的谢幕以及美国在太空领域几乎无可匹敌的第一个10年接近尾声,拉姆斯菲尔德太空委员会的报告标志着对国际不确定性/恐惧的现实主义假设的明显回归。该委员会强调,美国在广泛的商业和军事活动中依赖卫星和天基技术("美国比任何其他国家都更依赖太空"),并指出,"美国及其盟国受到的来自太空的威胁没有得到美国政府负责国家安全的部门和机构应有的关注"。[1] 如果美国未能分析和解决其太空系统面临的潜在威胁,"潜在对手展现的新技术能力可能令它感到惊讶"。[2] 拉姆斯菲尔德太空委员会的报告详细阐述了其中一些新出现的技术威胁,包括迅速改进的电子干扰卫星信号的方法,以及利用广泛使用的微型卫星技术开发廉价的在轨反卫星系统的可能性。该报告没有忽视太空中大国竞争的可能性,"2000年7月,新华社报道中国军方正在制定在未来的高科技和天基战争中击败美国军队的方法和战略"。[3] 在面对太空系统的潜在威胁时,美国的自满是极其危险的,很可能使其"面对'太空珍珠港'事件"。对美国太空系统的灾难性突然袭击将暴露外层空间能力对美国社会的重要性和美国外层空间基础设施的脆弱性,届时一切为时已晚。从拉姆斯菲尔德太空委员会的角度来看,最糟糕的部分是美国太空系统面临威胁的警告信号(来自国家甚至潜在的非国家行为体),以及现实主义者认识到,如果没有其他国家或各方寻求挑战,美国不可能希望在空间保持卓越的作用,这是显而易见的。该委员会的非机密报告表明,人们甚至不需要接触安全信息就能够识别这种威胁。该委员会严肃地警告说,"我们注意到"美国太空系统面临的风险和威胁,但从美国政府在这个问题上缺乏行动来看,显然"我们没有重视"。[4]

拉姆斯菲尔德太空委员会的报告对太空系统面临的威胁、潜在对手的技术超越以及甚至可能出现的"太空珍珠港"事件提出了严厉警告,使作为"安全困境"因素的不确定性/恐惧在后冷战时代回到美国太空安全政策的前台。即使像美国这样在外层空间无可匹敌的国家,如果不能继续积累自己的力量以保持其优势地位,也有可能成为现实主义权力制衡理论潮流的牺牲品。为此,拉姆斯菲尔德太空委员会提出了一些建议,希望有助于解决它发现的美国在外层空间方法中的弱点,并保持美国在太空领域的优势。其中三项建议值得特别关注。首先,从"安全困境"的角度来看,该委员会承认美国军方经

---

[1] *Rumsfeld Commission Report*, 18.
[2] *Rumsfeld Commission Report*, 18.
[3] *Rumsfeld Commission Report*, 22.
[4] *Rumsfeld Commission Report*, 25.

常重复的看法,即外层空间与陆地、空中和海洋领域一样,曾经是或即将成为一个作战领域。[1] 为了应对这一不幸的现实,拉姆斯菲尔德太空委员会认为,"美国必须发展、部署和保持手段,震慑对脆弱空间能力的攻击,并保护它们",包括发展"在空间运行、能够保护轨道资产和增强空中、陆地和海上力量的武器系统"。[2] 其次,拉姆斯菲尔德太空委员会建议国防部内部进行重组,包括重新调整空军"总部和战场司令部",以"更有效地组织、训练和准备迅速且持续的太空行动"。[3] 拉姆斯菲尔德太空委员会并不排除在未来某个时候需要一个面向空间的军种的可能性,[4]但表示更支持在这方面采取步骤,重新调整空军内部的太空行动:"一旦空军内部的调整完成,一个合乎逻辑的步骤可能是从新的空军太空司令部过渡到空军的太空军。"[5] 最后,回到直接技术或军事进步的问题,拉姆斯菲尔德太空委员会指出,如果美国"要保持作为世界领先的航天国家",它必须投资于科学、技术,特别是创新人才的教育,以推动外层空间产品和能力的开发和生产。[6] 这些建议表明,虽然拉姆斯菲尔德太空委员会没有指明哪些国家是美国外层空间优势的主要威胁,但由于对其他国家(甚至私人实体和非国家行为体)的意图和技术发展的不确定性/恐惧,促使该委员会认为,美国需要更大限度地积累力量发展太空,更多地关注国防机构内与空间有关的活动,更多地投资于先进技术,以及实施其他类似的政策。拉姆斯菲尔德太空委员会的报告、其建议得到执行的程度、它所促进的美国太空政策代表了对"安全困境"式思维的重大回归(即使在空间领域

---

[1] *Rumsfeld Commission Report*, x, 13, 28-33, &100.

[2] *Rumsfeld Commission Report*, 28.

[3] *Rumsfeld Commission Report*, 89.

[4] 关于美国太空军或其报告所称的"太空部"的问题,拉姆斯菲尔德太空委员会指出:"利用太空来保护美国的利益可能需要在未来的某一天建立一个太空军事部门。'太空部'将为太空能力提供强有力的宣传,主要任务是统一为开展太空军事和情报行动提供力量。然而,本委员会认为,出于若干原因,目前设立此部门的坏处大于好处,包括尚没有足够数量的合格人员、预算、需求或任务来设立一个新的部门。同时,应进行近期和中期的组织调整,如果证明这样做是可取的话,不排除最终成立太空部门的可能性。" *Rumsfeld Commission Report*, 80.

[5] *Rumsfeld Commission Report*, 93.

[6] *Rumsfeld Commission Report*, 100.

没有明确的对手威胁美国的情况下)。

尽管"9·11恐怖袭击事件"之后,拉姆斯菲尔德太空委员会的建议(以及在某种程度上美国的总体太空安全)被迫让位于反恐战争(见第三章),但是国防部最高层一直在警告美国在外层空间保持技术进步的重要性、相关风险和必要性。例如,2004年3月,时任国防部长办公室军队转型主任的亚瑟·塞布罗斯基(Arthur K. Cebrowski)向美国参议院军事委员会战略部队分委员会提交了一份说明,提出一种"新的和互补的外层空间业务模式"(称为"作战响应空间"),以改进和增加太空军事行动,同时降低成本。[1] 塞布罗斯基将外层空间能力描述为"美国目前享有全球优势的一个显著特征",但他接着警告说,美国依赖外层空间系统,但随着进入太空的机会增加,其他国家寻求在外层空间取代美国会带来危险:

> 有人可能会问,鉴于我们现有力量的成功,为什么我们需要一个新的外层空间模式?从所有迹象来看,我们的太空军正为我们提供一种目前超越所有对手的不对称优势。尽管这显然是真的,但有证据表明我们的太空优势并非能使我们高枕无忧。如果我们不能保持太空优势,对手可能把我们的不对称优势变成不对称弱点。美国是世界上太空依赖程度最严重的国家,我们的联合军事力量也是如此,而且在可预见的未来,这种情况将继续存在。

著名的海军历史学家和战略家阿尔弗雷德·塞耶·马汉(Alfred Thayer Mahan)将海洋称为"大公共领地"。今天,"大公共领地"还应包括太空和网络空间。阻碍成为霸权大国的原因之一是缺乏在公共领地中运作和控制的能力。因此,我们可以预期有霸权野心的国家将试图削弱我们在公共领地有效运作的能力,并获得控

---

[1] Arthur K. Cebrowski, *Statement of the Director of Force Transformation Office of the Secretary of Defense Before the Subcommittee on Strategic Forces*, U. S. Senate Armed Services Committee, Mar. 25, 2004, at available at https://fas.org/irp/congress/2004_hr/032504cebrowski.pdf (last visited May 7, 2020).

制公共领地以供自己使用的能力。

在冷战时期进入太空的壁垒非常高,现在已经消失。太空不再是大国的自留地。

太空的公共属性变得越来越普遍,今天一个国家不需要成为太空强国就可以利用太空能力。[1]

除重申拉姆斯菲尔德太空委员会的警告外,塞布罗斯基还批评"美国现有太空计划的冷战属性"限制了美国在当今迅速变化的战略环境下保持太空优势的能力。[2] 他提出的解决方案——"作战响应空间"是一种旨在提高太空军事行动响应能力并利用小型卫星技术发展的太空商业模式。在推荐这一方案时,塞布罗斯基提出了一条奇怪的意见,从"安全困境"的角度来看具有深远的影响。他告诉分委员会,"健全的空间科学和技术管理要求唯一的超级大国(美国)与自己竞争,以避免停滞"。[3]

在"安全困境"理论中,为了应对真实或感知到的对手构成的威胁,国家通常会积累实力。然而,根据塞布罗斯基的说法,美国似乎不仅要对感知到的当前威胁作出先发制人的反应,还要对理论上的未来威胁作出反应。塞布罗斯基似乎证实了这一点,他指出,"在太空环境中机构学习的停滞是以牺牲未来优势为代价的",在太空军事事务中,组织和思维僵化的代价"很可能导致技术上的意外,在未来的冲突中对我们不利"。[4] 虽然对于一个国家来说,特别是像美国这样由私营企业和企业家驱动的国家,寻求不断改进当然是有意义的。没有人会否认私营和公共部门的消费者渴望更便宜、更快、更好的

---

[1] Cebrowski, *Statement of the Director of Force Transformation Office of the Secretary of Defense Before the Subcommittee on Strategic Forces*, 5–6. 作为题外话,马汉是最受尊敬的美国海军战略家之一,他对海军战略的评述经常被用来类比描述外层空间环境,塞布罗斯基等海军军官经常引用马汉的评论。

[2] Cebrowski, *Statement of the Director of Force Transformation Office of the Secretary of Defense Before the Subcommittee on Strategic Forces*, 7.

[3] Cebrowski, *Statement of the Director of Force Transformation Office of the Secretary of Defense Before the Subcommittee on Strategic Forces*, 12.

[4] Cebrowski, *Statement of the Director of Force Transformation Office of the Secretary of Defense Before the Subcommittee on Strategic Forces*, 11.

技术和产品,但塞布罗斯基描述的自我竞争伴随巨大的地缘政治风险。第一,它成倍地增加了"安全困境"思维中固有的不确定性/恐惧。毕竟,当一个国家与自己竞争时,并没有真正的外部威胁要面对。这种情况下的"恐惧"很大程度是想象出来的,因此一个国家要"害怕"并因此要准备应对的理论威胁的类型和数量取决于其战略规划者的想象力。这导致了第二个风险:在寻求不断改进的过程中,一个国家可能会专注于开发能力或技术,但无论这些能力或技术多么先进,都无法应对其现实世界对手构成的实际威胁。第二,也是最重要的一点,其他国家不太可能正面看待像美国这样的霸权国家的"自我竞争",更不用说其对手。特别是在外层空间能力方面,塞布罗斯基自己也承认,美国在这个领域具有优势,很难说服其他国家其行动是纯粹防御性的。相反,其他国家可能会将这种"自我竞争"视为美国称霸太空意图的又一证据。由于"安全困境"效应,这种观点可能刺激其他国家发展自己的外层空间能力。

在拉姆斯菲尔德太空委员会的报告和塞布罗斯基等国防部官员敦促采取行动应对理论上的威胁的同时,进入外层空间的成本下降、火箭和其他外层空间技术的扩散以及外国提升其外层空间能力的驱动力等,都开始推动这些理论上的威胁更接近现实。中国 2003 年年底的载人航天飞行及其持续的空间技术进步,包括 2007 年 1 月测试动能杀伤反卫星系统(见下文),伊朗、朝鲜和其他国家发展日益复杂的"干扰"和"欺骗"技术,伊朗成功发展本国空间发射能力,朝鲜不断追求弹道导弹(朝鲜已将其中一些用于卫星发射),俄罗斯对反太空能力的追求都强化了美国的看法,即国际行为体"正在想方设法削弱美国在外层空间的有效能力"。[1] 然而,在所有对美国外层空间活动日益增长的威胁中,或美国感知到的威胁中,没有比中国更能引起美国官员的不确定性/恐惧和要求采取行动的呼声。

中国的空间活动,也许比其他任何国家都要多,对美国目前的太空安全

---

[1] Defense Intelligence Agency, *Challenges to Security in Space*, 7. 关于中国、俄罗斯、伊朗和朝鲜令人担忧的太空和反太空能力的更深入描述,参见上述文献。

发展产生了巨大影响。美国官方政策文件隐晦地提及中国活动。例如，奥巴马总统的国家安全空间战略强调外层空间安全的重要性，因为"潜在的对手正在寻求利用已知的空间脆弱性"；[1]特朗普总统的国家空间战略声称美国的"竞争对手已经将太空变成了作战域"。[2]这些文件更加明确地提及了美国对中国行为的恐惧和反应。美国国防情报局已将中国列为威胁美国的主要国家之一，其他威胁美国的还有俄罗斯、伊朗和朝鲜。[3]此外，2018年8月，国防部长詹姆斯·马蒂斯（James Mattis）解释说，发展太空军对于应对中国和俄罗斯构成的太空威胁是必要的，并直接提到中国的反卫星试验是推动美国关注外层空间安全的关键因素。[4]在同年晚些时候的一次采访中，马蒂斯再次提到了中国的反卫星试验，描述了捍卫美国太空能力（以及潜在的进攻性太空武器）的重要性，并表示外层空间"不是我们想要屈居第二的领域"。[5]

在美国高级官员中，没有人像已退役空军中将史蒂文·夸斯特那样深入地对中国太空活动体现出的恐惧和实力积累进行"安全困境"式思考。在2019年9月退休前，夸斯特担任美国空军教育和训练司令部司令，他直言不讳地主张美国在太空中有更强大的军事对手存在。他在退休前后写的许多

---

[1] See 2011 National Security Space Strategy, 3.

[2] "President Donald J. Trump is Unveiling an America First National Space Strategy," WhiteHouse. gov（Mar. 23, 2018）, https://trumpwhitehouse. archives. gov/briefings-stateme nts/president-donald-j-trump-unveiling-america-first-national-space-strategy/.

[3] See generally Defense Intelligence Agency, Challenges to Security in Space.

[4] Robert Burns, Associate Press, "Mattis: US needs Space Force to counter Russia, China," Military Times（Aug. 14, 2018）, https://www. militarytimes. com/news/your-military/2018/08/14/mattis-us-needs-space-force-to-counter-russia-china/.

[5] James N. Mattis & Stephen Hadley, "Secretary Mattis Remarks on the National Defense Strategy in Conversation with the United States Institute for Peace," defense. gov（Oct. 30, 2018）, https://www. defense. gov/Newsroom/Transcripts/Transcript/Article/1678512/secretary-mattis-remarks-on-the-national-defense-strategy-in-conversation-with/.

专栏文章、演讲表明,他感知到中国超过美国的威胁。[1]夸斯特称外层空间"对(人类)未来至关重要",是"一个数万亿美元的市场,它将不成比例地有利于第一个在那里建设充满活力的基础设施的大国"。夸斯特经常强调中国寻求在外层空间占据太空主导权的"优越战略",指出其在外层空间活动方面的大胆举措,包括月球和火星实验室、先进航天飞机,甚至天基太阳能发电站等计划。[2]最令人担忧的是,夸斯特断言中国正在加速发展太空力量。[3]在夸斯特的思维中,不难看出不确定性/恐惧和实力积累的"安全困境"因素;事实上,夸斯特本人用强国竞争的极端现实主义术语来描绘他的世界观:

> 美国已经变得自满,将其迅速消散的经济和军事优势误认为是权利。与其他衰落的大国一样,美国正在犯同样的错误。也就是说,它在历史上让美国成功的方法上加倍下注,忽视了新兴大国采取的新方法。[4]

对夸斯特来说,防止未来中国主导外层空间,从而主导世界的唯一方法是美国从根本上扩大太空军的任务范围,将其军事化为一支"守护力量",在外层空间实施"法治"并维护美国的主导地位。[5]

---

[1] See Steve Kwast, "Where the Space Force must go," Politico (Jan. 17, 2020), https://www.politico.com/news/2020/01/17/where-the-space-force-must-go-098884; Steven Kwast, "The Urgent Need for a U. S. Space Force," Speech at Hillsdale College, Washington, D. C., Nov. 20, 2019, available at https://www.youtube.com/watch?v=KsPLmb6gAdw&feature=emb_title; Steve Kwast, "The Real Stakes in the New Space Race," War on the Rocks (Aug. 19, 2019), https://warontherocks.com/2019/08/the-real-stakes-in-the-new-space-race/; Steve Kwast, "opinion: 'There won't be many prizes for second place,'" Politico (Aug. 10, 2018), https://www.politico.com/story/2018/08/10/space-race-kwast-768751.

[2] See Kwast, "Where the Space Force must go," Politico; Kwast, "The Urgent Need for a U. S. Space Force," Speech at Hillsdale College; Kwast, "The Real Stakes in the New Space Race," War on the Rocks.

[3] Kwast, "Where the Space Force must go," Politico.

[4] Kwast, "The Real Stakes in the New Space Race," War on the Rocks.

[5] Kwast, "Where the Space Force must go," Politico.

正如我们在第三章看到的,夸斯特的观点完全符合美国军官预测的悠久传统——如果美国不能控制外层空间的"终极制高点",将会产生可怕的后果。不太清楚它们是否代表了大多数美国决策者的观点,或者(事实上)代表了大多数美国军官的观点。一个长期流传的传闻说,由于夸斯特对太空政策直言不讳,高级空军官员迫使他提前退休。需要指出的是,即使这是真的,可能并不代表他们反对夸斯特的观点,而是对他公开表达这一观点明显违反"太空问题全军禁言令"感到不满。[1] 尽管夸斯特已退役,但他的观点明显得到军队某些部门的大力支持,特别是空军航空大学的现任和前任太空政策学者。其中一些人撰写了专栏文章,主张将夸斯特晋升为四星上将,并任命他为太空军的第一任司令。[2] 的确,夸斯特告诫"在这场(新太空)竞赛中,获得第二名意味着接受失败",听起来与马蒂斯的评论惊人地相似,即"外层空间不是我们想要屈居第二的领域"。[3] 所有这些都说明,夸斯特和他的支持者表明了某种迹象:在美国军方的某些部门甚至整个美国政府,有一种广泛的信念,即美国与中国的空间活动之间本质上是竞争性的,中国的空间活动构成的潜在威胁,迫使美国进行强大的实力积累。

现在让我们离开美国,从中国的角度观察"安全困境"因素——不确定性/恐惧和实力积累。尚不太清楚中国发展外层空间和军事能力,在多大程度上是为了应对感知到的美国外层空间能力或空间战略概念带来的威胁。正如琼·约翰逊-弗里斯博士所指出的,"我们清楚中国为建设其太空能力做了什么,但不清楚为什么"。[4] 即便如此,琼·约翰逊-弗里斯本人称海湾

---

[1] Oriana Pawlyk, "Air Force General's Supporters Mount Campaign to Make Him Leader of Space Force," *military. com*(Aug. 8, 2019), https://www. military. com/daily-news/2019/08/08/air-force-generals-supporters-mount-campaign-make-him-leader-space-force. html.

[2] *See* Peter Garretson, "Air Force Suppressed Space Force Debate; Lt. Gen. Kwast Spoke Truth To Power," *Breaking Defense*(Aug. 8, 2019), https://breakingdefense. com/2019/08/air-force-suppressed-space-force-debate-lt-gen-kwast-spoke-truth-to-power/; Brent D. Ziarnick, "The commander the Space Force needs," *The Hill*(Aug. 6, 2019), https://thehill. com/opinion/national-security/456400-the-commander-the-space-force-needs; Pawlyk, *supra* note 133.

[3] *Compare* Kwast, *supra* note 133, *with* Mattis & Hadley, *supra* note 132.

[4] Johnson-Freese, *Space Warfare in the 21st Century*, 71.

战争为中国敲响了"关于美国太空军事能力的优势以及美国和其他国家之间日益扩大的技术差距的警钟"[1]。她认为,得到太空支援的美国盟军轻而易举地击败了萨达姆·侯赛因,这影响了中国的现代化,使其专注于技术和"信息化"战争,而不再将"军队规模作为其主要力量"[2]。

至少从21世纪初开始,中国就在国际上公开表达了对美国外层空间意图的担忧,尤其是在太空武器化方面。例如,在2002年4月的一次中国/联合国裁军会议上,中国外交部副部长乔宗淮就太空化提道[3]:"在与外层空间有关的武器研究和军事技术方面已经取得了巨大进展。用不了多久,太空武器和武器系统的图纸将变成外层空间的致命战斗工具。与此同时,'制太空权''确保太空优势'等军事条令和概念相继出台,太空作战指挥部和作战部队正在形成。如果我们对上述事态发展无动于衷,在可预见的未来,外层空间很可能出现军备竞赛。外层空间最终将成为陆、海、空之外的第四战场。如果这种情况成为现实,人类将几乎不可能继续开展预期的外层空间探索、开发和利用,与利用外层空间有关的所有经济、文化和社会活动都将严重中断。"[4]

虽然乔宗淮没有明确点名美国,但毫无疑问,他认为美国是太空武器化的主要推手,也是人类"探索、开发和利用外层空间"的最大威胁。他提到的军事空间理论("制太空权"和"确保太空优势")和以太空为中心的军事组织("空间行动指挥部")显然是对当时持续的美国太空军事政策和组织的批评。中国最担心美国太空军事化、武器化的一些潜在不利因素,包括外层空间的

---

[1] Johnson-Freese, *Space Warfare in the 21st Century*, 68.

[2] Johnson-Freese, *Space Warfare in the 21st Century*, 71.

[3] 需要指出的是,在大多数英文文章和外交资料中,乔宗淮的名字写成"Qiao Zonghuai",因为按照中国传统的称呼习惯,人的姓在名之前。在本文中,按西方习惯将乔宗淮的名写在姓之前。

[4] Hui Zhang, "Chinese Perspectives on Space Weapons" in Pavel Podvig & Hui Zhang, *Russian and Chinese Responses to U. S. Military Plans in Space* (Cambridge, MA: American Academy of Arts & Sciences, 2008), 31 (citing Qiao Zonghuai, "An Effective Way to Prevent an Arms Race in Outer Space The Early Negotiation and Conclusion of an International Legal Instrument," Speech Presented at the China/UN Disarmament Conference, Apr. 3, 2002, http://www3.fmprc.gov.cn/eng/29794.html [link defunct]).

军备竞赛、对中国传统核威慑的削弱、对中国民用和商业太空活动的威胁,太空武器化对国际军备控制协议的影响导致的国际不稳定、危险太空碎片增加等。关于外层空间的军备竞赛,乔宗淮含蓄地表示,当另一个国家发展太空武器优势时,中国不会袖手旁观。[1]

从中国的角度来看,这些威胁中最重要的是削弱中国的核威慑能力,从"安全困境"的角度来看,这也是最有可能产生不确定性/恐惧并导致中国采取行动的威胁。张辉解释了中国的核战略以及美国外层空间活动对这一战略构成的威胁:"中国的核威慑基于它在遭受核攻击后仍具有的报复能力。除非美国有信心在第一次打击中清除中国的洲际弹道导弹,否则理论上美国不会发动核攻击;但如果美国部署了导弹防御系统,这种情况将完全改变,天基助推阶段防御尤其具有威胁性。"

许多中国人对美国声称导弹防御是为了抵御"流氓"国家持怀疑态度。从中国的角度来看,美国在只针对"流氓"国家的体系上花费如此大量的资源似乎是站不住脚的。

美国的一些导弹防御支持者直言不讳地谈到此系统应对中国的能力。中国常驻联合国日内瓦办事处裁军事务大使沙祖康称,"尽管美国政府公开否认中国是其国家导弹防御计划的主要目标,但导弹防御计划的历史和公认的设计能力表明,计划的系统能够将中国作为目标,并可能严重影响中国有限的核能力"。

中国担心美国的太空武器和导弹防御系统使中国受到政治或战略讹诈,并侵犯中国的主权。这些能力将使美国能够更多地干预中国事务。[2]

这可能是中国寻求使其核武库现代化和多样化的原因之一。2019 年 5 月,在哈德逊研究所演讲时,美国国防情报局局长小罗伯特·阿什利(Robert P. Ashley Jr.)中将指出,除了在传统核"三位一体"的所有三个方面发展新能力,包括"一种新型公路机动洲际弹道导弹"、"一种新型洲际弹道导弹的多弹

---

[1] See Podvig & Zhang, *Russian and Chinese Responses to U. S. Military Plans in Space*, 39 – 48.

[2] Podvig & Zhang, *Russian and Chinese Responses to U. S. Military Plans in Space*, 41 – 43.

头版本"、"一种新型潜射弹道导弹"和"一种新型具备核能力的战略轰炸机",中国在未来10年还"可能至少将其核武器规模增加一倍"。[1] 中国官员声称,中国推动核武库现代化是为了保持可信的第二次打击能力,并不代表转向更扩张或更雄心勃勃的核战略。这似乎暗示了张辉指出的中国政府的感知,即美国在外层空间的安全活动可能在很大程度上引起国际力量平衡的变化,因此需要一种实力积累战略(现代化和扩大核武库)来维持稳定。如果是这样,美中之间的互动似乎表现出典型的"安全困境"不确定性/恐惧和实力积累特征。美国的太空活动被认为改变了美国和中国之间的相对力量平衡,中国担心永久的不平衡对其不利,因此发展中国的核现代化活动以期恢复相对稳定。根据"安全困境"理论,很容易看出螺旋爬升的趋势,中国新的核能力将使美国震惊,导致其实施更多的军事、太空或导弹防御活动,继而引发中国的额外反应等。

在中国针对美国外层空间活动的实力积累行为中,被提及最多的例子是中国于2007年1月成功进行的动能杀伤反卫星试验。在美国,军事和非军事消息来源都将此次试验描述为中国对美国外层空间活动的反应,试图向执意增加其军事和安全相关外层空间活动的美国发出信息或者更不祥的警告。在有关创建太空军的评论中,时任国防部长詹姆斯·马蒂斯这样描述中国的反卫星试验:"我们理解中国(通过反卫星试验)发出的信息,即他们有能力摧毁太空中的卫星。"[2] 同样,一名军官在其高级航空航天研究学校的硕士论文中写道:

> 中国新兴的太空理论是其发展反卫星武器的动力。中国人民解放军及其密切相关的研发机构认为,发展进行太空战的能力将带

---

[1] Robert P. Ashley, Jr., "Russian and Chinese Nuclear Modernization Trends," Remarks at the Hudson Institute, DIA. gov(May 29, 2019), https://www. dia. mil/Articles/Speeches-and-Testimonies/Article/1859890/russian-and-chinese-nuclear-modernization-trends/(last visited July 20, 2022).

[2] Burns, Associate Press, "Mattis: US needs Space Force to counter Russia, China," *Military Times*.

来显著优势。反卫星武器代表了一种相对简单、成本低、效益高的选择,以对抗中国军方领导人所称的美国不断扩张的太空霸权,中国战略界普遍持有这种看法。任何领域的霸权都会对中国的长远愿景构成真正的威胁。

在战略上,中国的军事规划者和战略家认为,反卫星武器是强大太空威慑力的关键要素,可进一步维持中国的核威慑和常规威慑,抵御美国弹道导弹防御计划等新出现的威胁。在理论上,中国重视威慑战略并不断追求必要的能力,以保护自己免受胁迫或勒索。反卫星试验明确地表明,中国拥有直接直升式反卫星能力,并准备运用这种能力,这符合可信威慑战略的所有标准。[1]

在《暮光之战》中,迈克·穆尔称中国的试验发出了一种信息,"美国是时候开始认真、真诚地与之谈判,并可能形成一项新的太空条约"。在他看来,这是中国发出信号的一种极端(可能会适得其反)的方式。[2]

在期刊《防扩散评论》的一篇关于中国反卫星试验的文章中,忧思科学家联盟的中国项目主任顾克冈和詹姆斯·马丁防扩散研究中心(明德大学蒙特雷国际研究学院的一个附属项目,位于佛蒙特州)东亚防扩散项目主任杰弗里·刘易斯私下采访了一些中国消息来源,内容涉及2007年的试验以及更广泛的中国反卫星发展情况。[3] 他们的消息来源称,中国在20世纪80年代就开始研究和发展反卫星技术,并不是因为它有任何"特定的军事任务或目标",而仅是因为苏联和美国都在开发和试验这种技术。[4] 顾克冈和刘易斯的消息来源对试验本身作出了类似的非好战性解释,声称2007年的反卫星试

---

[1] Anthony J. Mastalir, *The US Response to China's ASAT Test: An International Security Space Alliance for the Future*, Drew Paper No. 8 (Maxwell Air Force Base, AL: Air University Press, 2009), 4.

[2] Moore, *Twilight War: The Folly of U. S. Space Dominance*, xix.

[3] Gregory Kulacki & Jeffrey G. Lewis, "Understanding China's Antisatellite Test," *Nonproliferation Review* 15, No. 2, 336 (July 2008).

[4] Kulacki & Lewis, "Understanding China's Antisatellite Test," *Nonproliferation Review* 15, No. 2, 336.

验"不是由任何特定的外部事件或一系列事件决定的,而是由技术的成熟度和证明此项目已经产生了有效成果的压力决定的"。[1] 这些非正式的评论,特别是与中国反卫星项目发展有关的评论,基本与现有的公开来源文献相吻合。[2] 事实上,中国的反卫星研究始于20世纪80年代,似乎表明最初推动中国反卫星发展的不仅是与美国的竞争。到2007年年初,美国已成为唯一一个与中国竞争的太空强国。一种可能但似乎有些牵强的解释是,中国进行反卫星试验只是为了在内部证明其计划是可行的,而没有认真考虑国际上怎样看待这种试验。或者说,如果顾克冈和刘易斯的消息来源可信,中国对试验产生的碎片和对国际社会的影响过于乐观。[3] 因此,马蒂斯、穆尔和其他人的观点不是没有道理,即中国希望向美国传递关于其太空能力的信息。

中国在进行反卫星试验之前没有与其他航天国家进行"国际协商",由此产生的碎片可能对其他国家的空间物体或活动造成有害干扰,这一疏忽可能违反《外空条约》第9条的规定。关于"适当注意"的问题,此术语缺乏明确定义。[4] 如果说中国在进行反卫星试验时缺乏"适当注意",这并不是一种不合理的解释,因为在外层空间活动方面可能负有注意义务,而且这种行动可能造成损害的风险是可以合理预见的。在试验之后,只有日本声称中国的试验违反了《外空条约》,即使在那时,其也没有提及据称违反的明确条约

---

〔1〕 Kulacki & Lewis, "Understanding China's Antisatellite Test," *Nonproliferation Review* 15, No. 2, 337.

〔2〕 *See* Kulacki & Lewis, "Understanding China's Antisatellite Test," *Nonproliferation Review* 15, No. 2, 336 – 337.

〔3〕 *See* Kulacki & Lewis, "Understanding China's Antisatellite Test," *Nonproliferation Review* 15, No. 2, 337 – 338.

〔4〕 塞尔吉奥·马尔基西奥(Sergio Marchisio)在开创性的《科隆空间法评论》中发表了对《外空条约》第9条的评论,他对"适当注意"原则描述如下:"在《外空条约》第9条中,'适当注意'是指以某种谨慎、注意或遵守的标准实施一项行为。'适当注意'要求实际上是对各国行使外层空间、月球和天体自由权利的一种限定。国家必须排除合理怀疑,证明已尽可能防止发生有害行为。'适当注意'原则应根据案例的具体事实和情况加以解释。"Marchisio, "Article ix," *Cologne Commentary on Space Law, Volume 1: Outer Space Treaty* (Stephan Hobe, et al., eds., Cologne: Carl Heymanns Verlag, 2009). 虽然这种解释肯定有助于理解,但适用该原则的具体案件性质,以及在特定情况下所要求的"谨慎、重视或遵守"的性质和范围,使得在实践中难以适用"适当注意"原则。

条款。[1] 没有国家明确指责中国违反"适当注意"原则,这一情况在俄罗斯2021年11月开展反卫星试验后重演。[2]

这种关于"适当注意"原则的沉默值得玩味。尽管美国和其他一些国家鼓励在国际层面制定"负责任行为"的原则、条例或规范,但各国不愿将反卫星活动(或至少是不负责任地进行的制造大量有害空间碎片的试验)称为违反"适当注意"的行为。这是否有助于形成此类活动不违反原则的国家惯例? 由于参与反卫星武器相关活动的国家太少,或者认为自己有能力公开谈论这些活动的国家太少,现在作出确切的判断还为时过早。然而,各国不愿意用具有约束力的空间法协定的术语或定义定性中国和俄罗斯进行的反卫星试验,这有可能形成一致的国家惯例,并有可能随着时间的推移形成一种习惯法律理解,即这种行为不违反《外空条约》。

3. 与后冷战时期美国太空政策有关的结论

上文的探讨表明,后冷战时代的国际和外层空间环境在某些方面对美国构成的挑战比它与苏联的冷战对抗更大。尽管政治学家提出了冷战后期和冷战后早期的乌托邦理论,但美国仍未能将其"唯一超级大国"地位转化为一个稳定、自由的民主世界。相反,发生了一系列意想不到的事件,例如,"9·11恐怖袭击事件"、美国在伊拉克和阿富汗的艰难战争、"阿拉伯之春"和叙利亚内战导致中东不稳定、跨国伊斯兰恐怖主义的持续威胁、难民从中东和非洲冲突地区流向西方国家,以及随之而来的反移民右翼民粹主义的兴起、

---

[1] Carin Zissis, "China's Anti-Satellite Test," *Council on Foreign Relations*, Feb. 22, 2007, https://www.cfr.org/backgrounder/chinas-anti-satellite-test.

[2] 一些国家批评俄罗斯的反卫星试验是"破坏可持续和稳定利用外层空间的不负责任的行为"(日本),是"挑衅和危险的行为"(澳大利亚),证明继续需要"所有国家在空间采取相应行动,以确保和平和可持续利用空间"(韩国)。Chelsea Gohd, "Russian anti-satellite missile test draws condemnation from space companies and countries," *Space.com*, Nov. 22, 2021, https://www.space.com/crussian-anti-satellite-missile-test-world-condemnation. 美国提出了最严厉的批评,称俄罗斯的试验是"危险和不负责任的",并形容俄罗斯正在实施"鲁莽和不负责任的行为"。Antony J. Blinken, "Russia Conducts Destructive Anti-Satellite Missile Test," US Department of State, Press Statement, Nov. 15, 2021, available at https://www.state.gov/russia-conducts-destructive-anti-satellite-missile-test/. 同样,这些国家没有直接指责俄罗斯违反《外空条约》第9条的"适当注意"条款。

包括美国和英国在内的重要西方国家从国际主义转向民族主义的重大政治转变,威胁全球对二战后国际体系的信心以及国际法预防甚至减轻暴力冲突影响的能力。与此同时,正在复兴的俄罗斯和稳步崛起的中国预示着一个更加多极的世界的回归,美国无法保持其全球超级大国的地位。所有这些因素促使人们认为,正如《美国国防战略》指出的那样,美国正面临"日益加剧的全球混乱,其特征是基于规则的长期国际秩序的衰落","对自由和开放的国际秩序的公开挑战","国家之间的长期战略竞争重新出现"。[1]与冷战时期的两极体系形成鲜明对比的是,新的多极国际体系带来了无数新的危险,特别是在对国际机构的信心以及国际法监管和预防冲突的能力动摇的情况下。在冷战时期,世界基本上划分为亲美集团和亲苏集团。

在外层空间领域,多极化趋势也在成为现实。随着进入太空的技术和成本壁垒的下降,以及越来越多的国家和私营企业参与空间发射和空间物体运行,用美国军方的话来说,空间正变得更加"拥挤、争夺和竞争激烈"。正如我们所看到的,外层空间使用者的急剧增加是美国非常关切的一个问题,这意味着美国的太空系统面临更多的潜在风险(来自无意碰撞和恶意行为),而且跟踪这种风险和在发生损害时追究责任变得更加困难。同时,美国对关键外层空间法律条款的传统解释已经成为一把"双刃剑",包括将空间用于"和平目的"的含义以及将传统的非核武器送入轨道的合法性。现在,更多的国家实际上拥有生产太空武器和将外层空间用于军事目的的技术能力,其他任何国家对空间的军事使用都将削弱美国空间资产的相对实力,或者说,将空间变成一个"竞赛场"。这种感知完全属于零和现实主义思维的范畴,随之而来的风险是,为了应对外层空间的"威胁",美国和其他国家将参与实力积累竞争,寻求始终保持对对手的技术或军事"优势"。

特别是在美中关系方面,冷战后的国际和外层空间环境更接近"安全困

---

[1] U. S. Department of Defense, "Summary of the 2018 National Defense Strategy of the United States of America: Sharpening the American Military's Competitive Edge," Jan. 2018, 1, 2, available at https://dod.defense.gov/Portals/1/Documents/pubs/2018 – National-Defense-Strategy-Summary.pdf (last visited Dec. 30, 2021).

境"理论的国际无政府状态、不确定性/恐惧和实力积累特征,比冷战环境中表现得更加明显。现实主义思维变得如此普遍,以致它甚至成为国际关系"新"理论的基础,如格雷厄姆·艾利森的"修昔底德陷阱",这些理论试图解释美中之间可能发生的冲突并(如艾利森所说)防止发生冲突。尽管对当前国际环境的感知似乎更倾向于现实主义而不是制度主义,但美国和中国之间无论是在陆地上还是在外层空间的冲突都并非不可避免。尽管国际机构近年来面临种种困难,但仍然提供了交流和协商的平台。至少在目前,美国与北约、一些欧洲国家、日本和韩国的传统联盟依然牢固。前空军情报官员和博士研究生阿龙·贝特曼(Aaron Bateman)最近写道,将这种联盟拓展到外层空间的时机已经成熟:

……美国的盟友渴望建立一个更强大的网络,以监测对手在轨道上的活动,并建立统一的空间理论,以实现一个坚韧的太空安全框架。华盛顿可与其航天盟友建立联盟,有效地准备并赢得一场延伸到外层空间的战争。事实上,美国应该利用其盟友建立一个更强大的网络来监控和跟踪太空活动。同时,华盛顿应该领导其盟友和世界制定规范和实践要求,防止破坏太空稳定的军事活动。[1]

尽管后冷战多极世界带来了重大挑战,但超级大国核对抗威胁不再是国际分歧的最终风险。从这个意义上说,尽管多极世界可能比两极冷战世界给美国带来更多的威胁或风险,但至少在目前,风险的严重程度要低得多。在彼此核武库的真实和持续威胁下,美国与苏联都能够商定具有约束力的外层空间法原则,甚至商定不具约束力的外层空间行为规范,那么面对核毁灭的严重冷战恐惧,很难相信世界各国不能同样协商新的外层空间活动和行为框架。

---

〔1〕 Aaron Bateman, *America Needs a Coalition to Win a Space War*, War on the Rocks (Apr. 29, 2020), https://warontherocks.com/2020/04/america-needs-a-coalition-to-win-a-space-war/.

四、结语：美国太空军与"安全困境"

上文的讨论在很大程度上略过了一个问题：美国太空军的建立在促成或削弱现代后冷战世界的"安全困境"式局势方面发挥了什么作用？或者说，美国创建一个致力于外层空间事务的军事组织是对国际无政府状态、不确定性/恐惧和实力积累等"安全困境"因素的回应吗？太空军的建立是否可能引发美国国际竞争对手的更多不确定性/恐惧和实力积累反应以及这些反应最终是否会增加轨道冲突的可能性？

如果孤立地审视太空军的创建，可能认为美国的行动是"安全困境"式恐惧的结果。例如，特朗普总统在《第4号太空政策指令》导言部分提到发展太空军的理由之一，即"（美国的）潜在对手正在提高他们的太空能力，积极运用各种方法来阻止我们在危机或冲突中使用太空"。[1] 通过重组美国军队成立一支太空军以及更广泛地重视外层空间，反过来将"威慑侵略和保护（美国的）利益"。[2] 这些理由和声明显然符合传统"安全困境"分析的"不确定性/恐惧"和"实力积累"因素，即美国对潜在国际对手的空间力量和能力感到恐惧，导致对这一潜在威胁的防御，并通过建立太空军来增强自己的力量。美国潜在竞争对手的某些政府官员的言论似乎也遵循了"安全困境"模式。例如，中国外交部的几位发言人批评建立太空军是危险的，将破坏稳定。耿爽称美国发展太空军的决定"破坏了全球战略平衡和稳定，并对外层空间的和平与安全构成了直接威胁"[3]；另一位发言人则称建立太空军"更有可能……将外层空间

---

[1] President Donald J. Trump, "Text of Space Policy Directive－4：Establishment of the United States Space Force," Trump White House Archives, Feb. 19, 2019, https://trumpwhiteho use. archives. gov/presidential-actions/text-space-policy-directive－4-establishment-uni ted-states-space-force/.

[2] Trump, "Text of Space Policy Directive－4."

[3] Associated Press, "China attacks US Space Force as threat to peace," *Air Force Times*, Dec. 23, 2019, https://www. airforcetimes. com/news/your-military/2019/12/23/china-attacks-us-space-force-as-threat-to-peace/.

武器化"[1]。这些声明似乎意味着中国不会袖手旁观,不会容许自己的安全利益受到美国行动的威胁,因此可能采取进一步行动来应对这种感知到的威胁。这与"安全困境"理论所预测的相似。劳拉·格雷戈博士和琼·约翰逊-弗里斯博士等太空专家批评太空军使外层空间变得更加"有争议"、"危险"和"武器化",这也许并不奇怪。

尽管如此,一些因素与太空军推动了太空"安全困境"实现的想法相悖。尤其不能孤立地看待太空军的创建——它既是长期政策、法律、理论和历史的产物(而这一历史至少可以追溯到太空时代的开始),也是美国政府影响外层空间未来的多方面战略的一部分。至少自奥巴马政府以来,美国已经认识到鼓励太空负责任行为的必要性。奥巴马、特朗普和现在的拜登政府对这一理念的态度不仅仅停留在口头上。相反,每一届政府都在国内和国际领域努力使负责任行为的理念成为现实。正如第三章所指出的,这包括与盟国合作,鼓励制定不具约束力的国际负责任行为规则,为美国空间组织制定具有约束力的国内政策。其中最重要的也许是国防部提出的外层空间"负责任行为原则"。此原则由国防部长劳埃德·奥斯汀(Lloyd Austin)于2021年7月发布,要求包括新组建的太空军在内的所有美国军事组织遵守其五项名义原则。[2] 美国建立太空军远不止是赤裸裸的军事化和"实力积累"的表现,而是美国联合追求现实主义太空军事行动和国际空间法制度发展的又一个例证,这是自1957年"斯普特尼克1号"人造卫星发射以来,美国一直采用的战略。

此外,在考察"安全困境"中的"不确定性/恐惧"因素时,不清楚不确定性/恐惧是不是美国决定建立太空军的动机。美国拥有世界上最强大的太空态势感知能力;事实上,由于其先进的太空监视和态势感知能力,美国国防部

---

[1] "Foreign Ministry Spokesperson Hua Chunying's Regular Press Conference on February 12, 2019," Consulate General of the People's Republic of China in Mumbai, Feb. 12, 2019, https://www.fmprc.gov.cn/ce/cgmb/eng/fyrth/t1637290.htm.

[2] *See* Secretary of Defense Lloyd Austin, "Memorandum: Tenets of Responsible Behavior in Space," Media.Defense.Gov, July 7, 2021, https://media.defense.gov/2021/Jul/23/2002809598/-1/-1/0/TENETS-OF-RESPONSIBLE-BEHAVIOR-IN-SPACE.PDF.

被称为"唯一能够在技术上支持全球太空安全框架的实体"。[1] 尽管美国的全部能力仍不得而知(很可能属于高度机密),但美国有能力跟踪大量在轨空间物体和碎片,并收集有关潜在竞争对手在轨活动的情报。从公开发布的资料中可清楚地看出这一点,包括国防情报局(最初于)2019 年出版的非机密出版物《太空安全挑战》,(最近)于 2022 年 4 月更新。[2] 此出版物详细介绍了美国竞争对手正在积极采用或正在开发的各种技术和能力。考虑到美国重要的情报收集和空间态势感知能力,"不确定性/恐惧"最终促成其决定建立太空军的程度似乎不如《第 4 号太空政策指令》描述的公共政策理由那般显著。

还应当注意的是,为了形成"安全困境"的局面,太空军需要引发俄罗斯、中国等美国竞争对手相应的不确定性/恐惧和实力积累反应。美国太空军和国防部军事领导人似乎是通过使太空军更加透明,并在某种程度上使其活动和行动更加公开来防止这种情况。太空军参谋长雷蒙德将军指出,太空活动的过度保密"限制了(美国)遏制与外层空间潜在竞争对手的冲突的能力",并称减少机密是"改变(潜在)对手的威慑算计"以及加强美国与其盟友之间合作的"要求"。[3] 雷蒙德的观点得到了时任空军部长的芭芭拉·巴雷特(Barbara Barrett)和国会议员的赞同。[4] 最终,国会在 2022 年《国防授权法案》中纳入了一项条款,授权审查"在太空军权限内管理的每个机密项目",确

---

[1] Quentin Verspieren, "The United States Department of Defense space situational aware-ness sharing program: Origins, development and drive towards transparency," *Journal of Space Safety Engineering*, 8:1 (March 2021), 86.

[2] *See* Defense Intelligence Agency, "Challenges to Security in Space: Space Reliance in an Era of Competition and Expansion," April 2022, available at https://www.dia.mil/Port als/110/Documents/News/Military_Power_Publications/Challenges_Security_Space_2 022.pdf.

[3] Nathan Strout, "Space Force chief says he's working on a declassification strategy, but offers scant details," *C4ISRNet*, Mar. 3, 2021, https://www.c4isrnet.com/battlefield-tech/space/2021/03/03/space-force-chief-says-hes-working-on-a-declassification-strategy-but-offers-scant-details/.

[4] Nathan Strout, "Barrett, Rogers consider declassifying secretive space programs," *Defense News*, Dec. 7, 2019, https://www.defensenews.com/smr/reagan-defense-forum/2019/12/08/barrett-rogers-plan-to-declassify-black-space-programs/.

定每个项目的"保密级别……是否可以更低"或某些项目是否可以完全解密。[1]

美国努力鼓励在外层空间采取负责任行为,同时采取行动使其在该领域的军事行动更加透明,因此美国似乎正在采取步骤以直接解决其外层空间活动及其新的太空军的潜在"安全困境"风险。尽管太空军减少机密计划的全部范围仍有待观察,但美国表示提高透明度和增强与盟国和伙伴国际合作的意图似乎是完全认真的。在一个无政府状态似乎越来越强和多极化的国际体系中,这些努力尤为重要。最近的事件,如2022年俄乌冲突,提醒大家国际伙伴关系和战略联盟的重要性。事实上,如果美国成功协调和同步与外层空间相关的各项工作,包括国际立法、国内政策以及军事活动和伙伴关系,毫不夸张地说,美国活动将实际上增强太空环境的安全性、生命力和可持续性。

---

[1] National Defense Authorization Act for Fiscal Year 2022, Public Law 117-81, 117th Cong., § 1609 (2020), available at https://www.congress.gov/117/plaws/publ81/PLAW-117publ81.pdf.

第六章 结论：后太空军时代的美国太空政策和法律发展趋势

一、引言

2019年12月太空军的成立，翻开了美国太空安全政策的新篇章。正如本书所探讨的，特朗普总统创建美国第六大军种——太空军尽管招致公众批评和嘲笑，但仍是50多年来美国太空安全政策的高潮。追溯历史，在美国两大政党监督下，已有12届政府实施美国太空安全政策，每位总统或每个政党的行为方式均不一定符合现代美国人的期望，其中有共和党的"鸽派"（艾森豪威尔，某种程度上还包括尼克松）和民主党的"鹰派"（肯尼迪），出于军事和安全双重目的大力发展太空的卡特政府，以及保持基本太空安全框架不变，仅口头支持更国际主义的非武器化理想的奥巴马政府。尽管许多美国公众尚未意识到太空资产对美国经济繁荣和国家安全的深远意义，但美国两党政治和军事领导对太空重要性的认识基本一致，特别是在侦察卫星发明以及海湾战争展示强大太空支援能力等里程碑事件后。美国原太空司令部司令、现任太空军参谋长约翰·雷蒙德将军直言不讳地指出，"普通美国人需要明白他们的生活是多么依赖太空,太空改善了美国人的生活方式,也推动了美国战争方式的变革"。[1]

本书试图研究国际空间法的原则、美国对太空法律制度发展的贡献以及美国太空安全政策的历史,探究美国太空军成立的背景。在以下简短的结论中,我们将总结国际空间法与太空军创建的相互影响,以及美国太空安全政策的未来走向。

二、国际空间法与美国太空军

本书研究了国际空间法的基本框架,特别是太空安全和军事用途相关内容(第二章)以及美国国内太空安全政策的演变历史(第三章)。如引言所述,太空军成立是美国国内太空安全政策的关键一步,在太空军组织建制更完备并承担更多太空军事任务后,太空军如何更全面地履行国际空间法义务所涉及的问题可能非常广泛,足以成为整本书的主题。本部分将提供太空军在国际法背景下行动的简明意见。

当前,国际空间法没有任何规定禁止各国发展太空军事组织。本书第二章已就《外空条约》"和平目的"一词的含义和范围进行了讨论。如前所述,尽管在太空是否必须完全用于"和平目的"上存在分歧,但从《外空条约》的条文表述以及航空和空间法专家郑斌等人的论述中,可以得出一个有说服力的论点,即不存在将太空完全用于"和平目的"的要求。基于此,对太空军事活动的重大限制便是《外空条约》第4条规定的核武器/大规模杀伤性武器禁令,以及根据《外空条约》第3条适用的关于侵略、冲突和自卫的一般国际法准则。

---

[1] Charles Pope, *Barrett, Raymond discuss Space Force's status and future*; *debut new recruiting ad*, SPACEFORCE. MIL(May 6, 2020), https://www. spaceforce. mil/News/Article/2178584/barrett-raymond-discuss-space-forces-status-and-future-debut-new-recruiting-ad. See also Jim Garamone, *Leaders Chart the Course as U. S. Space Force Launches*, DEFENSE. GOV(May 6, 2020), https://www. defense. gov/Explore/News/Article/Article/2177974/leaders-chart-the-course-as-us-space-force-launches/.

太空军作为一个组织，既不违反《外空条约》的任何规定或原则，也不违反任何其他国际空间法文件。无论是太空军还是作为其前身的空军太空司令部，都没有任何在轨道上部署核武器或其他大规模杀伤性武器的正式计划。事实上，目前太空军大部分任务是技术性的，许多方面甚至是非军事的。军事行动，包括动能武器的相关行动（目的是获取"制太空权"和"进攻性和防御性制太空权"），通常在环地轨道而非其他天体表面进行。即便不考虑美国当前和过去对《外空条约》中"和平利用"和"和平目的"措辞的理解，太空军组建也完全符合目前国际空间法的规范性要求。

三、美国太空安全政策的未来

从国防部在太空军建设过程中所采取的渐进性步骤可以清楚地看出，美国并不准备激进地扩张太空军事力量。尽管太空作为"作战域"和大国冲突潜在高地被日益关注，但太空军组建给美国太空行动带来的实际变化很小，短期内太空军事活动可能呈下降趋势。[1] 根据《第4号太空政策指令》和国防部要求，太空军组建是为了"整合"，即"在统一的机构下整合整个国防部太空部队的作战和战斗支持能力"，以"克服国防部太空架构规划和采办的碎片式决策流程这一最大障碍，应对对手在太空领域日益增长的威胁"。事实上，随着各军种太空军事项目整合到太空军下，由太空军主导决定最符合美国国家安全目标的太空任务和采办项目，太空军事活动似乎可能受到某种限制。[2]

太空军组建对美国太空安全政策的长期影响还有待观察。正如本书第三章对美国太空安全政策历史的探讨，至少自20世纪80年代初以来，美国已愈加接受更军事化，甚至武器化的太空用途。自艾森豪威尔以来，每一任总

---

[1] U. S. Dept. of the Air Force, *Comprehensive Plan for the Organizational Structure of the U. S. Space Force*, 12.

[2] U. S. Dept. of the Air Force, *Comprehensive Plan for the Organizational Structure of the U. S. Space Force*, 12.

统都或多或少地推动了这一进程。里根总统的冷战军事力量建设、对战略防御倡议的支持,特别是对太空武器发展所做的推进(在其《第42号国家安全决策指令:国家太空政策》中有明确阐述)[1]代表了美国太空安全政策的巨大变化。冷战结束后,美国在国际体系和太空领域实现绝对优势,海湾战争使人们发现天基支援对地面军事力量的巨大价值,进一步鼓励了各方对太空军事用途的持续关注。正如2001年拉姆斯菲尔德太空委员会报告所述,在美国太空系统面临风险、阿富汗和伊拉克战争期间太空所发挥的天基信息支援作用凸显、太空参与者扩大和其他太空大国崛起的背景下,创建太空军是近40年太空军事化趋势下合乎逻辑的高潮。

这种趋势是否应引起我们担忧?美国的发展轨迹是否会推动世界其他国家,尤其是俄罗斯和中国等主要对手的太空军事化进程,从而不可避免地导致与美冲突?我们对美国太空安全政策的发展历史以及冷战期间美国避免与苏联发生"安全困境"式冲突的研究表明,冲突并非不可避免。后冷战时代更加多极化,某些方面更具威胁性,但绝没有冷战危险。全球化、经济上的相互依存、中国作为美国潜在最强有力的竞争对手与世界其他地区持续加强的合作关系(新冠疫情一定程度影响中国国际关系的稳定性),使核战争的威胁远低于冷战时期。格雷厄姆·艾利森等理论家认为美中冲突并非不可能,但无论是在太空还是其他领域,相较于冷战时期,美国和全球体系都有(避免冲突的)显著优势——在冷战最激烈的时候,美国与苏联都能够建立一个可行的国际空间法和政策框架,更何况是各国联系更紧密、全球化程度更高的21世纪,我们肯定能够继续避免太空领域冲突!

关于因果关系以及《傅科摆》提到的"安全困境",我们对历史、国际法和国际关系的讨论表明,美国是否正在将世界推向太空"安全困境"尚待商榷。与卡索邦等人不同,美国并没有"编造"其太空安全关切——在冷战背景下,苏联空间技术的发展,特别是其将"斯普特尼克1号"送入轨道的火箭技术所构成的潜在威胁,既非想象也绝非仅存在于理论中,需要谨慎应对。然而,美

---

[1] 参见第三章。

国双轨层面的举措为两个冷战超级大国之间保持公正克制的太空关系奠定了基础，并如第二章所述，促进了国际空间法的发展。美国的冷战经历当然不同于卡索邦等人所预期的自食其果性的毁灭。

将美国视为后冷战时代太空领域不安全因素主要推手的人，似乎在很大程度上遗忘了美国太空安全政策是为了应对技术先进的竞争对手的真实威胁而制定的历史。冷战接近尾声之时，美国已为应对苏联威胁而建立起强大的太空架构，海湾战争之后，此架构为美国及其盟国的战争行动提供了有效天基信息支援，随后，气象、地理定位和通信卫星技术在军民领域有了广泛发展和应用，这些因素决定了美国不可能放弃其天基技术。从现实主义的国际关系角度来看，美国在海湾战争取得的胜利以及天基支援系统的明显优势，给中国或其他国家敲响了警钟，可能导致他国努力提升太空能力或增强对抗手段。美国为了应对苏联威胁而发展太空系统，并寻求在后冷战环境中保留和保护这种系统——这很难成为控诉美国的理由。

最终，认为美国是太空霸主、欲进一步占据太空主导权的认知可能影响其盟友和对手的行为。虽然这一认知不太可能导致现实主义对抗或"安全困境"式冲突，但不应忽视其与他国反应之间的因果关系。随着美国组建太空军、采取其他手段保护其太空基础设施和服务能力，决策者和军事领导人应反思美国之前的太空政策，加强武器化和暴力不一定能保护美国太空利益。冷战期间，采取创造性、制度化的办法解决太空相关竞争，从而防止超级大国之间的重大对抗，类似的制度主义合作会再次出现吗？

鉴于美国在平衡保护国家安全、鼓励太空商业探索和"协助确保各方负责任的利用太空"之间紧张关系过程中所发挥的重要作用，未来美国太空军仍将为太空安全环境作出重大贡献。如果拜登政府和未来政治领导人成功平衡了这些紧张局势，美国为制定太空行为框架所付出的努力、通过太空军保护美国及盟国的太空资产，将有力维护自由进入、探索和利用太空的权利，有助于实现更广泛的国际合作、维护国际空间法的神圣地位。如果美国及其盟国成功地使负责任行为成为法律，借用 2001 年的 HAL9000 超级计算机的话，世界各国将能够开展太空漫游，最终发挥太空的"最大潜在用途"。

附录 A 关于各国探索和利用包括月球和其他天体在内外层空间活动的原则条约

本条约缔约国,

鉴于人类因进入外层空间,展示出伟大的前途,而深受鼓舞,

确认为和平目的发展探索和利用外层空间,是全人类的共同利益,

深信探索和利用外层空间应为所有民族谋福利,不论其经济或科学发展程度如何,

希望在和平探索和利用外层空间的科学和法律方面,促进广泛的国际合作,

深信这种合作将使各国和各民族增进相互了解,加强友好关系,

回顾了1963年12月13日联合国大会一致通过题为《各国探索和利用外层空间活动的法律原则宣言》的(十八届)第1962号决议,

回顾了1963年10月17日联合国大会一致通过的(十八届)第1884号决议,要求各国不在绕地球轨道放置任何携带核武器或任何其他类型大规模毁灭性武器

的物体,不在天体上配置这种武器,

考虑到1947年11月3日联合国大会通过的(二届)第110号决议,谴责旨在煽动或鼓励任何威胁和平、破坏和平或侵略行为的宣传,并认为该决议也适用于外层空间,

确信缔结各国探索和利用包括月球和其他天体在内外层空间活动的原则条约,会进一步实现联合国宪章的宗旨和原则,

兹议定条款如下:

第一条

探索和利用外层空间(包括月球和其他天体),应为所有国家谋福利和利益,而不论其经济或科学发展程度如何,并应为全人类的开发范围。

所有国家可在平等、不受任何歧视的基础上,根据国际法自由探索和利用外层空间(包括月球和其他天体),自由进入天体的一切区域。

所有国家应有对外层空间(包括月球和其他天体)进行科学考察的自由,各国要促进并鼓励这种考察的国际合作。

第二条

各国不得通过主权要求、使用或占领等方法,以及其他任何措施,把外层空间(包括月球和其他天体)据为己有。

第三条

各缔约国在进行探索和利用外层空间(包括月球和其他天体)的各种活动方面,应遵守国际法和《联合国宪章》,以维护国际和平与安全,促进国际合作和了解。

第四条

各缔约国承诺不在绕地球轨道放置任何携带核武器或任何其他类型大规模毁灭性武器的物体,不在天体配置这种武器,也不以任何其他方式在外层空间部署此种武器。

各缔约国必须把月球和其他天体绝对用于和平目的。禁止在天体建立军事基地、设施和工事;禁止在天体试验任何类型的武器以及进行军事演习。不禁止使用军事人员进行科学研究或把军事人员用于任何其他和平目的。

不禁止使用为和平探索月球和其他天体所必需的任何器材设备。

第五条

各缔约国应把航天员视为人类派往外层空间的使节。在航天员发生意外、遇难或在另一缔约国境内、公海紧急降落等情况下,各缔约国应向他们提供一切可能的援助。航天员紧急降落后,应立即、安全地被交还给他们航天器的登记国家。

在外层空间和天体进行活动时,任一缔约国的航天员应向其他缔约国的航天员提供一切可能的援助。

各缔约国应把其在外层空间(包括月球和其他天体)所发现的能对航天员的生命或健康构成危险的任何现象,立即通知给其他缔约国或联合国秘书长。

第六条

各缔约国对其(不论是政府部门,还是非政府的团体组织)在外层空间(包括月球和其他天体)所从事的活动要承担国际责任,并应负责保证本国活动的实施符合本条约的规定。非政府团体在外层空间(包括月球和其他天体)的活动,应由有关的缔约国批准,并连续加以监督。保证国际组织遵照本条约的规定在外层空间(包括月球和其他天体)进行活动的责任,应由该国际组织及参加该国际组织的本条约缔约国共同承担。

第七条

凡进行发射或促成把物体射入外层空间(包括月球和其他天体)的缔约国及为发射物体提供领土或设备的缔约国,对该物体及其组成部分在地球、天空或外层空间(包括月球和其他天体)使另一缔约国或其自然人、法人受到损害,应负国际上的责任。

第八条

凡登记把物体射入外层空间的缔约国对留置于外层空间或天体的该物体及其所载人员,应仍保持管辖及控制权。射入外层空间的物体,包括降落于或建造于天体的物体及其组成部分的所有权,不因物体等出现于外层空间或天体或返回地球而受影响。该物体或组成部分,若在其所登记的缔约国境外寻获,应送还该缔约国;如经请求,在送还物体前,该缔约国应先提供证明资料。

第九条

各缔约国探索和利用外层空间(包括月球和其他天体),应以合作和互助原则为准则;各缔约国在外层空间(包括月球和其他天体)所进行的一切活动,应妥善照顾其他缔约国的同等利益。各缔约国从事研究、探索外层空间(包括月球和其他天体)时,应避免使其遭受有害的污染以及因获取地球以外的物质使地球环境发生不利的变化。如必要,各缔约国应为此目的采取适当的措施。若缔约国有理由相信,该国或其国民在外层空间(包括月球和其他天体)计划进行的活动或实验,会对本条约其他缔约国和平探索和利用外层空间(包括月球和其他天体)的活动造成潜在的有害干扰,该国应保证于实施这种活动或实验前进行适当的国际磋商。缔约国若有理由相信另一缔约国计划在外层空间(包括月球和其他天体)进行的活动或实验可能对和平探索和利用外层空间(包括月球和其他天体)的活动产生潜在的有害干扰,应要求就这种活动或实验进行磋商。

第十条

为促进在符合本条约宗旨的情况下开展外层空间(包括月球及其他天体)探索和利用方面的国际合作,本条约各缔约国应在平等基础上考虑本条约其他缔约国提出的、要求获得观察这些国家所发射的空间物体飞行情况的机会的任何请求。此类观察机会的性质以及提供该机会的条件应由有关缔约国之间通过协议确定。

第十一条

为促进在外层空间(包括月球及其他天体)和平探索和利用方面的国际合作,在上述外层空间开展活动的本条约各缔约国同意,在尽可能切实可行的最大程度上,将此类活动的性质、开展情况、地点及结果通报给联合国秘书长以及公众和国际科学界。联合国秘书长在收到上述信息后,应做好立即且有效地进行传播的准备。

第十二条

月球及其他天体上的所有站地、装置、设备和航天器应在对等基础上对其他缔约国的代表开放。这些代表应提前通知计划参观的事宜,以便进行适当磋商,并采取最大限度的预防措施保证安全,避免干扰拟参观设备的正常作业。

第十三条

本条约各项规定,应适用于各缔约国为探索和利用外层空间(包括月球和其他天体)而进行的各种活动,不论这些活动是由一个缔约国单独进行的,还是与其他国家联合进行的(以国际政府间机构进行的活动也包括在内)。

因国际政府间机构探索和利用外层空间(包括月球和其他天体)而产生的任何实际问题,要由缔约国与主管国际机构或与该国际机构中一个或数个缔约国一起解决。

第十四条

1. 本条约应对所有国家开放供签署。凡在本条约据本条第 3 款生效之前,尚未签署的任何国家,可随时加入本条约。

2. 本条约须经签署国批准。批准书和加入文件应送交苏维埃社会主义共和国联盟、大不列颠及北爱尔兰联合王国及美利坚合众国政府存放,为此指定这三国政府为交存国政府。

3. 本条约应于五国政府,包括本条约交存国政府在内,交存批准书后生效。

4. 对在本条约生效后交存批准书或加入条约的国家,本条约应于其交存批准书或加入条约之日起生效。

5. 交存国政府应将每次签署日期、每次批准书及加入文件的交存日期、条约生效日期及其他事项,及时通知所有签署国和加入国。

6. 本条约应由交存国政府根据《联合国宪章》第 102 条的规定办理登记。

第十五条

每个缔约国均可对本条约提出修正。对每个接受该修正的缔约国来说,每项修正在多数缔约国通过后生效;对其余加入国来说,修正应于其接受之日起生效。

第十六条

任何缔约国在条约生效一年后,都可书面通知交存国政府,退出本条约。退出条约应从接到通知之日起一年后生效。

第十七条

本条约的中文、英文、法文、俄文和西班牙文文本均具有同等效力,均由交存国政府存档。交存国政府应把经签署的本条约之副本送交各签署国和加入国政府。

为此,下列全权代表在本条约上签字,以昭信守。

本条约共缮三份,于 1967 年 1 月 27 日订于伦敦、莫斯科及华盛顿。

附录 B 《第 4 号太空政策指令：建立美国太空军》的文本

（唐纳德·J. 特朗普总统，2019 年 2 月 19 日）

主题：建立美国太空军

第 1 节　引言。 太空是我们生活方式、国家安全和现代战争中不可或缺的一部分。尽管相对于我们潜在的对手，美国的太空系统一直保持着技术优势，但这些潜在对手正在提升他们的太空能力，并积极通过各种方法来阻止美国在危机或冲突中使用太空。美国必须对其国家安全有关的组织架构、政策、理论和能力作出调整，以遏止侵略并保护我们的利益。为此，国防部应根据其现有权力职责采取行动，通过调配太空资源来遏止和应对太空威胁，并制定立法提案，以在空军部内建立美军的第六个分支，即太空军。这是建立未来太空军事部门过程中的重要一步。根据这项提议，美国太空军将不仅被授权组建、训练和武装美国太空部队，以确保他们能够不受限制地进入太空和在太空自由行动，还能够在和平时期和各种冲突中为联合部队提供重要能力。

第 2 节　定义。本备忘录和受本备忘录第 3 节指导的立法提案应适用以下定义：

（1）"美国太空军"是指美军的一个新分支。根据法规，该军种最初将置于空军部框架下。

（2）"太空军部"是指未来在国防部内负责组建、训练和武装美国太空军的军事部门。

（3）"美国太空司令部"是指依据 2018 年 12 月 18 日总统备忘录（设立作为统一作战司令部的美国太空司令部）设立的联合作战司令部，它将按照《统一指挥计划》所分配的任务，负责联合部队的太空作战行动。

第 3 节　立法提案和目的。国防部长应通过白宫管理和预算办公室向总统提交立法提案，该提案的目的是将美国太空军建立为空军部内一个新的武装部队。

如果立法提案获得通过，将建立美国太空军来组建、训练和武装太空部队，以使他们：实现在太空中、从太空和向太空发起行动的自由；为国家领导人提供独立的军事方案；增强联合部队的杀伤力和效能。美国太空军应具备战斗和战斗支援职能，以实现迅速和可持续的进攻性和防御性太空行动以及所有领域的联合行动。美国太空军应在组建、训练和武装方面满足以下优先事项：

（1）根据包括国际法在内的有关法律，保护国家在太空中的利益以及所有负责任的主体和平利用太空的权益；

（2）确保在为美国国家安全、美国经济以及美国人民、合作伙伴和盟友服务时，对太空的使用不受限制；

（3）阻止侵略，并保卫国家、美国盟友和美国利益免受太空中和来自太空的敌对行为的侵害；

（4）确保所需的太空能力能够得到整合，并可供所有美国作战司令部使用；

（5）在太空中、向太空中、自太空中投射军事力量，以保卫我们国家的利益；

(6)培养、维护和提升一个专注于满足太空领域国家安全需求的专业人员群体。

第4节 范围。

(1)除本备忘录第3节规定的内容外,本备忘录第3节要求的立法提案还应包括以下规定:

A.酌情合并太空军事活动有关的现有部队和权力机构,以尽量减少重复性工作并消除官僚主义;

B.太空军不包括国家航空航天局、国家海洋和大气管理局、国家侦察局或美国政府的其他非太空军事组织或代表团。

(2)拟议的美国太空军应该:

A.根据国防部长与各军事部门部长的协商,将国防部武装部队中执行和直接支持太空行动的所有军事和文职人员纳入编制范围内;

B.负责所有重要的太空军事采办项目;

C.为所有相关专业的太空军事和文职人员创建适当的职位,包括运营、情报、工程、科学、采办和网络。

第5节 美国太空军预算。根据国防部预算流程,国防部长应向白宫管理和预算办公室主任提交美国太空军的拟议预算,以将其纳入总统2020财年预算申请。

第6节 美国太空军的组织和领导架构。

(1)本备忘录第3节要求的立法提案应设立一个负责太空事务的空军部文职副部长职位,该职位被称作太空事务副部长,由总统在征求参议院意见并获其同意后任命。

(2)立法提案应设立太空军参谋长。该职位的任职者应是空军或海军上将级别的高级军官,并担任参谋长联席会议的成员。

第7节 组织架构的其他规定。

(1)按照2018年12月18日所下达的指令,将依法设立一个负责太空事务的统一作战司令部,名为美国太空司令部。该司令部除了承担此前分配给美国战略司令部的与太空相关的职责外,还将肩负联合作战司令部的所有职责。它还将承担为太空作战部队提供联合部队以及开展联合部队训练的职责。迅速推进设立联合作战司令部这一举措，反映了太空作战对联合部队的重要性。该司令部的指挥官将通过可能发生在太空领域、地球领域或通过电磁频谱的全球太空作战行动来领导太空作战。

（2）凭借美国太空军及其他美国武装部队所提供的兵力，美国太空司令部应确保能不受限制地进入太空并在太空中自由开展行动，并在和平时期以及各类冲突情形下为联军及盟军提供关键的影响和能力。

第8节　与国家情报部门的关系。 国防部长和国家情报总监应建立和加强国防部与美国情报界之间的合作机制，以提高太空行动的统一性和有效性。国防部长和国家情报总监应在本备忘录发布之日起180天内向总统提交一份报告，以说明他们为实现这些目标已经采取和计划采取的措施，包括他们认为必要和适当的立法提案。

第9节　运行机构。 为确保美国太空军和美国太空司令部拥有必要的运行机构，国家航天委员会和国家安全委员会应做好协调工作，以加速审查太空运行机构。在本备忘录发布之日起90天内，国防部长应向国家航天委员会和国家安全委员会提出相关机构变更建议，并送交总统批准。随后，国家航天委员会和国家安全委员会应对国防部长的提案进行机构间审查，并就有关机构的适当性问题向总统提出建议。上述审查最迟应于国防部长向委员会提交提案之日起60天内完成。

第10节　定期审查。 随着美国太空军的成熟和国家安全的需要，有必要建立一个名为太空军部的单独的军事部门。该部门将从空军部接管美国太空军的部分或全部职责。国防部长将进行定期审查，以确定何时建议总统通过立法来设立这样一个部门。

第11节　一般规定。

（1）本备忘录中的任何内容均不得解释为损害或以其他方式影响：

A. 法律授予行政部门或机构，或其负责人的权力；

B. 白宫管理和预算办公室主任在预算、行政管理或立法提案方面的职能。

(2）本备忘录的实施应符合有关法律和美国国家与国土安全要求,并视拨款情况而定。

(3）本备忘录无意也不会使任何一方在法律或衡平法上获得对美国、美国的部门、机构或实体,以及美国的官员、雇员、代理人或任何其他人不利的实质性或程序性权利或利益。

(4）国防部长经授权和指示在联邦公报上公布本备忘录。

唐纳德·J.特朗普

附录 C 研究太空军组织架构或太空军种分支创建的成果列表(1994～2018 年)

1994：Major Ricky B. Kelly, "Centralized Control of Space: The Use of Space Forces by a Joint Force Commander," Thesis (Maxwell Air Force Base, AL: School of Advanced Airpower Studies, Sept. 22, 1994), available at https://spp.fas.org/eprint/p187.pdf.

1998：Major Mark Jelonek, "Toward an Airand Space Force: Can We Get There From Here? Naval Aviation and the Implications for Space Power," Thesis (Maxwell Air Force Base, AL: School of Advanced Airpower Studies, Jan. 6, 1998), available at https://apps.dtic.mil/sti/pdfs/ADA391798.pdf.

2000：Colonel Michael Whittington, "A Separate Space Force: An 80-Year-Old Argument," Maxwell Paper No. 20 (Maxwell Air Force Base, AL: Air War College, May 2000), available at https://apps.dtic.mil/sti/pdfs/ADA378853.pdf.

2002：Colonel Kurt Story, "A Separate Space

Force: An Old Debate w/Renewed Relevance," Senior Service College Fellowship Paper (Carlisle, PA: U. S. Army War College, April 9, 2002), available at https://apps.dtic.mil/sti/pdfs/ADA404193.pdf.

2004: Major Franz J. Gayl, "Time for a Military Space Service," *Proceedings*, Vol. 130, No. 7, July 2004, pp. 43 – 45.

2006: Lieutenant Colonel Mark Harter, "Ten Propositions Regarding Space Power: The Dawn of a Space Force," *Air & Space Power Journal*, Summer 2006, available at https://apps.dtic.mil/sti/pdfs/ADP023961.pdf.

2006: Taylor Dinerman, "United States Space Force: sooner rather than later," *The Space Review*, Feb. 27, 2006, https://www.thespacereview.com/article/565/1.

2012: Lieutenant Colonel John Cinnamon, "US Department of the Space Force: A Necessary Evolution," Thesis (Norfolk, VA: Joint Advanced Warfighting School, Joint Forces Staff College, National Defense University, May 2012), available at https://apps.dtic.mil/sti/pdfs/ADA562163.pdf.

2016: Lieutenant Colonel Peter Norsky, "The United States Space Force: Not If, But When," Thesis (Maxwell Air Force Base, AL: School of Advanced Air and Space Studies, June 2016), available at https://apps.dtic.mil/sti/pdfs/AD1030447.pdf.

附录 D 2020 年《国防授权法》中与创建美国太空军有关的内容

D 分编——美国太空军

第 951 节 简称

本分编可引用为《美国太空军法》。

第 952 节 太空军

(a)更名——空军太空司令部特此更名为美国太空军。

(b)机构——对《美国法典》第 10 编进行修订——

(1)在 D 分编 I 部的第 907 章中,将第 9067 节、第 9069 节、第 9074 节、第 9075 节、第 9081 节和第 9084 节分别更名为第 9063 节、第 9064 节、第 9065 节、第 9066 节、第 9067 节和第 9068 节。

(2)在该部末尾添加以下新章节:

第 908 章 太空军

"第 9081 节 美国太空军。

第 9082 节 太空军参谋长。

第 9083 节 太空军官职责范围。"

(3)将第 2279c 节移至第 908 章,并将该节更名为第 9081 节。

(4) 对第9081节作如下修订：

"第9081节　美国太空军

"(a) 建立。——将美国太空军建立为空军部内的一支武装部队。

"(b) 组成。——太空军应由以下人员组成：

"(1) 太空军参谋长。

"(2) 太空部队和可能属于这些部队的资产。

"(c) 职能。——太空军应经过组织、训练和武装，以实现——

"(1) 在太空中、从太空和向太空发起行动的自由；

"(2) 迅速和可持续的太空行动。

"(d) 职责。——太空部队的职责是——

"(1) 保护美国在太空的利益；

"(2) 阻止太空中的侵略、来自太空的侵略和对太空的侵略；

"(3) 开展太空行动。"

(c) 将太空军建立为武装部队。——对《美国法典》第10编第101(a)(4)节作如下修订：在"海军陆战队"之后插入"太空军"。

(d) 成员。——

(1) 总述。——自本法颁布之日起，空军应按照空军部长的指定，向太空军分配成员。

(2) 不授权增设额外的军事职位。——空军部长应仅针对本法授权范围内的空军军事人员执行本款。本款中的任何内容均不得被解释为出于组建太空军或与之相关的目的而授权增设额外的军事职位。

(e) 太空军官职责范围。——《美国法典》第10编第9068节[由第(b)(1)节更名而来]移至本编第908章末尾[作为第(b)(2)节插入末尾]，并更名为第9083节。

(f) 章节目录。——对《美国法典》第10编D分编开头的章节目录和该分编第Ⅰ部作如下修订：分别将以下新条款插入与第907章相关的条款之后：

"第 908 章　太空军第 9081 节。"

（g）对第 907 章的文书修订。——对《美国法典》第 10 编第 907 章开头的章节目录作如下修订：删除与第 9067 节、第 9069 节、第 9074 节、第 9075 节、第 9081 节和第 9084 节相关的条款，并插入以下新条款：

"第 9063 节　委任：执行某些专业职能的官员。

"第 9064 节　空军护士：护士长；任命。

"第 9065 节　司令部：领土组织。

"第 9066 节　常规空军：组成部分。

"第 9067 节　牙科助理军医长。"

第 953 节　太空军参谋长

（a）参谋长。——对《美国法典》第 10 编第 908 章（根据本法第 952 节添加）作如下修订：在第 9081 节之后插入以下新节：

"第 9082 节　太空军参谋长

"（a）任命。——

　　"（1）设有一名太空军参谋长，由总统经参议院建议并获得其同意后，从空军将官中任命。该参谋长任期由总统决定。

　　"（2）参谋长的任期为 4 年。在战时或国会宣布国家进入紧急状态期间，参谋长可以连任，但第二任期不超过 4 年。

"（b）军衔。——参谋长在任职期间拥有上将军衔，同时保留其永久军衔。

"（c）与空军部长的关系。——除非法律另有规定并符合本编第 9013（f）节的规定，否则参谋长在空军部长的授权、指挥和管制下履行职责，并直接对空军部长负责。

"（d）职责。——在空军部长的授权、指挥和管制下，参谋长应——

　　"（1）管理太空军参谋长办公室；

　　"（2）将太空军参谋长办公室的计划和提议转交给部长，并就此类计划和提议向部长提出建议；

　　"（3）在部长批准太空军参谋长办公室的计划或提议后，作为部长的代理人实施这些计划或提议；

"(4)根据本编第六章赋予联合或特设作战司令部司令的权力，对部长确定的太空军成员和组织进行监督；

"(5)在法定职责之外，执行总统、国防部长或空军部长指派给参谋长的其他军事职责。

"(e)参谋长联席会议。——

"(1)自《美国太空军法》颁布之日起一年后，太空军参谋长将成为参谋长联席会议的成员。

"(2)作为参谋长联席会议的成员，太空军参谋长应在不损害第1款所述的履职独立性的情况下，将参谋长联席会议成员就空军部相关事项提供的军事建议告知空军部长。

"(3)在国防部长的授权、指挥和管制下，参谋长应让空军部长充分了解影响其职责和责任的重大军事行动。"

(b)任职。——

(1)现任者。——本法颁布之日前担任空军太空司令部司令的人员，在本法颁布之日后可担任《美国法典》第10编第9082(a)节[根据本节第(a)款添加]规定的太空军参谋长，无须根据第9082(a)节另行任命。

(2)美国太空司令部。——自本法颁布之日起的一年内，国防部长可授权担任太空军参谋长的军官兼任美国太空司令部司令，无须进一步任命。

(c)参谋长联席会议的事务。——对《美国法典》第10编第151(1)节作如下修订:在末尾添加以下新条款：

"(8)太空军参谋长。"

第954节 太空军采办委员会

(a)总述。——对《美国法典》第10编第903章进行修订——

(1)将第9021节更名为第9021a节；

(2)在第9020节之后插入新的一节，即第9021节：

"第9021节　太空军采办委员会

"(a)成立。——空军部长办公室设有一个名为'太空军采办委员会'的委员会(在本节中称为委员会)。

"(b)成员。——委员会成员如下：

"(1)空军部副部长。

"(2)负责太空采办与整合的空军部助理部长,其应担任委员会主席。

"(3)国防部太空政策助理部长。

"(4)国家侦察局局长。

"(5)太空军参谋长。

"(6)美国太空司令部司令。

"(c)职责。——委员会应监督、指导和管理空军太空系统及项目的采办与整合工作,以确保国家安全太空事业实现一体化。

"(d)会议。——委员会每月至少应该召开一次会议。

"(e)报告。——从现在到2025年第一个季度,委员会应在每自然年季度结束后的30天内向国会国防委员会提交一份关于委员会上季度活动的季度报告。"

(b)文书修正。——对本编中第903章开头的章节作如下修订:删除与第9021节相关的条款,并插入以下新条款:

"第9021节　太空军采办委员会。

"第9021a节　空军预备役政策委员会。"

第955节　国防部太空政策助理部长

(a)总述。——对《美国法典》第10编第138(b)节作如下修订:在末尾添加以下新条款:

"(5)国防部助理部长中有一位是负责太空政策的助理部长。该助理部长的主要职责是全面监督国防部的太空作战政策。"

(b)办公室构成。——

(1)制定提议。——就国防部太空政策助理部长办公室应该包含哪些组成部分,特别是该办公室的组成部分是否应包括目前分配给国防部情报副部长办公室或军事情报计划的太空职能,国防部长应与受联邦资助的研发中心共同制定一份提议。

(2) 递交。——在本法颁布之日起 180 天内,部长应向参议院和众议院军事委员会递交根据第 1 款的规定制定的提议,以及部长对这些提议的评估意见。

第 956 节　空军太空采办和整合助理部长

(a) 将空军部长首席太空助理更名为太空采办和整合助理部长。——

(1) 总述。——空军部长首席太空助理更名为空军太空采办和整合助理部长。

(2) 参照适用。——美国的任何法律、法规、地图、文件、记录或其他文件中提到的空军部长首席太空助理均应视为太空采办和整合助理部长。

(b) 职位和职责的编纂。——

(1) 总述。——经本编 B 分编修订的《美国法典》第 10 编第 9016 节进一步修订如下——

(A) 在(a)小节中,删除"4"并插入"5";

(B) 在(b)小节中,在末尾添加以下新条款:

"(6)(A)其中一名助理部长是空军太空采办和整合助理部长。

"(B)在空军部长的授权、指挥和管制下,助理部长应执行以下操作:

"(i)负责空军太空系统和计划的所有架构制定和整合工作,包括支持本编第 9082 节指定的太空军参谋长的工作。

"(ii)根据本编第 9021 节担任太空军采办委员会主席。

"(iii)就空军内此类系统和计划的采办事宜向负责太空系统和计划(包括本编第 144 章下的所有主要国防采办计划)的空军采办执行官提供建议。

"(iv)监督和指挥以下各机构:

"（Ⅰ）本编第2273a节下的太空快速能力办公室。

"（Ⅱ）太空与导弹系统中心。

"（Ⅲ）太空发展局。

"（v）同步空军所有的太空系统和计划采办项目,包括根据《美国太空军法》第956（b）（3）节移交给助理部长的太空系统和计划采办项目,并为这些项目提供建议。

"（vi）根据该法第957节,自2022年10月1日起担任空军部军种采办执行官。"

(2) 第五等行政等级。——对《美国法典》第5编第5315节作如下修订:删除与空军助理部长相关的条款,并插入以下新条款:

"空军助理部长(5)。"

(3) 太空系统和计划采办项目的移交。——自2022年10月1日起,空军部长应根据《美国法典》第10编第9016（b）节第6款,将在2022年9月30日及之前受空军采办助理部长监督和指挥的任何空军太空系统和计划采办项目的架构制定和整合责任移交给空军太空采办和整合助理部长。

第957节　空军太空系统和计划军种采办执行官

(a) 总述。——自2022年10月1日起,空军部内应有一名负责太空系统和计划的军种采办执行官。

(b) 职能。——

(1) 总述。——自2022年10月1日起,根据第2款,《美国法典》第10编第9016（b）节第6款[根据本法第1832（b）节添加]担任空军太空采办和整合助理部长的个人也应担任太空系统和计划军种采办执行官。

(2) 现任者。——自2022年10月1日起担任空军部负责太空采办与整合助理部长的个人,也可以根据第1款担任空军太空系统和计划军种采办执行官,但前提是总统经参议院建议并获得其同意后,依据在该日期或之后向参议院提交的提名任命该个人为空军太空系统和计划军种采办执行官。

(c)权力和责任。——

(1)总述。——根据《美国法典》第10编第1704节和其他适用于空军部太空系统和计划有关的法律,空军太空系统和计划军种采办执行官应在空军部内拥有军种采办执行官的所有权力和责任。

(2)空军内部独立的军种采办执行官。——空军部有两名军种采办执行官,太空系统和计划军种采办执行官以及负责除太空系统和计划采办以外的所有采办事务的军种采办执行官。

(3)关于军种采办执行官之间关系的指南。——最迟自2022年10月1日起,空军部长应就空军太空系统和计划军种采办执行官以及空军部负责除太空系统和计划采办以外所有采办事务的军种采办执行官的权力和职责,不时向空军部发布指导意见。

第958节 合规修订和权限澄清

(a)合规修订。——《美国法典》第10编修正如下:

(1)在第101(a)(9)(C)节中,在分号前插入"和太空部队"。

B. 在第2273a节中——

(A)在(a)小节中,删除"空军太空司令部",并插入"太空军";

(B)在(b)小节中,删除"空军太空司令部司令",并插入"太空军参谋长"。

(b)权限澄清。——

(1)总述。——除本分编特别规定或本分编作出的修订外——

(A)为使所有的法律规定,包括与薪酬、福利和退休有关的法律规定适用于太空军成员,太空军成员应被视为空军成员;

(B)为使所有的法律规定,包括与薪酬、福利和退休有关的法律规定适用于太空军的文职雇员,太空军的文职雇员应被视为空军的文职雇员。

(2)任命和征召。——在将太空军纳入有关任命或征召个人成为武装部队成员的法律规定之前,为了任命或征召太空军成员,可按照法律规定的任命或征召个人成为其他武装部队成员的相同方式来进行太空军中武装部队成员的任命和征召。

第 959 节　对军事设施的影响

本分编或本分编所作的修订不得解释为授权或要求迁移空军的场地设施、基础设施或军事设施。

第 960 节　资金的可用性

(a)总述。——根据第(2)小节,本法授权供空军使用的 2020 财年拨款可用于承付或支付与建立太空军以及履行本编的其他要求和本分编所作的修订有关的太空计划、项目和活动,包括人员和采办计划、项目和活动。

(b)限制。——本法授权用于建立太空军和履行第(1)小节所述要求的 2020 财年拨款所承付和支付的金额不得超过根据《美国法典》第 10 编第 1105(1)节交由国会的总统 2020 财年预算中为太空军申请的总额。

第 961 节　实施

(a)要求。——除非本分编有具体规定,否则空军部长应在本法颁布之日起 18 个月内实施本分编以及本分编所作的修订。

(b)简报。——最迟在本法颁布之日后的第 60 天,空军部长和太空军参谋长应根据本分编以及本分编所作的修订,向国会国防委员会联合提交关于太空军建设情况的简报,并在之后每 60 天提供一次简报,直至 2023 年 3 月 31 日。每次简报应阐述太空军当前的任务、行动与活动、人力需求与状况、预算和资金需求与状况,以及空军部长和太空军参谋长都认为能够让国会充分和实时了解太空军建设和运行情况的其他事务。

参考文献

"2021 USAF & USSF Almanac: Personnel." *Air Force Magazine*. June 30, 2021. https://www.airforcemag.com/article/2021-usaf-ussf-almanac-people/.

Act of July 29, 1958 (National Aeronautics and Space Act of 1958), Pub. L. No. 85-568, §102(a), 72 Stat. 426 (1958).

Agreement on the Rescue of Astronauts, the Return of Astronauts and the Return of Objects Launched into Outer Space. April 22, 1968. 19 U.S.T. 7570, 672 U.N.T.S. 119.

Albon, Courtney. "US Space Force aims for more resilient architecture by 2026." *C4ISRNet*. February 17, 2022. https://www.c4isrnet.com/battlefield-tech/space/2022/02/17/us-space-force-aims-for-more-resilient-architecture-by-2026/.

Allison, Graham. "The Thucydides Trap: Are the U.S. and China Headed for War?" *The Atlantic*. September 24, 2015. https://www.theatlantic.com/international/archive/2015/09/united-states-china-war-thucydides-trap/406756/.

Allison, Graham. *Destined for War: Can America and China Escape Thucydides' Trap*?

Boston, MA: Houghton Mifflin Harcourt, 2017.

The Antarctic Treaty. December 1, 1959. 12 U. S. T. 794, 402 U. N. T. S. 71.

Armor, Jr., James B. "The Air Force's Other Blind Spot." *The Space Review*. September 15, 2008. https://www.thespacereview.com/article/1213/1.

Ashley, Jr., Robert P. "Remarks at the Hudson Institute—Russian and Chinese Nuclear Modernization Trends." *dia.gov*. May 29, 2019. https://www.dia.mil/News/Speeches-and-Testimonies/Article-View/Article/1859890/russian-and-chinese-nuclear-modernization-trends/(last visited May 6, 2020).

Associated Press. "China attacks US Space Force as threat to peace." *Air Force Times*. Dec. 23, 2019. https://www.airforcetimes.com/news/your-military/2019/12/23/china-attacks-us-space-force-as-threat-to-peace/.

Associated Press. "Sputnik Diplomacy." *New York Times*. October 13, 1957. Available at https://timesmachine.nytimes.com/timesmachine/1957/10/13/96960759.html?pageNumber=190 (last visited Apr. 21, 2020).

Austin, Lloyd. Secretary of Defense. "Memorandum: Tenets of Responsible Behavior in Space." *Media.Defense.Gov*. July 7, 2021. https://media.defense.gov/2021/Jul/23/2002809598/-1/-1/0/TENETS-OF-RESPONSIBLE-BEHAVIOR-IN-SPACE.PDF.

Avey, Julie. "Clear Air Force Station renamed as Clear Space Force Station." *168th Wing Air National Guard*. June 16, 2021. https://www.168wg.ang.af.mil/News/Article/2661327/clear-air-force-station-renamed-as-clear-space-force-station/.

Barboza, David. "China Passes Japan as Second-Largest Economy." *New York Times*. August 15, 2010. https://www.nytimes.com/2010/08/16/business/global/16yuan.html.

Bateman, Aaron. "America Needs a Coalition to Win a Space War." *War on the Rocks*. April 29, 2020. https://warontherocks.com/2020/04/america-needs-a-coalition-to-win-a-space-war/.

Blinken, Antony J. U. S. Secretary of State. "Press Statement: Russia Conducts Destructive Anti-Satellite Missile Test." U. S. Department of State. November 15, 2021. Available at https://www.state.gov/russia-conducts-destructive-anti-satellite-missile-test/.

Britto, Brittany. "JFK's 1962 moon speech—though deliberate, political—is still inspiring after all these years." *Houston Chronicle*. June 11, 2019. https://www.houstonchronicle.com/local/space/mission-moon/article/JFK-s-1962-moon-speech-though-deliberate-13960428.php.

Browne, Ryan. "With a signature, Trump brings Space Force into being." *CNN.com*. December 20, 2019. https://www.cnn.com/2019/12/20/politics/trump-creates-space-force/index.html.

Bruger, Steven J. "Not Ready for the First Space War: What About the Second?" 48 *Naval War College Review* 1, 73 (Winter 1995).

Buckley Garrison Public Affairs. "Buckley receives new name, commander." *Buckley Space Force Base*. June 4, 2021. https://www.buckley.spaceforce.mil/News/Article-Display/Article/2646938/buckley-receives-new-name-commander/.

Buckley Space Force Base. "Fact Sheet: 6th Space Warning Squadron." *Buckley Space Force Base*. https://www.buckley.spaceforce.mil/About-Us/Fact-Sheets/Article/2575788/6th-space-warning-squadron/.

Buckley Space Force Base. "Fact Sheet: 10th Space Warning Squadron." *Buckley Space Force Base*. https://www.buckley.spaceforce.mil/About-Us/Fact-Sheets/Article/2291696/10th-space-warning-squadron/.

Burant, Stephen R. "Soviet Perspectives on the Legal Regime in Outer Space: The Problem of Space Demilitarization." *Studies in Comparative Communism*. Vol. 19. No. 3/4. (Autumn/Winter 1986).

Burgess, John. "Satellites' Gaze Provides New Look at War." *Washington Post*. February 19, 1991. Available at https://www. washingtonpost. com/archive/politics/1991/02/19/satellites-gaze-provides-new-look-at-war/768b19e4-a1da-4f40-8267-28a5dda48726/.

Burke, Edmund J. & Astrid Stuth Cevallos, *In Line or Out of Order? China's Approach to ADIZ in Theory and Practice* (RAND, 2017).

Burns, Robert. Associate Press. "Mattis: US needs Space Force to counter Russia, China." *Military Times*. August 14, 2018. https://www. militarytimes. com/news/your-military/2018/08/14/mattis-us-needs-space-force-to-counter-russia-china/.

Bush, George H. W. NSD 30/NSPD 1. *National Space Policy*. November 2, 1989. *George H. W. Bush Presidential Library & Museum*. https://bush41library. tamu. edu/files/nsd/nsd30. pdf (last visited Apr. 8, 2020).

Butterfield, Herbert. *History and Human Relations*. New York: Macmillan, 1951.

Cancian, Mark F. "U. S. Military Forces in FY 2021: Space, SOF, Civilians, and Contractors." *Center for Strategic and International Studies*. January 8, 2021. https://www. csis. org/analysis/us-military-forces-fy-2021-space-sof-civilians-and-contractors.

Carter, Jimmy. Presidential Review Memorandum/National Security Council 23, *A Coherent U. S. Space Policy*. March 28, 1977. Available at https://www. jimmycarter library. gov/assets/documents/memorandums/prm23. pdf (last visited Apr. 1, 2020).

Carter, Jimmy. PD/NSC-37, *National Space Policy*. May 11, 1978. Available at https://www. jimmycarterlibrary. gov/assets/documents/directives/pd37. pdf (last visited Apr. 2, 2020).

Case, Angela. "Colorado Springs Air Force bases to be renamed for Space Force." *Fox 21 News*. July 22, 2021. https://www. fox21news. com/news/

local/colorado-springs-air-force-bases-to-be-renamed-for-space-force/.

Cebrowski, Arthur K. *Statement of the Director of Force Transformation Office of the Secretary of Defense Before the Subcommittee on Strategic Forces.* United States Senate Armed Services Committee. March 25, 2004. https://fas.org/irp/congress/2004_hr/032504cebrowski.pdf (last visited May 7, 2020).

Centre Européen Robert Schuman. *World War II Casualties.* http://www.centre-robert-schuman.org/userfiles/files/REPERES% 20 – % 20module% 201-2-0% 20-% 20explanatory% 20notes% 20 – % 20World% 20War% 20II% 20casualties% 20 – % 20EN.pdf (last visited Apr. 20, 2020).

Cheng, Bin. "The Legal Status of Outer Space Issues: Delimitation of Outer Space and the Definition of Peaceful Use." 11 *Journal of Space Law* 1 & 2, 89 (1983).

Cheng, Bin. "Properly Speaking, Only Celestial Bodies Have Been Reserved for Use Exclusively for Peaceful (Non-Military) Purposes, but not Outer Space Void." *International Across the Spectrum of Conflict: Essays in Honor of L. C. Green on the Occasion of His Eightieth Birthday.* Michael N. Schmidtt, ed. 2000.

Cheng, Bin. *Studies in International Space Law.* Oxford: Oxford University Press, 2004.

Chun, Clayton K. S. "Shooting Down a 'Star': Program 437, the US Nuclear ASAT System and Present-Day Copycat Killers." The Cadre Papers, Cadre Paper #6. Maxwell AFB, AL: Air University Press, 2000.

Cohen, Rachel S. "Cape Canaveral, Patrick Named First Space Force Installations."*Air Force Magazine.* December 9, 2020. https://www.airforcemag.com/cape-canaveral-patrick-named-first-space-force-installations/.

Cohen, Rachel S. "Raymond Sworn In as First Space Force Chief."*Air Force Magazine.* January 14, 2020. https://www.airforcemag.com/raymond-sworn-in-as-first-space-force-chief/.

Cohen, Rachel S. "SPACECOM Calls Out Apparent Russian Space Weapon Test." *Air Force Magazine*. July 23, 2020. https://www.airforcemag.com/spacecom-calls-out-apparent-russian-space-weapon-test/.

Colbert, Stephen. "Mike Pence Tries to Make Space Force Sound Less Dumb." *The Late Show with Stephen Colbert*. YouTube.com. August 9, 2018. https://www.youtube.com/watch?v=7ipwho-kxkI.

Commission to Assess United States National Security Space Management and Organization. *Report of the Commission to Assess United States National Security Space Management and Organization*. Washington, D.C.: January 11, 2001.

Convention on International Liability for Damage Caused by Space Objects. March 29, 1972, 24 U.S.T. 2389, 961 U.N.T.S. 187.

Convention on Registration of Objects Launched into Outer Space. January 14, 1975. 28 U.S.T. 695, 1023 U.N.T.S. 15.

Correll, Diana Stancy. "Navy forges maritime space officer designator." *Navy Times*. September 2, 2021. https://www.navytimes.com/news/your-navy/2021/09/02/navy-forges-maritime-space-officer-designator/.

Costello, John and Joe McReynolds. "China's Strategic Support Force: A Force for a New Era." *China Perspectives*. Institute for National Strategic Studies (Washington, D.C.: National Defense University Press, December 2018). Available at https://ndupress.ndu.edu/Portals/68/Documents/stratperspective/china/china-perspectives_13.pdf.

C-SPAN. "White House Daily Briefing." March 30, 2021. https://www.c-span.org/video/?510369-1/white-house-press-secretary-covid-19-report-lacks-crucial-data.

Davenport, Christian. "The Biden administration has set out to dismantle Trump's legacy, except in one area: Space." *Washington Post*. March 2, 2021. https://www.washingtonpost.com/technology/2021/03/02/biden-space-artemis-moon-trump/.

Dolman, Everett C. *Astropolitik*. London: Frank Cass, 2002.

Dolven, Ben, et al. Congressional Research Service. *Chinese Land Reclamation in the South China Sea: Implications and Policy Options*. June 18, 2015.

Donnelly, Jack. *Realism and International Relations*. 2000.

Dorr, Robert F. "X-20 Dyna-Soar Spaceplane Was Decades Ahead of Its Time." Defense Media Network. September 19, 2018. https://www.defensemedianetwork.com/stories/what-might-have-been-x-20-dyna-soar/.

Doyle, Stephen E. *Nandasiri Jasentuliyana Keynote Address on Space Law: A Concise History of Space Law*. International Institute of Space Law (2010). Available at https://www.iislweb.org/website/docs/2010keynote.pdf.

Drea, Edward J., et al. *History of the Unified Command Plan* 1946–2012. Washington, D.C.: Office of the Chairman of the Joint Chiefs of Staff, Joint History Office, 2013.

Eco, Umberto. *Foucault's Pendulum*. William Weaver, trans. Boston, MA: Mariner Books, 2007.

Eisenhower, Dwight D. *The White House Years: Waging Peace* 1956–1961. Garden City, NY: Doubleday, 1965.

Erwin, Sandra. "Trump formally reestablishes U.S. Space Command at White House ceremony." *Space News.com*. August 29, 2019. https://spacenews.com/usspacecom-officially-re-established-with-a-focus-on-defending-satellites-and-deterring-conflict/.

Erwin, Sandra. "Top enlisted leader Towberman officially joins the U.S. Space Force." *Space News.com*. April 2, 2020. https://spacenews.com/top-enlisted-leader-towberman-to-officially-join-the-u-s-space-force/.

Erwin, Sandra. "Space Force to stand up three major commands, lower echelons to be called 'deltas.'" *Space News.com*. June 30, 2020. https://

spacenews. com/space-force-to-stand-up-three-major-commands-lower-echelons-to-be-called-deltas/.

Erwin, Sandra. "White House: Space Force 'absolutely has the full support of the Biden administration.'" *Space News. com*. February 3, 2021. https://spacenews. com/white-house-space-force-absolutely-has-the-full-support-of-the-biden-administration/.

Erwin, Sandra. "Biden administration to continue the National Space Council." *Space News. com*. March 29, 2021. https://spacenews. com/biden-administration-to-continue-the-national-space-council/.

Erwin, Sandra. "Space Force reveals which Army and Navy units are moving to the space branch." *Space News*. September 21, 2021. https://spacenews. com/space-force-reveals-which-army-and-navy-units-are-moving-to-the-space-branch/.

Erwin, Sandra. "Changes ahead for Space Force procurement organizations." *Space News. com*. December 3, 2021. https://spacenews. com/change-is-coming-for-space-force-procurement-organizations/.

European Space Agency. "Space debris by the numbers." *esa. int*. https://www. esa. int/Safety_Security/Space_Debris/Space_debris_by_the_numbers (updated February 2020).

"Foreign Ministry Spokesperson Hua Chunying's Regular Press Conference on February 12, 2019." Consulate General of the People's Republic of China in Mumbai. Feb. 12, 2019. https://www. fmprc. gov. cn/ce/cgmb/eng/fyrth/t1637290. htm.

Frankel, Michael J., James Scouras, & George W. Ullrich. *The Uncertain Consequences of Nuclear Weapons Use*. National Security Report. Johns Hopkins University Applied Physics Laboratory (2015).

Fukuyama, Francis. "The End of History?" *The National Interest*, 16: 4 (Summer 1989).

Fukuyama, Francis. "The Neoconservative Moment." *The National Interest*. June 1, 2004. https://nationalinterest.org/article/the-neoconservative-moment-811.

Fukuyama, Francis. *America at the Crossroads: Democracy, Power and the Neoconservative Legacy*. New Haven, CT: Yale University Press, 2006.

Gaiman, Neil. *The Sandman Omnibus: Volume Ⅱ*. Burbank, CA: DC Comics/Vertigo, 2013.

Garamone, Jim. "Leaders Chart the Course as U. S. Space Force Launches." *defense.gov*. May 6, 2020. https://www.defense.gov/Explore/News/Article/Article/2177974/leaders-chart-the-course-as-us-space-force-launches/.

Garcia, Mark, ed. "Space Debris and Human Spacecraft." National Aeronautics and Space Administration. *nasa.gov*. September 26, 2013. https://www.nasa.gov/mission_pages/station/news/orbital_debris.html.

Garretson, Peter. "Air Force Suppressed Space Force Debate; Lt. Gen. Kwast Spoke Truth To Power." *Breaking Defense*. August 8, 2019. https://breakingdefense.com/2019/08/air-force-suppressed-space-force-debate-lt-gen-kwast-spoke-truth-to-power/.

Gavin, James M. *War and Peace in the Space Age*. New York: Harper, 1958.

Gayl, Franz J. "Time for a Military Space Service." *Proceedings*, 130: 7 (July 2004).

Gleeson, Patrick K. *Legal Aspects of the Use of Force in Outer Space*. A Thesis Submitted to McGill University in partial fulfillment of the requirements for the degree of Master of Laws (LL. M.). McGill University, 2005.

Goldsmith, Jack L. & Eric A. Posner. *The Limits of International Law*. Oxford: Oxford University Press, 2005.

Gonzalez, Sandra. "Sorry, Trump. Netflix is creating its own 'Space Force.'" *CNN.com*. January 17, 2019. https://www.cnn.com/2019/01/16/

entertainment/space-force-netflix/index. html.

Gore, Albert. *Letter dated 8 December 1962 from the representative of the United States of America to the Chairman of the First Committee*. U. N. Doc. A/C. 1/881 (Dec. 8, 1962).

Graham, Daniel. *High Frontier: A Strategy for National Survival*. New York: TOR, 1983.

Grego, Laura. "The New U. S. Space Force Will Make Space More Dangerous, Not Less."*World Political Review*. January 8, 2020. https://www.worldpoliticsreview. com/articles/28452/why-the-trump-space-force-will-make-space-more-dangerous.

Grier, Peter. "The Flying Tomato Can." *Air Force Magazine*. February 1, 2009. https://www. airforcemag. com/article/0209tomato/.

Grunert, Jeremy. "Grounding the Humā: Space Denial and (Potential) American Interference in the Iranian Space Program." 81 *Air Force Law Review* 75 (2020).

Gvosdev, Nikolas K. & Damjan de Krnjevic-Miskovic. "The Neoconservatism of Francis Fukuyama." *The National Interest*. August 4, 2004. https://nationalinterest. org/article/the-neoconservatism-of-francis-fukuyama-2725.

Hagen, John P. "The Viking and the Vanguard." *Technology and Culture*. Vol. 4. No. 4 (Autumn 1963).

Hall, R. Cargill. "The Evolution of U. S. National Security Space Policy and Its Legal Foundations in the 20th Century." 22 *Journal of Space Law* 1, 1 (2007).

Handberg, Roger. *Seeking New World Vistas: The Militarization of Space*. Westport, CT: Praeger, 2000.

Harrison, Todd, Kaitlyn Johnson, and Thomas G. Roberts. *Space Threat Assessment* 2018. Center for Strategic and International Studies. April 2018.

Harvard Kennedy School Belfer Center for Science and International

Affairs. "Can America and China Escape Thucydides's Trap?" *Special Initiative: Thucydides's Trap*. belfercenter. org. https://www. belfercenter. org/thucydides-trap/overview-thucydi des-trap (last visited June 9, 2020).

Hays, Peter L. *Space and Security: A Reference Handbook*. Santa Barbara, CA: ABC-CLIO, 2011.

Herz, John H. "Idealist Internationalism and the Security Dilemma." 2 *World Politics* 2, 157 (January 1950).

Hitchens, Theresa. "Russia Builds New Co-Orbital Satellite: SWF, CSIS Say." *Breaking Defense*. April 4, 2019. https://breakingdefense. com/2019/04/russia-builds-new-co-orbital-satellite-swf-csis-say/.

Hitchens, Theresa. "Exclusive: UK Pushes New UN Accord On Military Space Norms." *Breaking Defense*. September 13, 2021. https://breakingdefense. com/2021/09/exclusive-uk-pushes-new-un-accord-on-military-space-norms/.

Hobe, Stephan; Bernhard Schmidt-Tedd; & Kai-Uwe Schrogl, eds. *Cologne Commentary on Space Law: Volume I Outer Space Treaty*. Cologne: Carl Heymanns Verlag, 2009.

Interim Agreement Between the United States and the Union of Soviet Socialist Republics on Certain Measures with Respect to the Limitation of Strategic Offensive Arms, May 26, 1972, U. S. -U. S. S. R. , 23 U. S. T. 3462, T. I. A. S. No. 7504.

International Institute for Strategic Studies. "China's 2021 orbital-weapon tests." *Strategic Comments*. February 2022. Available at https://www. iiss. org/ ~ / publication/48752548-58b3-4e97-9ac7-4df48de5373d/chinas-2021-orbital-weapon-tests. pdf.

John S. McCain National Defense Authorization Act for Fiscal Year 2019. Public Law No. 115 – 232. 132 Stat. 2101 – 04. 2018. https://www. congress. gov/115/plaws/publ232/PLAW-115publ232. pdf.

Johnson, Lyndon B. *The Vantage Point: Perspectives on the Presidency,*

1963 – 1969. New York: Holt, Rinehart and Winston, 1971.

Johnson-Freese, Joan. *Space as a Strategic Asset*. New York: Columbia University Press, 2007.

Johnson-Freese, Joan. *Space Warfare in the 21st Century: Arming the Heavens*. Abingdon, UK: Routledge, 2017.

Johnson-Freese, Joan. "Prompt Essay: One Good Reason for Creating a Space Force." *Policy Roundtable: Does America Need a Space Force?* Texas National Security Review. September 18, 2018. Available at https://tnsr.org/roundtable/policy-roundtable-does-america-need-a-space-force/.

Kalic, Sean N. *US Presidents and the Militarization of Space, 1946 – 1967*. College Station, TX: Texas A&M University Press, 2012.

Karas, Thomas. *The New High Ground: Strategies and Weapons of Space-Age War*. New York: Simon & Schuster, 1983.

Kearn, David W. "The Baruch Plan and the Quest for Atomic Disarmament." *Diplomacy & Statecraft*, 21: 41 – 67 (2010).

Kennedy, John F. "Address to Joint Session of Congress." May 25, 1961. *John F. Kennedy Library & Museum*. https://www.jfklibrary.org/learn/about-jfk/historic-speeches/address-to-joint-session-of-congress-may-25-1961 (last visited Apr. 11, 2020).

Kennedy, John F. "Address at Rice University, Houston, Texas." 12 September 1962. *John F. Kennedy Presidential Library and Museum*. Available at https://www.jfklibrary.org/asset-viewer/archives/JFKPOF/040/JFKPOF-040-001.

Khrushchev, Nikita Sergeevich. *Khrushchev Remembers: The Last Testament*. Strobe Talbott, trans. & ed. Boston, MA: Little Brown & Company, 1974.

Kissinger, Henry. *Diplomacy*. New York: Simon & Schuster, 1994.

Kulacki, Gregory & Jeffrey G. Lewis. "Understanding China's Antisatellite Test." *Nonproliferation Review* 15, No. 2, 335 (July 2008).

Kwast, Steve. "OPINION: 'There won't be many prizes for second place.'" *Politico*. August 10, 2018. https://www.politico.com/story/2018/08/10/space-race-kwast-768751.

Kwast, Steve. "The Real Stakes in the New Space Race." *Wars on the Rocks*. August 19, 2019. https://warontherocks.com/2019/08/the-real-stakes-in-the-new-space-race/.

Kwast, Steve. "The Urgent Need for a U.S. Space Force." Speech at Hillsdale College. Washington, D.C. November 20, 2019. Available at https://www.youtube.com/watch?v=KsPLmb6gAdw&feature=emb_title.

Kwast, Steve. "Where the Space Force must go." *Politico*. January 17, 2020. https://www.politico.com/news/2020/01/17/where-the-space-force-must-go-098884.

Lachs, Manfred. *The Law of Outer Space: An Experience in Contemporary Lawmaking*. Leiden: Brill Nijhoff, 2010 (originally published 1972).

Lambakis, Steven. "Space Control in Desert Storm and Beyond." 39 *Orbis* 3, 419 (Summer 1995).

Lauder, John, Frank G. Klotz, and William Courtney. "How to avoid a space arms race." *The Hill*. October 24, 2020. https://thehill.com/opinion/national-security/522512-space-arms-control-small-steps-can-begin-to-overcome-the-obstacles.

Lodge, Henry Cabot. *Letter dated 2 Sept. 1958 from the Permanent Representative of the United States of America to the United Nations, addressed to the Secretary-General*. United Nations General Assembly. 13th Session. U.N. Doc A/3902. September 2, 1958.

Lopez, C. Todd. "Shanahan: Space Force to Preserve Margin of Dominance, $19 Trillion Economy." *Defense.gov*. March 20, 2019. https://www.defense.gov/Explore/News/Article/Article/1790830/shanahan-space-force-to-preserve-margin-of-dominance-19-trillion-economy/.

Mahshie, Abraham. "The Asset Transfer Fight." *Air Force Magazine*. Aug. 27, 2021. https://www.airforcemag.com/article/the-asset-transfer-fight/.

Mahshie, Abraham. "Why the Army Clings to Its Space Troops: 'Translating Geek to Grunt.'" *Air Force Magazine*. Oct. 13, 2021. https://www.airforcemag.com/army-clings-to-space-troops-translating-geek-to-grunt/.

Malangone, Abigail. "We Choose to Go to the Moon: The 55th Anniversary of the Rice University Speech." *John F. Kennedy Presidential Library Archives Blog*. September 12, 2017. https://jfk.blogs.archives.gov/2017/09/12/we-choose-to-go-to-the-moon-the-55th-anniversary-of-the-rice-university-speech/.

Maogoto, Jackson Nyamuya, and Steven Freeland. "Space Weaponization and the United Nations Charter Regime on Force: A Thick Legal Fog or a Receding Mist?" *The International Lawyer*. 41, 4. Winter 2007.

Mastalir, Anthony J. *The US Response to China's ASAT Test: An International Security Space Alliance for the Future*. Air University, Drew Paper No. 8. August 2009.

Mattis, James N. & Stephen Hadley. "Secretary Mattis Remarks on the National Defense Strategy in Conversation with the United States Institute for Peace." *defense.gov*. October 30, 2018. https://www.defense.gov/Newsroom/Transcripts/Transcript/Article/1678512/secretary-mattis-remarks-on-the-national-defense-strategy-in-conve rsation-with/.

McDonald, Robert A. and Sharon K. Moreno. "Raising the Periscope… Grab and Poppy: America's Early ELINT Satellites." Center for the Study of National Reconnaissance. National Reconnaissance Office. September 2005.

McGlinchey, Stephen. "Neoconservatism and American Foreign Policy." *Politikon*, 16:1, 22 (2010).

McGlinchey, Stephen, Rosie Walters & Christian Scheinpflug, eds. *International Relations Theory*. Bristol, England: E-International Relations

Publishing, 2017.

Ministry of Defence of the Russian Federation. "Aerospace Forces." https://eng.mil.ru/en/structure/forces/type/vks.htm.

Moltz, James Clay. *The Politics of Space Security: Strategic Restraint and the Pursuit of National Interests*. 3rd Edition. Stanford, CA: Stanford University Press, 2019.

Moore, Mike. *Twilight War: The Folly of U.S. Space Dominance*. Oakland, CA: Independent Institute, 2008.

Moravcsik, Andrew. "Liberal International Relations Theory: A Social Scientific Assessment." Paper No. 01-02. Weatherhead Center for International Affairs, Harvard University, April 2001.

Murray, Douglas. *Neoconservatism: Why We Need It*. New York: Encounter Books, 2006.

Mushkat, Roda. "China's Compliance with International Law: What Has Been Learned and the Gaps Remaining." 20 *Pacific Rim Law & Policy Journal* 1, 68 (Jan. 2011).

Myers, Meghann. "Space Force is looking for a few good soldiers, sailors." *Military Times*. February 3, 2021. https://www.militarytimes.com/news/your-military/2021/02/03/space-force-is-looking-for-a-few-good-soldiers-sailors/.

National Aeronautics & Space Administration. "President Nixon's 1972 Announcement on the Space Shuttle." history.nasa.gov. https://history.nasa.gov/stsnixon.htm (last visited Apr.1, 2020).

National Defense Authorization Act for Fiscal Year 2020. S.1790. 116th Congress. 2019. https://www.govinfo.gov/content/pkg/BILLS-116s1790enr/pdf/BILLS-116s1790 enr.pdf.

National Intelligence Estimate. "Soviet Military Intentions and Capabilities in Space." NIE 11-1-80. August 6, 1980, available at https://www.cia.gov/

readingroom/docs/DOC_0000284010. pdf.

National Security Council. NSC 5814/1, *Preliminary U. S. Policy on Outer Space*. August 18, 1958.

National Security Council. NSC 5918, *U. S. Policy on Outer Space*. December 17, 1959.

National Security Council. National Security Decision Memorandum 72, *Exchange of Technical Data Between the United States and the International Space Community*. July 17, 1970. Available at https://aerospace. csis. org/wp-content/uploads/2019/02/NSDM-72-Exchange-of-Technical-Data-between-the-United-States-and-the-Intern ational-Space-Community-17-Jul-1970-. pdf.

National Security Council. National Security Decision Memorandum 187, *International Space Cooperation—Technology and Launch Assistance*. August 30, 1972. Available at https://aerospace. csis. org/wp-content/uploads/2019/02/NSDM-187-International-Space-Cooperation-30-Aug-1972-. pdf.

National Security Council. National Security Decision Memorandum 333, *Enhanced Survivability of Critical U. S. Military and Intelligence Space Systems*. July 3, 1976. Available at https://aerospace. csis. org/wp-content/uploads/2019/02/NSDM-333-Enhanced-Survivability-of-Critical-Space-Systems. pdf (last visited May 27, 2020).

National Security Council. National Security Decision Memorandum 345, *U. S. Anti-Satellite Capabilities*. January 18, 1977. Available at https://aerospace. csis. org/wp-content/uploads/2019/02/NSDM-345-US-Anti-Satellite-Capabilities. pdf (last vis-ited May 27, 2020).

National Security Council Planning Board. NSC 5520, *Draft Statement of Policy on U. S. Scientific Satellite Program General Considerations*. Dwight D. Eisenhower Presidential Library and Museum. May 20, 1955. Available at https://aerospace. csis. org/wp-content/uploads/2019/02/NSC-5520-Statement-of-Policy-on-U. S. -Scientific-Satellite-Program-20-May-1955. pdf (last visited

May 25, 2020).

Neilan, Terence. "Bush Pulls Out of ABM Treaty; Putin Calls Move a Mistake." *New York Times*. December 13, 2001. https://www.nytimes.com/2001/12/13/international/bush-pulls-out-of-abm-treaty-putin-calls-move-a-mistake.html.

News Wires. "Macron announces creation of French space force." *France 24*. July 13, 2019. https://www.france24.com/en/20190713-macron-france-space-force.

Norsky, Peter C. *The United States Space Force: Not If, But When* (A Thesis Presented to the Faculty of the School of Advanced Air & Space Studies). Air University. June 2016. Available at https://apps.dtic.mil/dtic/tr/fulltext/u2/1030447.pdf (last visited May 27, 2020).

Office of the Undersecretary of Defense (Comptroller)/Chief Financial Officer. *Defense Budget Overview—United States Department of Defense Fiscal Year 2022 Budget Request*. May 2021. https://comptroller.defense.gov/Portals/45/Documents/defbudget/FY2022/FY2022_Budget_Request_Overview_Book.pdf.

Office of the White House Press Secretary. "Fact Sheet Outlining United States Space Policy." *Ronald Reagan Presidential Library*. July 4, 1982. Available at https://aerospace.csis.org/wp-content/uploads/2019/02/NSDD-42-Reagan-National-Space-Policy.pdf (last visited Apr. 6, 2020).

Office of the White House Press Secretary. *PDD/NSC-49 Fact Sheet National Space Policy*. September 19, 1996. Available at https://aerospace.csis.org/wp-content/uploads/2019/02/NSC-49-Clinton-US-National-Space-Policy.pdf (last visited Apr. 9, 2020).

Ohlin, Jens David. *The Assault on International Law*. Oxford: Oxford University Press, 2015.

Olsen, Henry. "Opinion: The U.S. Space Force is preparing to militarize space. Good." *Washington Post*. March 17, 2022. https://www.washingtonpost.com/opinions/2022/03/17/space-force-militarizing-good-thing/.

Parkerson, Jr., John E. "International Legal Implications of the Strategic Defense Initiative." 116 *Military Law Review* 67 (Spring 1987).

Pawlyk, Oriana. "Air Force General's Supporters Mount Campaign to Make Him Leader of Space Force." *military.com*. August 8, 2019. https://www.military.com/daily-news/2019/08/08/air-force-generals-supporters-mount-campaign-make-him-leader-space-force.html.

Petras, Christopher M. "'Space Force Alpha': Military Use of the International Space Station and the Concept of 'Peaceful Purposes.'" 53 *Air Force Law Review* 135, 135 (2002).

Pfrang, Kaila, and Brian Weeden. "U.S. Direct Ascent Anti-Satellite Testing." Secure World Foundation. April 2021. Available at https://swfound.org/media/207180/swf_us_da-asat_fact_sheet_apr2021.pdf.

Phan, Thanh. "Article: Realism and International Cooperation in Competition Law." *Houston Journal of International Law*, 40:297, 307 (Fall 2017).

Podvig, Pavel. "Did Star Wars Help End the Cold War? Soviet Response to the SDI Program." *Science & Global Security*, 25:1, 5 (2017).

Podvig, Pavel, & Hui Zhang. *Russian and Chinese Responses to U.S. Military Plans in Space*. Washington, D.C.: American Academy of Arts & Sciences, 2008.

Pope, Charles. "Barrett, Raymond discuss Space Force's status and future; debut new recruiting ad." *spaceforce.mil*. May 6, 2020. https://www.spaceforce.mil/News/Article/2178584/barrett-raymond-discuss-space-forces-status-and-future-debut-new-recruiting-ad.

Pope, Charles. "Raymond sworn in as first Chief of Space Operations at White House event." *spaceforce.mil*. January 14, 2020. https://www.spaceforce.mil/News/Article/2057219/raymond-sworn-in-as-first-chief-of-space-operations-at-white-house-event.

Project for a New American Century. *Open Letter to President William J. Clinton*. January 26, 1998. Available at https://www. noi. org/wp-content/uploads/2016/01/iraqclinto nletter1998-01-26-Copy. pdf (last visited May 12, 2020).

Project for a New American Century. *Open Letter to President George W. Bush*. September 20, 2001. Available at http://www. newamerican century. org/Bushletter. htm (last visited May 12, 2020).

Rand Corporation. "Military Doctrine." 2021. https://www. rand. org/topics/military-doctrine. html.

Rand Corporation. *Preliminary Design of a World-Circling Spaceship*. 1946. Available at https://www. rand. org/pubs/special_memoranda/SM11827. html (last visited May 25, 2020).

Reagan, Ronald. "Remarks in New York, New York, Before the United Nations General Assembly Special Session Devoted to Disarmament." *reaganlibrary. gov*. June 17, 1982. https://www. reaganlibrary. gov/research/speeches/61782a.

Reagan, Ronald. National Security Decision Directive 42, *National Space Policy*. July 4, 1982. Available at https://www. reaganlibrary. gov/sites/default/files/archives/reference/scanned-nsdds/nsdd42. pdf (last visited Apr. 6, 2020).

Reagan, Ronald. "Remarks at the Annual Convention of the National Association of Evangelicals in Orlando, Florida." March 8, 1983. Available at https://www. reaganfou ndation. org/media/50919/remarks_annual_convention_national_association_evan gelicals_030883. pdf (last visited Apr. 26, 2020).

Reagan, Ronald. "Address to the Nation on Defense and National Security." March 23, 1983. *Ronald Reagan Presidential Library and Museum*. https://www. reaganlibrary. gov/research/speeches/32383d (last visited Apr.

8, 2020).

Reagan, Ronald. NSDD-85. *Eliminating the Threat from Ballistic Missiles*. March 25, 1983. Available at https://aerospace.csis.org/wp-content/uploads/2019/02/NSDD-85-Eliminating-the-Threat-From-Ballisitc-Missiles.pdf (last accessed Apr. 29, 2020).

Reagan, Ronald. "Address to the 40th Session of the United Nations General Assembly in New York, New York." *reaganfoundation.org*. October 24, 1985. https://www.reaganfoundation.org/media/128611/assembly.pdf.

Roeder, Tom. "Space Force abolished? House bill would do just that." *The Gazette*. October 18, 2021. https://gazette.com/military/space-force-abolished-house-bill-would-do-just-that/article_7589e9f6-1bd5-11ec-9112-0f98af62e60b.html.

Ross-Nazzal, Jennifer. "Détente on Earth and in Space: The Apollo-Soyuz Test Project." *OAH Magazine of History* (July 2010).

Sambaluk, Nicholas Michael. *The Other Space Race: Eisenhower and the Quest for Aerospace Security*. Annapolis, MD: Naval Institute Press, 2015.

Schriever, Bernard A. "ICBM: A Step Toward Space Conquest." Speech to the Astronautics Symposium. February 19, 1957. Available at Schriever, Bernard A. "ICBM: A Step Toward Space Conquest." *Air Force Magazine*. https://www.airforcemag.com/PDF/MagazineArchive/Documents/2007/February%202007/0207keeperfull.pdf (last visited June 10, 2020).

Schriever Space Force Base. "Fact Sheet: Peterson-Schriever Garrison." *Schriever Space Force Base*. July 24, 2020. https://www.schriever.spaceforce.mil/About-Us/Fact-Sheets/Display/Article/2287613/peterson-schriever-garrison/.

Secretary of the Air Force Public Affairs. "U.S. Space Force unveils name of space pro-fessionals." *United States Space Force: Space Force News*. December 18, 2020. https://www.spaceforce.mil/News/Article/2452593/us-space-force-unveils-name-of-space-professionals/.

Secretary of the Air Force Public Affairs. "Space Force Acquisition Council looks to safeguard space industrial base from covid-19 impacts." *United States Space Force: Space Force News*. April 29, 2020. https://www.spaceforce.mil/News/Article/2168917/space-force-acquisition-council-looks-to-safeguard-space-industrial-base-from-c/.

Siddiqi, Asif A. "Soviet Space Power During the Cold War." *Harnessing the Heavens: National Defense through Space*. Paul G. Gillespie and Grant T. Weller, eds. Chicago: Imprint Publications, 2008.

Singer, Jeremy. "Armor Urges Creation of Space Corps Within the US Air Force." *Space News*. November 16, 2007. https://spacenews.com/armor-urges-creation-space-corps-within-us-air-force/.

Slaughter, Anne-Marie. "Liberal International Relations Theory and International Economic Law." 10 *American University Journal of International Law and Policy* 2, 724 (1995).

Smith, Marcia S. *China's Space Program: An Overview*. Congressional Research Service. 2003.

Space Launch Delta 45. "Space Launch Delta 45 History." *patrick.spaceforce.mil*. https://www.patrick.spaceforce.mil/history/.

Space Operations Command. "About Space Operations Command." *spoc.spaceforce.mil*. https://www.spoc.spaceforce.mil/About-Us/About-Space-Operations-Command.

Space Operations Command. "Fact Sheets—Space Delta 9." *spoc.spaceforce.mil*. September 2020. https://www.spoc.spaceforce.mil/About-Us/Fact-Sheets/Display/Article/2550598/space-delta-9.

Space Operations Command. "Fact Sheets—Space Delta 2." *spoc.spaceforce.mil*. July 24, 2020. https://www.spoc.spaceforce.mil/About-Us/Fact-Sheets/Display/Article/2334029/space-delta-2.

Space Operations Command. "Fact Sheets—Space Delta 4." *spoc.*

spaceforce. mil. July 2020. https：//www. spoc. spaceforce. mil/About-Us/Fact-Sheets/Display/Article/2334034/space-delta-4.

Space Operations Command. "Fact Sheets—Space Delta 6." *spoc. spaceforce. mil*. July 2020. https：//www. spoc. spaceforce. mil/About-Us/Fact-Sheets/Display/Article/2334044/space-delta-6.

Space Operations Command. "Fact Sheets—Space Delta 7." *spoc. spaceforce. mil*. July 2020. https：//www. spoc. spaceforce. mil/About-Us/Fact-Sheets/Display/Article/2334032/space-delta-7.

Space Operations Command. "Fact Sheets—Space Delta 8." *spoc. spaceforce. mil*. July 2020. https：//www. spoc. spaceforce. mil/About-Us/Fact-Sheets/Display/Article/2334040/space-delta-8.

Space Operations Command. "Fact Sheets—Space Operations Command." *spoc. spaceforce. mil*. March 25，2021. https：//www. spoc. spaceforce. mil/About-Us/Fact-Sheets/Display/Article/2550627/space-operations-command.

Space Systems Command. "About Space Systems Command." *ssc. spaceforce. mil*. https：//www. ssc. spaceforce. mil/About-Us/About-Space-Systems-Command.

Space Training and Readiness Command. "What We Do." *starcom. spaceforce. mil*. https：//www. starcom. spaceforce. mil/About-Us/What-We-Do/.

Space Training and Readiness Command. "Space Delta 1—Training." *starcom. spaceforce. mil*. August 2021. https：//www. starcom. spaceforce. mil/About-Us/How-We-Do-It/Space-Delta-1-Training/.

Space Training and Readiness Command. "Space Delta 10—Doctrine and Wargaming." *starcom. spaceforce. mil*. August 2021. https：//www. starcom. spaceforce. mil/About-Us/How-We-Do-It/Space-Delta-10-Doctrine-Wargaming/.

Space Training and Readiness Command. "Space Delta 11—Range and Aggressors." *starcom. spaceforce. mil*. August 2021. https：//www. starcom.

spaceforce. mil/About-Us/How-We-Do-It/Space-Delta-11-Range-Aggressors/.

Space Training and Readiness Command. "Space Delta 12—Test and Evaluation." *starcom. spaceforce. mil*. August 2021. https：//www. starcom. spaceforce. mil/About-Us/How-We-Do-It/Space-Delta-12-Test-and-Evaluation/.

Space Training and Readiness Command. "Space Delta 13—Education." *starcom. spaceforce. mil*. August 2021. https：//www. starcom. spaceforce. mil/About-Us/How-We-Do-It/Space-Delta-13-Education/.

Spectar, J. M. *Elephants, Donkeys, or Other Creatures? Presidential Election Cycles & International Law of the Global Commons*. 15 AM. U. INT'L L. REV. 5, 975 (2000).

Spinetta, Lawrence J. *White vs. LeMay：The Battle Over Ballistic Missiles*. AIR FORCE MAGAZINE 96 No. 1, 56 (January 2013).

Stares, Paul B. *The Militarization of Space：U. S. Policy*, 1945 – 1984. Ithaca, NY：Cornell University Press, 1985.

Stassinopoulos, E. G. "The STARFISH Exo-atmospheric, High-altitude Nuclear Weapons Test." Hardened Electronics and Radiation Technology (HEART) 2015 Conference. Chantilly, VA. April 22, 2015. Available at https：//nepp. nasa. gov/files/26652/2015-561-Stassinopoulos-Final-Paper-Web-HEART2015-STARFISH-supplemental-TN26292. pdf.

Statute of the International Atomic Energy Agency, July 29, 1957, 8 U. S. T. 1093, 276 U. N. T. S. 3 (amended Oct. 4, 1961, 14 U. S. T. 135, 471 U. N. T. S. 333).

Stokes, Mark A. & Dean Cheng. *China's Evolving Space Capabilities：Implications for U. S. Interests*. Report Prepared for the U. S. -China Economic & Security Review Commission. April 26, 2012. Available at https：//www. hsdl. org/？view&did = 708400 (last accessed May 5, 2020).

Strassler, Robert B. ed. , *The Landmark Thucydides*. New York：Free Press/Simon & Schuster, 1996.

Strout, Nathan. "Space Systems Command is more than a name change, says new commander." *C4ISRNet. com*. August 25, 2021 https://www.c4isrnet. com/smr/space-competition/2021/08/25/space-systems-command-is-more-than-a-name-change-says-new-commander/.

Sukhankin, Sergey. "COVID-19 as a Tool of Information Confrontation: Russia's Approach." *University of Calgary SPP Communiqué*, 13:3, 1. April 2020, available at https://www.policyschool. ca/wp-content/uploads/2020/03/COVID-19-Tool-of-Info rmation-Sukhankin. pdf (last visited May 14, 2020).

Tang, Shiping. "The Security Dilemma: A Conceptual Analysis." 18 *Security Studies* 3, 587 (2009).

Terrill, Jr., Delbert R. *The Air Force Role in Developing International Outer Space Law*. 1999. Available at https://media. defense. gov/2010/Sep/22/2001330058/-1/-1/0/AFD-100922-019. pdf (last visited Apr. 24, 2020).

Todd, David. "ISS alarm caused by threatening debris cloud which Russia created via an Anti-Satellite (ASAT) missile strike on dead Cosmos 1408 satellite (Updated)." *Seradata Space Intelligence*. November 15, 2021. https://www.seradata. com/iss-alarm-caused-by-threatening-debris-cloud-which-russia-may-have-created-via-an-anti-satellite-asat-missile-strike-on-dead-cosmos-1408-satellite/.

Treaty Banning Nuclear Weapon Tests in the Atmosphere, in Outer Space and Under Water. August 5, 1963. 14 U. S. T. 1313, 480 U. N. T. S. 43.

Treaty on the Limitation of Anti-Ballistic Missile Systems, May 26, 1972, U. S.-U. S. S. R., 23 U. S. T. 3435, T. I. A. S. No. 7503.

Treaty on Principles Governing the Activities of States in the Exploration and Use of Outer Space, Including the Moon and Other Celestial Bodies. January 27, 1967. 18 U. S. T. 2410, 610 U. N. T. S. 205.

Trump, Donald J. "Executive Orders: Presidential Executive Order on

Reviving the National Space Council." *White House. gov.* June 30, 2017. https://trumpwhitehouse. archives. gov/presidential-actions/presidential-executive-order-reviving-national-space-council/.

Trump, Donald J. "Space Policy Directive 1—Presidential Memorandum on Reinvigorating America's Human Space Exploration Program." *White House. gov.* December 11, 2017. https://trumpwhitehouse. archives. gov/presidential-actions/presidential-memorandum-reinvigorating-americas-human-space-exploration-program/.

Trump, Donald J. "Space Policy Directive-2, Streamlining Regulations on Commercial Use of Space." *Trump White House Archives.* May 24, 2018. https://trumpwhiteho use. archives. gov/presidential-actions/space-policy-directive-2-streamlining-regulations-commercial-use-space/.

Trump, Donald J. "Space Policy Directive-3, National Space Traffic Management Policy." *Trump White House Archives.* June 18, 2018. https://trumpwhitehouse. archives. gov/presidential-actions/space-policy-directive-3-national-space-traffic-management-policy/.

Trump, Donald J. "Text of a Memorandum from the President to the Secretary of Defense Regarding the Establishment of the United States Space Command." *White House. gov.* December 18, 2018. https://trumpwhitehouse. archives. gov/briefi ngs-statements/text-memorandum-president-secretary-defense-regarding-establishment-united-states-space-command/.

Trump, Donald J. "Text of Space Policy Directive-4: Establishment of the United States Space Force." *Trump White House Archives.* February 19, 2019. https://trumpwhitehouse. archives. gov/presidential-actions/text-space-policy-directive-4-establishment-united-states-space-force/.

Trump, Donald J. "Memorandum on Space Policy Directive-5—Cybersecurity Principles for Space Systems." *Trump White House Archives.* September 4, 2020. https://trumpwhitehouse. archives. gov/presidential-actions/

memorandum-space-policy-directive-5-cybersecurity-principles-space-systems/.

Trump, Donald J. National Space Policy of the United States of America. *Trump White House Archive*. December 9, 2020. Available at https://trumpwhitehouse. archives. gov/wp-content/uploads/2020/12/National-Space-Policy. pdf.

Trump, Donald J. "Memorandum on the National Strategy for Space Nuclear Power and Propulsion (Space Policy Directive-6)." *Trump White House Archives*. December 16, 2020. https://trumpwhitehouse. archives. gov/presidential-actions/memorandum-national-strategy-space-nuclear-power-propulsion-space-policy-directive-6/.

Trump, Donald J. "Memorandum on Space Policy Directive 7." *Trump White House Archives*. January 15, 2021. https://trumpwhitehouse. archives. gov/presidential-acti ons/memorandum-space-policy-directive-7/.

United Nations Committee on the Peaceful Uses of Outer Space, Legal Subcommittee. *Summary Record of the Sixty-Fifth Meeting—Held at the Palais des Nations, Geneva, on Monday, 25 July 1966, at 10:30 a. m.* 5th Session. UN Doc. A/AC. 105/C. 2/SR. 66. October 21, 1966.

United Nations Committee on the Peaceful Uses of Outer Space, Legal Subcommittee. *Summary Record of the Sixty-Fifth Meeting—Held at the Palais des Nations, Geneva, on Friday, 22 July 1966, at 10:30 a. m.* 5th Session. UN Doc. A/AC. 105/C. 2/SR. 65. October 24, 1966.

United Nations Committee on the Peaceful Uses of Outer Space, Legal Subcommittee. *Activities being carried out or to be carried out on the Moon and other celestial bodies, international and national rules governing those activities and information received from States parties to the Agreement Governing the Activities of States on the Moon and Other Celestial Bodies about the benefits of adherence to that Agreement.* 47th Session. U. N. Doc. A/AC. 105/C. 2/L. 271. January 25, 2008.

United Nations Committee on the Peaceful Uses of Outer Space, Legal Subcommittee. *Status of International Agreements relating to activities in outer space as at 1 January 2019*. 58th Session. U. N. Doc. A/AC. 105/C. 2/2019/CRP. 3. April 1, 2019.

United Nations First Committee. *Verbatim Record of the Twelve Hundred and Eighty-Ninth Meeting*. 17th Session. U. N. Doc. A/C. 1/PV. 1289. December 3, 1962.

United Nations General Assembly. Resolution 1348 (XIII). December 13, 1958.

United Nations General Assembly. Resolution 1472 (XIV). December 12, 1959.

United Nations General Assembly. Resolution 1962 (XVIII). *Declaration of Legal Principles Governing the Activities of States in the Exploration and Use of Outer Space*. 18th Session. U. N. Doc A/RES/1962 (XVIII). December 13, 1963.

United Nations General Assembly. Resolution 2222 (XXI). *Treaty on Principles Governing the Activities of States in the Exploration and Use of Outer Space, including the Moon and Other Celestial Bodies*. 21st Session. December 19, 1966.

United Nations General Assembly. Resolution 2777 (XXVI). November 29, 1971.

United Nations General Assembly. "Agenda item 98 (d) Prevention of an arms race in outer space: reducing space threats through norms, rules and principles of responsible behaviours." 76th Session. U. N. Doc. A/C. 1/76/L. 52. October 14, 2021.

United Nations Office for Outer Space Affairs. *Convention on International Liability for Damage Caused by Space Objects—Travaux Préparatoires*. UNOOSA. org. https://www. unoosa. org/oosa/en/ourwork/spacelaw/treaties/travaux-preparatoires/liability-convention. html (last visited Mar. 31, 2020).

United Nations Treaty Collection. *Convention on the international liability for damage caused by space objects*. TREATIES. UN. ORG. March 31, 2020. https://treaties. un. org/pages/showDetails. aspx? objid = 08000002801098c7.

United Nations Treaty Collection. "Depositary—Convention on registration of objects launched into outer space." *treaties. un. org*. March 31, 2020. https://treaties. un. org/Pages/ViewDetailsIII. aspx? src = TREATY&mtdsg_no = XXIV-1&chapter = 24&Temp = mtdsg3&clang = _en.

United StatesAir Force Historical Foundation. *The US Air Force in Space: 1945 to the Twenty-First Century* (Proceedings of the Air Force Historical Foundation Symposium. September 21 – 22, 1995). 1998.

United States Air Force Space Command. "Air Force Space Command History." *afspc. af. mil*. https://www. afspc. af. mil/About-Us/AFSPC-History/ (last visited Apr. 8, 2020).

United States Army. "Redstone Rocket." US Army Aviation and Missile Life Cycle Management Command. https://history. redstone. army. mil/space-redstone. html.

United States Defense Intelligence Agency. *Challenges to Security in Space*. January 2019.

United States Department of the Air Force. Air Force Manual 1-6, *Military Space Doctrine*. Aerospace Basic Doctrine. October 15, 1982.

United States Department of the Air Force. . Air Force Doctrine Document 2-2, *Space Operations*. August 23, 1998.

United States Department of the Air Force. Air Force Doctrine Document 2-2.1, *Counterspace Operations*. August 2, 2004.

United States Department of the Air Force. Air Force Doctrine Document 2-2, *Space Operations*. November 27, 2006.

United States Department of the Air Force. Curtis E. LeMay Center for Doctrine Development and Education. Annex 3 – 14, *Space Operations*. June 19,

2012. Available at https://fas. org/irp/doddir/usaf/3-14-annex. pdf.

United States Department of the Air Force. Curtis E. LeMay Center for Doctrine Development and Education, Annex 3 – 14, *Counterspace Operations*. August 27, 2018. https://www. doctrine. af. mil/Portals/61/documents/Annex_ 3-14/Annex-3-14-Counterspace-Ops. pdf.

United States Department of the Air Force. *Comprehensive Plan for the Organizational Structure of the U. S. Space Force*. Report to Congressional Committees. February 2020. Available at https://www. airforcemag. com/app/uploads/2020/02/Comprehensive-Plan-for-the-Organizational-Struccture-of-the-USSF_Feb-2020. pdf.

United States Department of Defense. *United States Space Force*. Strategic Overview. February 2019. Available at https://media. defense. gov/2019/Mar/01/2002095012/-1/-1/1/UNITED-STATES-SPACE-FORCE-STRATEGIC-OVERVIEW. PDF.

United States Department of Defense. Joint Publication 3 – 14. *Joint Doctrine for Space Operations*. August 9, 2002.

United States Department of Defense. Joint Publication 3 – 14, *Joint Doctrine for Space Operations*. January 6, 2009.

United States Department of Defense. Joint Publication 3 – 14, *Joint Doctrine for Space Operations*. May 29, 2013.

United States Department of Defense. *Summary of the 2018 National Defense Strategy of the United States of America: Sharpening the American Military's Competitive Edge*. January 2018.

United States Department of Defense. Joint Publication 3 – 14. *Space Operations*. April 10, 2018.

United States Department of Defense. *Final Report on Organizational and Management Structure for the National Security Space Components of the Department of Defense*. Report to Congressional Defense Committees. August 9,

2018. Available at https://secureservercdn. net/198. 71. 233. 197/b13. 8cb. myftpupload. com/wp-content/uploads/2018/08/Space-Force-report-Aug-9-2018. pdf.

United States Department of State. *The Department of State Bulletin*, Vol *XXXVI*. No. 920. February 11, 1957.

United States Department of State. *U. S. Participation in the UN—Report by the President to the Congress for the Year* 1957. Department of State Publication 6654. June 1958.

United States Department of State. *The Department of State Bulletin Vol. XXXIX*. No. 1003. September 15, 1958.

United States Department of State. *U. S. Department of State, Foreign Relations of the United States*, 1955 – 1957, *Vol. XI*. 1988. Available at https://history. state. gov/historical documents/frus1955-57v11/d348.

United States Department of Defense & Office of the Director of National Intelligence. *National Security Space Strategy—Unclassified Summary*. January 2011.

United States. *U. S. National Space Policy*. NSPD-49. August 31, 2006. Available at https://fas. org/irp/offdocs/nspd/space. pdf (hereinafter 2006 NSP).

United States. *National Space Policy of the United States of America*. PPD-4. June 28, 2010.

United States House of Representatives. "Report of the Committee on Appropriations Together With Minority Views." Department of Defense Appropriations Bill, 2022. Report 117 – 88. 117th Congress. July 15, 2021. Available at https://www. congress. gov/congressional-report/117th-congress/house-report/88.

United States House of Representatives. S. 1790—*National Defense Authorization Act for Fiscal Year* 2020. "Text: S. 1790—116th Congress (2019 – 2020):

Engrossed Amendment House (09/17/2019)." Available at https://www. congress. gov/bill/116th-congress/senate-bill/1790/text/eah.

United States House of Representatives. H. R. 2810. 115th Congress. 1st Session. July 6, 2017. Available at https://www. congress. gov/115/bills/hr2810/BILLS-115hr2810rh. pdf.

United States House of Representatives. *Toward the Endless Frontier: History of the Committee on Science and Technology*, 1959 – 79. 1980.

United States Office of Space Commerce. *National Space Council Directives*. 2019. https://www. space. commerce. gov/policy/national-space-council-directives/.

United States Senate. "Roll Call Vote 116th Congress—1st Session: On Passage of the Bill (S. 1790, As Amended)." June 27, 2019. Available at https://www. senate. gov/legislat ive/LIS/roll_call_votes/vote1161/vote_116_1_00188. htm.

United States Senate. *Document No. 18, Documents on International Aspects of the Exploration and Use of Outer Space*, 1954 – 1962. Staff Report Prepared for the Committee on Aeronautical and Space Sciences. May 9, 1963.

United States Senate Armed Services Committee. *Preparedness Subcommittee Recommendations for America's Defenses*. 85th Congress. 2nd Session. 104 Congressional Record, Part 15 (1958).

United States Senate Committee on Foreign Relations. *Treaty on Outer Space. Hearings before the Committee on Foreign Relations*. 90th Congress, 1st Session. March 7, 13, and April 12, 1967.

United States Space Force. "What's the Space Force?" spaceforce. mil. https://www. spaceforce. mil/About-Us/FAQs/Whats-the-Space-Force.

United States Space Force. *Spacepower: Doctrine for Space Forces*. Space Capstone Document. June 2020. Available at https://www. spaceforce. mil/Portals/1/Space%20Capstone%20Publication_10%20 Aug%202020. pdf.

Vandenberg Space Force Base. "History." *Vandenberg. spaceforce. mil.* https://www.vandenberg.spaceforce.mil/About-Us/History/.

Vecchiatto, Jean-Claude. "The latest developments of the French Space Military Command." *Bird & Bird*. January 2021. https://www.twobirds.com/en/news/articles/2021/france/the-latest-developments-of-the-french-space-military-command.

Verspieren, Quentin. "The United States Department of Defense space situational awareness sharing program: Origins, development and drive towards transparency." *Journal of Space Safety Engineering*, 8:1 (March 2021).

Viswanathan, Vivek. "Fallout From Reykjavik: Reagan's Stand and the Fate of Arms Control." *New York History*, 87:1, 135–43 (Winter 2006).

von Kries, Wulf. "The demise of the ABM Treaty and the militarization of outer space." *Space Policy*. 2002.

"Vought ASM-135A Anti-Satellite Missile." Fact Sheet. National Museum of the United States Air Force. Available at https://www.nationalmuseum.af.mil/Visit/Museum-Exhibits/Fact-Sheets/Display/Article/198034/vought-asm-135a-anti-satellite-missile/.

Waltz, Kenneth N. *Man, the State and War: A Theoretical Analysis*. New York: Columbia University Press, 1959.

Weinberger, Sharon. *The Imagineers of War: The Untold History of DARPA, the Pentagon Agency that Changed the World*. New York: Knopf, 2017.

Weiss, Thomas G. and Rorden Wilkinson, eds. *International Organization and Global Governance*. 2nd Edition. London: Routledge, 2018.

Westwick, Peter J. "'Space-Strike Weapons' and the Soviet Response to SDI." *Diplomatic History*, 32:5, 958 (November 2008).

White House. "President Donald J. Trump is Unveiling an America First National Space Strategy." *White House. gov.* March 23, 2018. https://www.

whitehouse. gov/briefings-statements/president-donald-j-trump-unveiling-america-first-national-space-strategy/.

White House. "Remarks by President Trump at a Meeting with the National Space Council and Signing of Space Policy Directive-3." *Trump White House Archives*. June 18, 2018. https://trumpwhitehouse. archives. gov/briefings-statements/remarks-president-trump-meeting-national-space-council-signing-space-policy-directive-3/.

Whittington, Michael C. *A Separate Space Force: An 80-Year-Old Argument*. Air War College, Maxwell Paper No. 20. 2000. Available at https://apps. dtic. mil/dtic/tr/fullt ext/u2/a378853. pdf (last visited May 25, 2020).

Wikipedia. "Jimmy Carter." *Wikipedia. org*. March 30, 2020. https://en. wikipedia. org/wiki/Jimmy_Carter#Presidency_(1977 – 1981) (lasted visited Apr. 1, 2020).

Ziarnick, Brent D. *Tough Tommy's Space Force: General Thomas S. Power and the Air Force Space Program*. Air University Press, Drew Paper No. 34. 2019.

Ziarnick, Brent D. "The commander the Space Force needs." *The Hill*. August 6, 2019. https://thehill. com/opinion/national-security/456400-the-commander-the-space-force-needs.

索 引

Afghanistan　30n.71, 80, 85, 102, 185, 186, 209,234, 244
Air Force
　Ballistic Missile Development　49 – 51
　Department of　1, 2, 3 – 4, 114, 130, 131, 133,135, 138, 255, 256, 258
　Space Command　3, 40, 94, 114, 134, 136, 139, 160, 243
　Space Doctrine　40 – 43, 97, 104n.191, 205 – 206
　Strategic Air Command (SAC)　50, 191
Allison, Graham　215 – 217, 236, 245
Antarctic Treaty　21n.45, 25n.52, 26, 29, 30
Anti-Ballistic Missile (ABM) Treaty　76, 77, 78n.94, 179, 179n.37, 182, 182n.43, 186,187, 188n.50, 206
　US Withdrawal From　104 – 105, 179n.37
Anti-Satellite (ASAT) Weapons
　Chinese Test (2007)　164, 203, 223, 224, 230 – 234
　Indian Test (2019)　31, 163
　Proposed US-Soviet Treaty　84 – 85, 126, 183
　Russian Federation Co-Orbital Test (2020)　161
　Russian Federation Test (2021)　118 – 119
　United States Testing/Development　70 – 71
　US Space Policy Regarding　79 – 80, 84 – 88, 90 – 91, 182 – 183, 197
Austin, Lloyd (Secretary of Defense)　117, 238

Belgrade Conference/Belgrade Declaration　30

Biden, President Joseph R.　87, 116, 117, 158
　Administration　2, 9, 10, 40, 127, 158, 238, 246
　Space Policies　116 – 119
Bush, President George H. W.　188
　National Space Policy (NSD 30)　95 – 97, 101 – 102
　Space Policies　95 – 99
Bush, President George W.　115, 179n. 37, 207
　Administration　107, 108, 112, 113, 126, 208n.87, 209, 210, 211
　National Space Policy (2006)　40, 42 – 43, 105 – 106
　Space Policies　102 – 106, 210 – 211
Butterfield, Herbert　167, 167n. 5, 168, 199, 203

Carter, President James Earl ("Jimmy")　40, 89, 91, 98, 126
　Administration　40, 87, 183, 185, 197,201, 241
　PD/NSC – 37 (National Space Policy)　39 – 40, 41, 45, 81 – 87, 88, 90, 92, 100
　Proposed ASAT Treaty　84 – 85, 126, 182, 183
　Space Policies　80 – 87
Cebrowski, Arthur K. (Vice Admiral)　221 – 223
Central Intelligence Agency(CIA) Project Corona. *See* Corona Reconnaissance Satellites
Central Intelligence Agency (CIA)　35, 58, 79,84n.119, 86, 92, 192

Project Corona. *See* Corona Reconnaissance Satellites
Cheng, Bin 8, 23n. 49, 24, 25 – 30, 31, 33, 44 ,45, 242
China, People's Republic of 10, 43, 49, 119, 170, 235, 239
　ASAT Capabilities Development 161
　ASAT Test (2007). *See* Anti-Satellite Weapons
　International Law (Potential Violations) 211, 214 – 215
　Opposition to UK "Responsible Behavior" Resolution (2021) 118, 127
　Opposition to US ABM Treaty Withdrawal (2001) 104 – 105
　Peaceful Purposes Interpretation 43
　Proposed Space Weapons Treaty 43, 211
　Security Dilemma (Chinese Perspective) 226 – 232, 238, 245
　Security Dilemma (Potential US Competitor) 202 – 203, 205, 214 – 217, 218, 223 – 234, 236, 237 – 238, 244 – 245
　Space Program Development 202 – 203
　Strategic Support Force 162
Clinton, President William J.
　National Space Policy(PDD/NSC 49) 99 – 102
Clinton, President William J. ("Bill") 207n. 87
　Administration 218
　National Space Policy(PDD/NSC 49) 99 – 102
　Space Policies 99 – 102
Commercial Space Launch Competitiveness Act (2015) 122 – 123
Committee on the Peaceful Uses of Outer Space (COPUOS) 12 – 13, 14, 17n. 29, 30, 31n. 73, 56, 58 – 59, 60n. 38, 69, 72, 74, 75, 107, 118, 125, 179 – 180, 181 – 182, 192 ,195, 200
Congress (US) 1, 26, 34n. 79, 56, 63, 66, 93 ,102, 113n. 231, 114, 121 – 122, 128, 132, 133 ,135 – 136, 137, 158, 191, 192, 240, 263 ,269, 270
Corona Reconnaissance Satellites 35, 58 ,61n. 38, 84n. 119, 86, 192, 196, 196n. 67
Coronavirus (COVID – 19) 138, 147, 235, 244

Declaration of Legal Principles Governing the Activities of States in the Exploration and Use of Outer Space 13, 14, 15, 16 ,30 – 31, 69, 72, 73, 74n. 83, 179, 181, 249
Due Regard 13, 20, 42, 162, 232 – 234, 251
　Tenets of Responsible Behavior (US Department of Defense) 117

Eisenhower, President Dwight D. 34 – 35, 54 ,65, 68, 71, 73 – 74, 77, 80, 82, 83, 86, 90 – 91, 95, 98, 125 – 126, 182, 188, 200, 241, 244
　Administration 6, 9, 34 – 35, 39, 50n. 7, 53 ,55, 69, 74n. 83, 81, 86, 122, 189, 196, 200
　NSC 5918 34n. 79, 61 – 62
　Security Dilemma (Response to *Sputnik*) 190 – 192, 199
　Space Policy 55 – 64
　US Scientific Satellite Policy (NSC 5520) 55, 56 – 58, 61, 119, 171 – 172

Ford, President Gerald R. 74, 84, 85, 86, 91 ,98, 182
　Administration 80, 126, 197, 200, 201
　Space Policies 78 – 80
France 163, 216n. 110
Freedom of Space (Access, Exploration, Overflight, Passage, Use) 15, 54, 57, 77, 82, 89, 96, 119, 156, 246, 250
Fukuyama, Francis 207 – 208, 208n. 88

Gavin, James M. (Lieutenant General) 48 – 49, 103, 166, 190, 200
Global Positioning System (GPS) 3, 98, 112, 140n. 36, 144
Goldberg, Arthur J. (US Ambassador to UN) 37, 187n. 49
Gore, Albert Sr. (Senator) 35 – 39, 40 ,41, 67n. 58

Harmful Interference 20, 117, 162, 232 – 234 ,251 – 252
Herz, John H. 166 – 167, 168, 172, 199, 203

India, Republic of 30 – 31, 30n. 71
　ASAT Test (2019) 31, 163

COPUOS Negotiations　17n. 29, 31, 43n. 109
Defense Space Agency　162 – 163
Institutionalism, International Relations Theory of　171, 174 – 176, 201
International Geophysical Year (IGY)　57
Iran, Islamic Republic of　30, 176, 202, 203, 223 – 224
Iraq, Republic of　3, 30n. 71, 98, 99, 102, 205, 207n. 87, 209, 211, 234, 244

Johnson, President Lyndon B.　36, 63, 182, 196, 200
　Administration　76, 126, 192
　Congressional Space Activities　191 – 192
　Outer Space Treaty (Development/Signature)　36, 72
　Remarks on Satellite Reconnaissance　196 – 197
　Space Policies　71 – 74, 192 – 193
　UN General Assembly Remarks re Space (1958)　58n. 27
Johnson-Freese, Joan　103 – 104, 132, 151n. 85, 159 – 160, 164, 165, 166, 205 – 206, 216 – 217, 226 – 227, 238

Kennedy, President John F.　64, 72, 73, 182, 192, 196, 200, 241
　Administration　35, 74n. 83, 126, 192 – 193
　Partial Nuclear Test Ban Treaty　69 – 70
　Photo-reconnaissance Satellite Policy (NSCA 2454)　68 – 69
　Rice University Speech　65 – 68, 82, 90 – 91
　Space Policies　64 – 71
Khrushchev, Nikita S. (Soviet First Secretary)　177, 193 – 194, 197n. 69, 202
Kissinger, Henry　77n. 93, 173, 180
Kwast, Steven A. (Lieutenant General)　166, 224 – 226

Lachs, Manfred　22n. 47, 24 – 25, 26, 27, 29, 30, 31 – 32, 33
　Interpretation of "Peaceful Purposes"　24 – 25, 32
LeMay, Curtis (General)　47, 49, 50 – 51, 191
Liability Convention　11, 13, 18 – 19, 61n. 38, 75, 77, 126, 162, 179, 182, 232
Liberalism/Idealism, International Relations Theory of. See Institutionalism, International Relations Theory of Lodge, Henry Cabot　12, 33 – 34n. 79, 58, 63, 126, 178

Mattis, James (Secretary of Defense)　113, 224, 226, 230, 232
Moon Agreement　75n. 84, 182, 204

National Aeronautics and Space Act (1958)　26, 34n. 79, 56, 62 – 64, 121 – 122, 125, 192
National Aeronautics and Space Administration (NASA)　34n. 79, 38, 56, 64, 65, 71, 74, 88, 109n. 216, 110, 132, 146, 192, 256
　Apollo Program　71, 73
　Artemis Program　116
　Space Shuttle　71, 78, 95n. 162, 201
National Defense Authorization Act (2018)
　Proposed Space Corps Provision　5, 128 – 129
National Defense Authorization Act (2019)
　USSPACECOM Provisions　113n. 231
National Defense Authorization Act (2020). See Space Force (US), National Defense Authorization Act (2020)
National Defense Authorization Act (2022)
　Declassification Provision 240
National Oceanic and Atmospheric Administration (NOAA)　132, 146, 256
National Reconnaissance Office (NRO)　84n. 119, 132, 137, 256, 264
National Space Council (US)　2n. 5, 110, 116, 257 – 258
Neoconservatism　207 – 209
Nixon, President Richard M.　71, 74, 182, 192 – 193, 196, 214, 241
　Administration　75n. 84, 79, 200
　Space Policies　74 – 78
North Korea　30, 202, 203, 223, 224

Obama, President Barack H.　106, 115, 126, 211
　Administration　40, 110 – 111, 117, 211, 238, 241

索 引 | 291

ITAR Executive Order 123 – 124
National Security Space Strategy (2011) 5n.16, 108 – 109, 112, 212 – 213, 214, 224
National Space Policy (2010) 40, 106 – 108, 110 – 111, 115, 132, 214
Security Dilemma, Effects of Policies on 211
Space Policies 106 – 109
Outer Space Treaty 8 – 9, 11, 13, 59, 69, 72 – 73,74, 90, 123, 126, 127, 157, 158, 179, 181,182n.40, 187 – 188, 189, 195, 200, 234,242, 246
　Astronauts, Protections for (Art. V) 17 – 18, 73
　Development/Negotiation 14, 60 – 61n.38, 72, 195
　Due Regard/Harmful Interference (Art. IX) 20, 162, 232 – 234
　Freedom of Access/Use (Art. I) 15, 86, 107
　Full Text 249 – 254
　International Law Applicability to Space (Art. III) 15 – 16, 45, 242
　Legal Provisions 14 – 22
　Liability (Art. VII) 18 – 19, 75, 162, 232
　Military Uses of Space (Art. IV) 16 – 17, 44 – 45, 67, 162, 164, 187 – 188n.49, 188,213, 232, 242
　Non-Appropriation Principle (Art. II) 15, 67n.58, 82, 86, 122
　Peaceful Purposes Interpretations 22 – 23n. 47, 22 – 46, 106, 107, 156, 163 – 164, 207, 213 – 214, 242 – 243
Outer Space Treaty (cont.)
　Ratification Debates (US Senate) 36 – 39
　Registration, Jurisdiction, and Control (Art. VIII) 19, 19 – 20n.36
　State Responsibility/Authorization and Supervision (Art. VI) 18, 108n.208, 122, 162

Peaceful Use/Peaceful Purposes 6, 8 – 9, 11, 22 – 23n.47, 53, 57, 60, 61, 69, 82, 86, 115,131, 156, 187, 242 – 243, 256
　Art. IV Limitations, Outer Space Treaty 16 – 17, 22, 27, 28, 44
　In National Aeronautics and Space Act (1958) 63 – 64, 121 – 122
Non-Aggressive Interpretation 33 – 44,45 – 46, 56, 73, 74, 74n.83, 83, 101, 106, 107, 120 – 125, 149, 156 – 157, 163, 207,214, 235
Non-Military (Exclusively Peaceful)Interpretation 22 – 23n.47, 23 – 33, 58,163, 178
Preamble, Outer Space Treaty 14, 17, 22 – 23n.47, 27 – 28, 44, 249
Senate Foreign Relations Committee Discussion 36 – 39
Space Force (US) Doctrine 156 – 158
US Desire to Define (Eisenhower Administration) 62
US Military Doctrine 40 – 43
Persian Gulf War (Space Implications) 3 – 4, 98, 152, 204, 205 – 206, 241, 244, 245

RAND Corporation 47
　Preliminary Design of a World – Circling Spaceship 47 – 48, 49, 50, 54, 56
Raymond, John W. (General) 2, 113, 114, 137,139 – 140, 149, 159, 239 – 240, 241
Reagan, President Ronald W. 76, 85, 96, 126,166, 197, 199n.73, 201, 244
　Administration 40, 100, 113, 161, 182, 206
　National Space Policy (NSDD 42) 41, 88 – 92, 96, 97, 98 – 99
　Security Dilemma, Effects of Policies on 182 – 188
　Space Policies 87 – 95
　Strategic Defense Initiative. *See* Strategic Defense Intitiative (SDI)
Realism, International Relations Theory of 171, 172 – 174, 207 – 208, 215, 217
Registration Convention 11, 61n.38, 78 – 79, 126, 179, 182
Rescue and Return Agreement 11, 17, 61n. 38, 72 – 73, 74, 126, 179
Responsible Behavior 10, 119, 126 – 127, 132,157, 234, 238, 240, 246
　Obama National Space Policy (2010) 108
　Trump National Space Policy (2020) 115 – 116
　United Kingdom UN Resolution (2021) 117 – 118

US Department of Defense Tenets of 117, 238
Rumsfeld Space Commission (Commission to Assess United States National Security Space Management and Organization) & Report 102 – 104, 106, 108, 114, 185, 217 – 220, 222 – 223, 244
Rumsfeld, Donald (Secretary of Defense) 103, 105, 166
Russian Aerospace Forces 162
Russian Federation 43, 60n.38, 99, 102, 104 – 105, 118 – 119, 161, 162, 201, 202 – 203, 206, 211, 223 – 224, 233 – 234, 235, 239, 240, 244
    ASAT Test (2021). See Anti – Satellite (ASAT) Weapons
    Co-Orbital ASAT Test (2020). See Anti-Satellite (ASAT) Weapons

SALT I Agreement (1972) 76 – 77, 78n.94
Schriever, Bernard A. (Brigadier General) 50 – 53, 103, 166, 200
Security Dilemma
    Cold War (Generally). See Generally Chapter 5, Sec. 3.2 ("Cold War Era…")
    Definition/Elements 7 – 8, 166 – 169
    in Outer Space 6 – 8, 9, 240, 244 – 245, 246 See Generally Chapter 5 (Outer Space and the "Security Dilemma")
    International Anarchy, Cold War 176 – 189
    International Anarchy, Post – Cold War 204 – 217
    Uncertainty/Fear/Power Accumulation, Cold War 189 – 199
    Uncertainty/Fear/Power Accumulation, Post – Cold War 217 – 234
Soviet Union (Union of Soviet Socialist Republics) 9, 10, 12, 14, 26, 31n.73, 36, 45, 48, 49 – 50, 51, 53, 57, 58 – 60, 61n.38, 62, 64, 65, 67n.58, 68 – 70, 72, 74, 76 – 80, 85, 87 – 88, 91, 96, 98, 99, 102, 106, 125, 126, 162, 163n.125, 170 – 172, 200 – 201, 202 – 203, 206 – 207, 213, 234, 236, 244 – 245
    ASAT Development 79, 231
    Reconnaissance Satellites 36, 197n.69
    SALT Negotiations with US 75 – 77

Security Dilemma Fear/Uncertainty (Cold War) 189 – 199
Security Dilemma International Anarchy (Cold War) 176 – 189
Space Force (US) 1 – 6, 9 – 10, 11, 112, 114, 116, 126, 130 – 133, 165, 218, 220n.119, 224 – 225, 241, 242 – 244, 246, 255 – 258
    Basing 147 – 149
    Chief of Space Operations 136 – 137, 263 – 264 See Raymond, John W. (General)
    Criticism of 2, 159 – 160, 161
    Department of Defense Strategic Overview (2019) 133 – 135
    Doctrine 149 – 158
    History of Concept 4 – 5, 128 – 129, 259 – 260
    Legal Implications/Context 11, 14, 17 – 18, 22, 45, 156 – 158, 163 – 164, 242 – 243
    National Defense Authorization Act (2020) 1, 114, 122n.259, 128, 133 – 139, 261 – 270
    Personnel/Organization 139 – 147
    Security Dilemma Trigger 230, 237 – 240
    Similar International Organizations 162 – 163
    Space Operations Command (SpOC) 142 – 144
    Space Systems Command (SSC) 145 – 146
    Space Training & Readiness Command (STARCOM) 144 – 145
Sputnik 1 6, 9, 10, 12, 23n.49, 33, 48, 51, 53, 55, 58, 74, 125, 172, 189, 194, 199, 200, 239, 245
    US Reaction 54 – 55, 176 – 178, 189 – 192
Strategic Arms Control Limitation Agreement (SALT II) 179n.37, 185 – 186
Strategic Arms Limitation Talks (SALT) 75 – 77, 78n.94, 179n.37, 185 – 186
Strategic Defense Initiative (SDI) 76, 88, 92 – 95, 105, 182, 187n.49, 197 – 199, 201

Tang, Shiping 168 – 169, 170, 171, 172, 176, 189, 194, 197, 199, 203
Thucydides 180
History of the Peloponnesian War 172 – 173
Thucydides Trap. See Allison, Graham

Trump, President Donald J. 1, 3, 102n. 183, 109 – 116, 128, 134, 135, 139, 159, 241
  Administration 2, 9, 115 – 117, 126 – 127, 211, 238
  National Space Policy (2020) 87, 115 – 116
  National Space Strategy (2018) 68, 112, 224
  Resurrection of USSPACECOM 2, 113
  Space Force Announcement 1 – 2, 4, 158
  Space Policies 109 – 116
  Space Policy Directive 1 (2017) 110 – 111
  Space Policy Directive 2 (2018) 111
  Space Policy Directive 3 (2018) 1, 111
  Space Policy Directive 4 (2019) 1, 112, 114, 129, 130 – 133, 135 – 136, 237, 239, 243, 255 – 258
  Space Policy Directive 5 (2020) 111
  Space Policy Directive 6 (2020) 111
  Space Policy Directive 7 (2021) 111 – 112

Union of Soviet Socialist Republics (USSR). *See* Soviet Union (Union of Soviet Socialist Republics)
United Kingdom 117, 216n. 110, 234, 253
  UN Draft Resolution (Responsible Behavior) 117 – 118
United Nations 18, 34n. 79, 56, 63, 67, 69, 72, 73 – 74, 75n. 84, 78, 125 – 126, 176 – 177, 178, 186, 192 – 193, 195, 204, 211, 238, 249, 252, 253
  Baruch Plan 181n. 39
  Charter 15 – 16, 24, 32 – 33, 35, 42, 45, 250
  Committee on the Peaceful Uses of Outer Space (COPUOS). *See* Committee on the Peaceful Uses of Outer Space (COPUOS)
  Creation of COPUOS 12 – 13, 60n. 38, 58 – 59, 125
United Nations (*cont.*)
  First Committee 35, 117 – 118
  Proposed Soviet Treat re Space Use of Force 199n. 73
  Reagan General Assembly Speech (1985) 184n. 45
United States Space Command (USSPACECOM) 3, 12, 94, 132 – 133, 137, 152, 255, 257, 264
  Disestablishment (2002) 103
  Resurrection (2019) 2n. 5, 113
US Strategic Command (USSTRATCOM) 103, 113, 113n. 231, 257

Waltz, Kenneth 173, 180

图书在版编目(CIP)数据

美国太空军与美国太空政策的未来：政策和法律意义 /（美）杰里米·格鲁纳特著；陈凌晖等译. -- 北京：法律出版社，2025

书名原文：The United States Space Force and the Future of American Space Policy：Legal and Policy Implications

ISBN 978 - 7 - 5197 - 8279 - 5

Ⅰ.①美… Ⅱ.①杰… ②陈… Ⅲ.①外层空间 - 空间法 - 研究 - 美国 Ⅳ.①D999.1

中国国家版本馆 CIP 数据核字（2023）第 176284 号

美国太空军与美国太空政策的未来
——政策和法律意义
MEIGUO TAIKONGJUN YU MEIGUO TAIKONG ZHENGCE DE WEILAI
—ZHENGCE HE FALÜ YIYI

[美]杰里米·格鲁纳特 著
陈凌晖 尹俊清 郭敏 李维国 译

策划编辑 邢艳萍
责任编辑 邢艳萍
装帧设计 汪奇峰

出版发行 法律出版社	开本 710 毫米×1000 毫米 1/16
编辑统筹 法律应用出版分社	印张 18.75　字数 330 千
责任校对 朱海波	版本 2025 年 1 月第 1 版
责任印制 刘晓伟	印次 2025 年 1 月第 1 次印刷
经　　销 新华书店	印刷 北京建宏印刷有限公司

地址：北京市丰台区莲花池西里 7 号（100073）
网址：www.lawpress.com.cn
投稿邮箱：info@lawpress.com.cn
举报盗版邮箱：jbwq@lawpress.com.cn
版权所有·侵权必究

销售电话：010 - 83938349
客服电话：010 - 83938350
咨询电话：010 - 63939796

书号：ISBN 978 - 7 - 5197 - 8279 - 5　　定价：89.00 元

凡购买本社图书，如有印装错误，我社负责退换。电话：010 - 83938349